U0911410

Decoded

顾客为什么购买

顾客购买行为背后的秘密

[英] 菲尔 · 巴登（Phil Barden） 著

The Science Behind Why We Buy

中国青年出版社

图书在版编目（CIP）数据

顾客为什么购买：顾客购买行为背后的秘密 /（英）菲尔·巴登著；孙晓燕译.
—北京：中国青年出版社，2024.2
书名原文：Decoded: The Science Behind Why We Buy
ISBN 978-7-5153-7172-6

Ⅰ.①顾… Ⅱ.①菲… ②孙… Ⅲ.①消费者行为论 Ⅳ.①F713.55

中国国家版本馆CIP数据核字（2024）第010179号

Decoded: The Science Behind Why We Buy
Copyright © 2023 by Phil Barden.
All Rights Reserved. Authorised translation from the English language edition published by John Wiley & Sons Limited. Responsibility for the accuracy of the translation rests solely with China Youth Press and is not the responsibility of John Wiley & Sons Limited. No part of this book may be reproduced in any form without the written permission of the original copyright holder, John Wiley & Sons Limited.
Simplified Chinese translation copyright © 2024 by China Youth Press.
All Rights Reserved.

顾客为什么购买：顾客购买行为背后的秘密

作　　者：[英] 菲尔·巴登
译　　者：孙晓燕
责任编辑：肖　佳
文字编辑：步欣旻
美术编辑：张　艳
出　　版：中国青年出版社
发　　行：北京中青文文化传媒有限公司
电　　话：010-65511272 / 65516873
公司网址：www.cyb.com.cn
购书网址：zqwts.tmall.com
印　　刷：大厂回族自治县益利印刷有限公司
版　　次：2024年2月第1版
印　　次：2024年2月第1次印刷
开　　本：787mm × 1092mm　1/16
字　　数：230千字
印　　张：17.5
京权图字：01-2022-5521
书　　号：ISBN 978-7-5153-7172-6
定　　价：59.90元

中青版图书，版权所有，盗版必究

版权声明

未经出版人事先书面许可，对本出版物的任何部分不得以任何方式或途径复制或传播，包括但不限于复印、录制、录音，或通过任何数据库、在线信息、数字化产品或可检索的系统。

赞　言

当菲尔第一次向我介绍这种（对营销的）全新的、重要的理解时，它使我明确了这一担忧：长期以来的营销方法需要进行根本性的重新评估。在他的书中，他不仅令人信服地、中肯地阐述了他的观点，还展示了我们需要如何以新的方式思考，以最大化我们的营销效率和效果。

——肖恩·戈加蒂　Sean Gogarty

联合利华公司全球部门前首席执行官

这本书使视觉和决策神经科学的深刻想法得到了完美结合，并清晰展示了为什么这些想法对营销很重要。

——科林·凯莫勒　Colin Camerer

加州理工学院罗伯特·卡比行为经济学教授

菲尔有一种将艺术与科学结合起来的方法，既前沿又实用，既独特又简单；简而言之，任何商业营销人员都不能错过这本书——它将永远改变你对事物的处理方式。

——莱萨·哈迪　Lysa Hardy

巧克力酒店首席营销官

通过《顾客为什么购买》，巴登为广告的力量提供了实证基础。对于广告公司的策划人员和创意人员来说，这是必不可少的。

——玛格利特·约翰逊　Margaret Johnson

李戈斯雷尼首席执行官

终于，一本揭开品牌资产之谜的书出现了——作者在市场营销一线工作了25年。《顾客为什么购买》应该成为所有品牌所有者的必读书。作为菲尔的客户之一，我们知道他的方法是建立在品牌管理的现实基础上的，并且它是有效的！

——克里斯·巴罗 Chris Barrow

英国电信公司前市场营销部总经理

在过去的10年里，市场营销人员及其顾问们一直试图理解认知神经科学的爆炸式发展。但是，没有什么是比《顾客为什么购买》更有用的了：它不仅清晰而准确地解释了相关科学原理，而且对市场营销人员带来的影响也是实际的、易于理解的。这是一本必读之作。太棒了！

——马克·伊尔斯 Mark Earls

《从众效应》(*Herd*)、《窃言盗行》(*I' ll Have What She' s Having*)和

《复制，复制，复制》(*Copy, Copy, Copy*)作者

我发现这本书真的很吸引人。菲尔·巴登(Phil Barden)有一种罕见的本事，他能把科学实验和营销案例变成一个关于人类如何真实运转的迷人故事。

——温迪·戈登 Wendy Gordon

金合欢大道创始合伙人

对于那些希望深入了解变幻莫测的消费者行为的市场营销经理来说，这是一本必读之作。这本书以易于理解、逻辑清晰、简洁明了的方式呈现了复杂的主题。我一定会在我的研究生课程中使用这本书。

——里昂·茹拉维茨基 Leon Zurawicki

马萨诸塞大学市场营销学教授

很长一段时间以来，市场营销一直是艺术与科学之间的一场不安的争斗，而《顾客为什么购买》给这门学科带来了一股非常健康和易于理解的推动力，使其朝着科学的方向发展。所有的营销人员都应该阅读这本书。

——**菲利普·格雷夫斯** Philip Graves

《购物心理学》（*Consumer.ology*）作者

这是一本非常好的书，它完成了3件困难的事情：它汇集了大量神经科学和行为经济学近期关于消费者行为的学术证据；它始终将这些证据与实际营销问题联系起来，并用现实世界的例子加以说明；它极具可读性。我把它推荐给所有具有好奇心的市场营销人员，甚至推荐给那些没有好奇心的市场营销人员——如果他们不想被这些发展抛在身后的话。

——**帕特里克·巴维斯** Patrick Barwise

伦敦商学院名誉教授，《更好》（*Simply Better*）、《超越熟悉》（*Beyond the Familiar*）和《营销领导者的12种力量》（*The 12 Powers of a Marketing Leader*）合著者

我们的内在动机驱动着我们每天的大部分决策和行动。菲尔·巴登理解这一点，解释了它，并清楚地展示了如何利用这种新的理解来推动更有效的、由行动驱动的营销。

——**菲尔·查普曼** Phil Chapman

亿滋国际巧克力类别前副总裁

这本书是卡尼曼（Kahneman）荣获诺贝尔奖的相关研究成果在日常营销中的首次实际应用——太棒了！

——**保罗·菲什洛克** Paul Fishlock

行为变革合作伙伴创始人和负责人

目 录

序 言

如果说在一本关于市场营销的书的序言中提到一位16世纪的丹麦天文学家显得有些奇怪，那么请耐心地听我解释。

现在，许多科学史学家认为，第谷·布拉赫（Tycho Brahe，1546—1601年）是使开普勒（Kepler）和牛顿（Newton）的工作成为可能的人。

事实证明，在物理科学中如此有用的物理学定律之所以能够被提出，完全是因为布拉赫在编目天体运动方面所做的工作。如果没有布拉赫积累的大量经验数据，他的学生开普勒或牛顿提出的理论可能永远不会出现。或者，同样可能的是，其他理论出现并持续存在，这些理论看似合理又方便，但根本就是错误的。

许多人，包括经济学家保罗·奥默罗德（Paul Ormerod），都利用这一点对传统经济理论进行了相当严厉的批评。他们有充分的理由这样做。新古典经济学提出的人类行为理论并不基于任何对人们如何做出决策的经验观察，也不基于任何神经科学研究。与天文学和物理学的发展方式——观察带来理论——不同，该理论是反过来发展的：首先提出一个关于人类会如何做出经济决策的看似正确的理论，然后根据这些初始假设进行推断，进而构建整个理论体系。

然而，这些假设虽然方便，却可能是完全错误的。人们不会基于完美的信息来做决定；他们不会比较不同类别的价值；在做决策时，他们也不会不受他人行为（或自己过去的行为）的影响。他们的偏好或价值观也不会不受到背景环境的影响。一旦你承认了这些事实，整个经济学思想的大厦就会开始从根基上崩塌。

同样的指责也可以指向驱动大多数营销决策的、基础相当薄弱的思想流派。无论如何，市场营销很少试图成为一门科学，但当它这样做时，它也肯定不会试图成为一门实证科学。再一次地，和经济学一样，它假设人们在各种行动过程中会如何受到影响，然后根据初始假设构建一整套“规则”。它的发展还基于一种极其危险的错觉，即人们知道并能够准确地描述他们的决定和行动背后的心理机制。

菲尔在这本书中所做的，就是对这种倒推法发起有力而及时的抨击。

因此，虽然这看上去是一本关于市场营销的书，但它影响的领域远不止于此。这本书整理了大量的科学证据，这些证据表明，人们做决定的方式并不像市场营销人员（或经济学家）通常简单假设的那样。因此，就像经济学经常对人类的广泛情感和倾向（如后悔、损失厌恶、传染或禀赋效应）视而不见一样，市场营销人员似乎也同样对人类决策所受的一系列无意识影响（如语境、目标稀释、路径依赖或框架）视而不见。

出于这个原因，这本书——以及它的大量案例研究和引用——对市场营销人员和任何在广告公司、数字营销公司、市场研究或媒体领域工作的人来说都是无价的。但它对任何试图了解人类、他们的感知和动机的人也很重要，这些人包括政治家、政策制定者、零售商、产品设计师、金融监管机构、立法者和各类企业。

我非常希望这些人能发现这本书，因为我相当怀疑这本书在市场营销和广告界的影响力可能不如在其他领域大。为什么呢？因为，坦率地说，对于行为科学中的哥白尼式革命，营销服务界的记录迄今为止大多以空白为主。从过去市场营销人员对以真实经验证据挑战假设的早期工作——如埃伦伯格（Ehrenberg）、琼斯（Jones）、斯蒂芬·金（Stephen King）等人所做的工作——的反应来看，他们似乎会重复自己通常所做的事：对这些新信息表现出极大的兴趣和赞赏，然后继续他们一直在做的事情。“是的，都很好，菲尔，但我在社交媒体上的‘点赞’量落后于本月的目标。”

或者，正如厄普顿·辛克莱（Upton Sinclair）在“损失厌恶”概念被科学观察到之前很久就提出的那样:“当一个人靠他不理解某件事情来获得薪水时，要让他理解这件事情是困难的。”

不过，我们暂时还不要太绝望。首先，这本书的与众不同之处在于，它不仅是一本非常有用的观察集合，还解释了我们应该如何应对。它不仅是一种看待市场营销领域的新方式——尽管这种方式很有价值，还是一本极其实用的手册，告诉你如何采取不同的应对措施。

而且这本书也非常及时。早期的市场营销人员，包括大卫·奥格威（David Ogilvy）、比尔·伯恩巴赫（Bill Bernbach）和霍华德·哥萨奇（Howard Gossage），一直努力寻求更智能的方法来理解人类行为（哥萨奇甚至在1960年代创办了一家名为“通才公司”的公司，试图将市场营销与行为科学联系起来）。而且所有优秀的直销人员，包括我的第一任老板，出色的杜雷顿·勃德（Drayton Bird），都是一流的行为心理学家。多年来，每个在市场营销领域表现出色的人都本能地知道，市场营销在理解个体和集体行为方面存在巨大而致命的盲点。

当时每个人都面临的问题是，没有相关的词汇和理论框架，谈论这些事情会让你显得浅薄和狭隘。没有人会因为改变优惠券上的选项而得到晋升，即使这能比长时间自吹自擂地讨论电视广告最后一帧的排版对销售和利润产生更大的影响。奥格威行为科学实践甚至有一个口号来强调这些小事的重要性:“敢于琐碎”。

但是现在，我们终于有了一个能与这些发现的重要性相匹配的词汇。我不再只是“设计优惠券”，我是一个“选项设计师”。最终，那些通常被委派给办公室职员的营销活动可能会开始进入营销总监的办公室，甚至进入董事会。

当然，这个新的词汇是“重新构造”发挥作用的一个很好的例子。

这是多么优雅啊!

罗里·桑泽兰德（Rory Suther land）
奥美英国副董事长

前　言

我在联合利华公司、帝亚吉欧和T- Mobile公司工作了25年，试图影响消费者行为，让他们支持我的品牌和产品。为了实现这一目标，我们作为营销人员积累了大量关于客户的信息，并对这些信息进行了复杂的分析。事实上，像我工作过的那些公司，已经开发出了用来捕捉多年集体经验的模型和流程。这些模型指导着我们在产品开发、创新、传播和研究方面进行的数百万投资。然而，人类行为的真正理由仍然是一个谜。不然的话，新产品的失败率不会接近80%—90%，广告预算是完全高效和有效的。

但是实际的市场营销并不是这样的。我的活动有时成功，有时失败，基于我的个人经验，我和许多营销人员一样建立了关于消费者如何决策的心理模型。我知道这个信念体系远未达到完美，但没有人能提供更好的——每个人都有自己的信念体系，这当然会导致大量的内部讨论（或争论！），最终以基于个人偏好的决策告终，这往往受到职位等级的影响。

这反映了一个更普遍的问题，也是所有市场营销人员应该关注的问题——佛奈斯营销集团对北美、欧洲和亚太地区的1200名首席执行官进行的一项研究报告显示，80%的首席执行官认为市场营销人员与业务结果“脱节”，并且关注的重点错误。更具体地说，78%的受访者表示市场营销人员“太经常忽视他们真正的工作是什么”——即以可量化的方式增加顾客对商品和服务的需求。这项研究得出的结论是，如果市场营销人员想要赢得首席执行官的信任，并在董事会上产生更大的影响力，他们必须将自己转变为真正以投资回报为导向的商业人士。否则，他们将永远停留在65%的首席执行官所称的“营销幻境”中。也许这就解释了为什么5年前，《财富》（*Fortune*）1000强的美国公司中只有34家的董事会中有市场营销总监，而英国的这一数字也仅略高。

这的确是一个严峻的挑战，然而市场营销人员掌握着公司收入的关键——了解消费者，并将这种了解转化为引人入胜的产品和服务宣传。作为品牌守护者，我们一直知道品牌具有某种无形的特质，超越了其产品或服务的纯粹功能。这就是我们所说的品牌“资产”，但它一直很难确定、解释和具体化。难怪首席执行官认为市场营销是“虚无缥缈的”，并且比起首席营销官，他们更信任首席财务官。为了走出“幻境”并赢得信任，我们必须使品牌资产变得有形、可理解，并更好地解释为什么它绝非微不足道。这样才能让品牌产品较更加商品化的同类产品拥有更高的价格。消费者愿意花3—4英镑在星巴克买一杯咖啡，但他们客观地知道，两杯咖啡的价格可以在超市买一整罐咖啡。所以他们一定是在买别的东西。某种价值超越了实物产品，但它是什么呢？大脑是如何感知这种价值的呢？简而言之，消费者是如何决策的？

每当科学进入一个领域时，它会带来显著的价值，但具有讽刺意味的是，我们今天在市场营销中应用的思维模式仍然基于20世纪70年代的思维——已经过去了半个世纪！在这段时间里，人们对决策科学领域的理解已经取得了巨大进展。我们有必要更新我们对于消费者如何决策的思考方式。在我看来，市场营销界在过去几年对科学进步的利用，仅仅是让市场研究人员利用脑部扫描等新的测量方法。但是，我们真的认为我们需要更多的数据吗？如果这些新的方法生成类似的结果，那又如何呢？这是可能的，因为它们大多数是使用现有的模型和指标进行验证的。或者，如果这些结果显示出差异，那么哪些是正确的？哪些是错误的？我们又该如何做出判断呢？只要我们继续问同样的问题，不更新我们关于消费者如何决策的思维模式，我们就将无法利用决策科学提供的强大洞察力。这需要市场营销领域做出范式的转变，而不仅仅是工具的改变。

那么为什么我要写这本书呢？因为在我最后一份客户端的工作中，我的信念系统受到了严重的动摇。当时我是T-Mobile的品牌开发副总裁，负责品牌架构和定位的变革。我接触到一种全新的、基于决策科学的有关市场营销和消费者决策的心理模型：由神经科学、行为经济学、认知和社会心理学最新的综合研究成果带来的结论。我觉得它非常有趣，因为它向我解释了消费者行为——这些行为曾让我感到困惑；但同时它也让我感到恼火，因为它推翻了我对消费者决策方式的一些基本假设。这是我第一次体验到一种基于最新科学发现而不是信念和假设的方法的力量。对这些知识的利用不仅产生了新的词汇——这些词汇在理解消费者为什么会做出某些行为方面更有价值，同时也为市场营销提供了一个深刻的框架——从品牌战略和定位到创新、广告和互动媒体。

这种方法不仅引人入胜、与众不同，而且事实证明，它为该品牌带来了巨大的经济成功，激发出T-Mobile 2009年在英国的快闪“舞动”广告。在竞争激烈的市场中，这支广告带来的结果令人震惊：

- 146%的投资回报率
- 销售额增长了49%
- 市场份额增长了6%
- 获取客户的成本减少了一半
- 品牌关注度增加至3倍
- 零售店铺客流量翻了一番，转化率增长了20%
- 现有客户增加了对服务的使用，支出比市场平均值高出11%
- 视频在油管上获得了4170万次观看，有68个脸书网群组传播。

（来源：T-Mobile和IPA）

因此，这种方法被应用于T-Mobile的所有其他品牌“接触点”，如提案开发、零售店设计和客户服务。根据当时担任T-Mobile英国区副总裁的莱萨·哈迪（Lysa Hardy）的说法，这些变化产生的综合效果以及随后基于同一宣传平台的广告，使T-Mobile的客户流失率（即离开该移动网络的客户比例）减少了一半。T-Mobile曾经在英国移动网络市场上拥有最高的客户流失率，现在变成了最低的。随后，该方法被该品牌在欧洲范围内推广，带来了400多个品牌传播和设计奖项，其中包括最佳品牌重塑奖。担任德国电信首席品牌官至2020年3月的汉斯–克里斯蒂安·施温根（Hans-Christian Schwingen）在一次私下谈话中证实了这一点：

> “在2008年，德国电信开始将其所有的T品牌、产品和服务整合到一个T品牌下，这些品牌、产品和服务早些年都或多或少地有了自己的生命力。根据解码公司对行为科学的洞察，德国电信重新定位了其品牌，明确了统一的品牌承诺：“生活是为了分享”。不仅其产品路线图在整个欧洲范围内明显统一，而且其市场传播在议程设置、内容和风格方面也趋于一致。继2008年在欧洲最有价值的电信品牌排名中名列第四后，德国电信自2014年以来一直稳居榜首，成为无可争议的第一名，并且现在是全球第二大最有价值的电信品牌。在13年的时间里，它的品牌价值增长了近7倍。”

受到自己这段经历的启发，我开始深入研究决策科学的相关文献。正如我所怀疑的那样，我多年来所应用的思维模式远远达不到完整，并且在许多情况下是完全错误的。我对所学到的知识，以及其在建立品牌和推动收入增长方面的价值越来越着迷。这种经历如此深刻且令人兴奋，以至于激发了我转行的想法。我辞去了在T-Mobile的工作，加入了解码公司——正是这家咨询公司促成了我在T-Mobile经历的重大转变。

解码公司由决策科学领域的科学家创立和组成。为了保持处在行业发展的前沿，解码公司与领先的神经经济学大学进行合作，如美国的加州理工学院。此外，其教授级和博士级顾问仍在学术领域从事实践工作。同时，该公司还拥有B2B（企业对企业）和B2C（企业对消费者）品牌管理从业者（他们作为解码公司的客户与我有着类似的经历，因此选择加入该公司），以及广告代理商、策划总监和购物者营销人员。我们共同组成了一个跨学科的专家团队，具有独特的综合能力，将最新的科学知识转化为实用的、具体的营销应用。这一从科学到日常营销实践的桥梁，正是本书的主旨所在。

撰写本书的目的是分享我在将决策科学应用于市场营销领域的旅程中所学到的知识，

以及我对消费者购买行为背后的有趣洞察。现在我们有了一个框架、一种语言和一个不断增长的知识体系，使营销人员能够解读出品牌选择的真正驱动因素。最重要的是，通过这本书，我希望为读者带来运用这些宝贵知识并将其应用于日常营销工作的能力。根据我的个人经验，以及客户与其广告公司一致的回应，这样做有以下好处：通过新的、更深层次的洞察力，获得更好的解释和预测能力、更犀利的提案、更精确的简报、客户与广告公司之间的更高效率和效能、更多的信心，以及更强的扩展知识和培训的能力。此外，跨国客户也摆脱了关于品牌定位和创意开发的典型争论——“总部”与“当地”之间的争论——所带来的紧张和沮丧。最后，决策科学为营销人员提供了一种走进董事会，离开“营销幻境”的方式。

自从我第一次写下《顾客为什么购买》以来，人们对决策科学的兴趣有了巨大的增长，而我在决策科学领域的旅程以及它如何应用于营销领域的探索也在继续。在这个修订和更新的版本中，你将发现一些新的案例研究，展示了我在接下来的章节中所讨论的内容是如何应用于营销实践的。这些案例研究帮助我们理解人们为什么购买某些品牌，以及人们在新冠疫情期间的行为，等等。

我希望你们和我一样享受这段旅程。

我要感谢解码公司的同事们以及那些提供引文的人，感谢他们的热情支持，特别要感谢慷慨的罗里·桑泽兰德，他为理解消费者行为的新秩序贡献了相当大的智慧和不知疲倦的热情。我很荣幸由他撰写了序言。

作者注：你会注意到，我在全书中使用了“产品”这个术语。然而，请将其理解为产品或服务，因为无论你是在市场中推广实体产品还是服务，这些原则和建议都同样适用。

第 1 章

决策科学：理解消费者行为背后的原因

市场营销本质上是关于行为的改变；我们的最终目标是影响消费者的购买决策。但是，是什么驱动着这些决策呢？决策科学通过揭示决策的潜在机制、规则和原则来帮助回答这个关键问题。这些迷人而有价值的科学见解在过去几年里得到了迅速发展。本章将深入探讨决策科学的一些最新研究成果，但不用担心，你不需要成为科学家也能理解！我们将看到真正驱动购买行为的是什么，以及如何将这些见解应用到市场营销中，使其效益最大化。最重要的是，我们将介绍一个实用的框架，使我们能够在日常的各种营销角色中利用所学到的知识。

要有光！

讨论一个10多年前的广告似乎有些奇怪，但吉百利的“猩猩鼓手”广告打破了广告创意奖的获取纪录，比近期历史上任何一个广告都获得了更多的公众和媒体关注。事实上，在领英和推特的营销和广告论坛上，人们至今仍然在谈论它。吉百利的牛奶巧克力多年来一直销量平平，且该品牌在前一年遭受了炎热夏季和产品召回的双重影响。因此，吉百利的目标是通过一则新广告重新赢得英国公众的心。广告公司接到的任务是“重新发现快乐”。于是就有了这则“大猩猩”广告，在这则广告中，一只大猩猩先是期许，然后开始跟着菲尔·柯林斯（Phil Collins）的歌曲《今晚夜空中》（In the air tonight）打鼓。这则广告引起了巨大的兴趣和关注，不仅来自消费者，也来自我们这些从事品牌管理的人。这是一则不同寻常的食品广告，尤其是以大猩猩而不是巧克力产品为中心。这则广告（见图1.1）也没有常见的食物或消费镜头，只有在最后才显示出包装。

图1.1　让人们津津乐道的吉百利“猩猩鼓手”电视广告

在“猩猩鼓手”广告带来的热度和兴奋的推动下，吉百利立即委托制作了一部续集广告。你可能会认为这件事情再简单不过了。然而，相似的战略、相同的任务要求、同一家广告公司、同一位导演、相同的广告目标和媒体预算，续集广告却并没有达到客户的期望。这是为什么呢？为什么“猩猩鼓手”在客户眼中获得了成功，而续集却明显失败了呢？我们在自己的工作中也经历过类似的情况。有些广告大获成功并长期风靡，而其他一些则失败了——我们往往很难，发现成功和失败的根本原因。

另一个常常无法明确关键成功原则的领域是创新和新产品开发。众所周知，每年推出的大部分新产品都以失败告终。我们当中有谁没有经历过这样的情况：尽管市场调查给产品开了绿灯，但产品推出后还是失败了？我们进行了研究，进行了测试，但最终，预测都是错误的。这不仅会浪费企业的资源，也会让我们这些营销人员感到非常沮丧，因为这些问题持续困扰着我们：我们忽视了什么？到底是哪里出了错？我们可以从中学到什么，以避免简单地采用试错方法？我们的思维和流程可以如何改进？这种不确定性就像达摩克利斯之剑一样悬挂在负责人和他们的同事头上，对于下一个创新来说并不完全有利。

相反的情况也会发生：一种实际上可能会获得成功的创新，却因为市场研究预测其会失败而没有被推出。举个例子，百利甜酒（在市场调查中）被消费者拒绝，但最终还是被推出，并取得了巨大的成功。同样，在红牛饮料进入市场之前的产品测试阶段，顾客的常见评论是“呕”“恶心”“味道像药”和“我绝对不会喝这个”等，然而如今红牛饮料几乎在全球各地都有销售，并取得了巨大的成功。

在预算遭到削减且证明营销支出合理性的要求越来越多的时代，在我们的活动中实现有效的品牌推广是至关重要的。这不仅是我们的投资回报率（ROI）的一个关键因素，还能确保我们不会花了钱却让竞争对手受益，或者仅仅是对整个产品类别做了广告。我们的宣传应该有效地将我们的品牌牢牢地植入消费者的心中。如果在预测试中，“品牌推广”的得分低于要求的基准，我们经常能听到（甚至提出）诸如“把标识做大点”的建议。然而，这类建议不太可能解决问题。让我们看看图1.2，你觉得它代表哪个品牌？

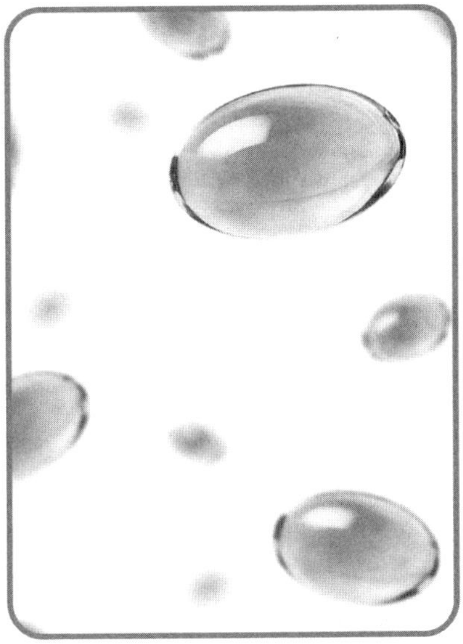

来源：宝洁

图1.2　品牌名称没有显示在图片里，但我们知道它

我们马上就能认出它是潘婷——即使没有任何像标识（logo）这样的直接品牌信息。但我们是怎么知道的呢？有人可能会说，金色的胶囊是该品牌的关键视觉效果。这是事实，但这是否意味着任何一种金色胶囊都能让人想到这个品牌？大概不是，那么到底是什么让它成为潘婷的代表？成功品牌背后的原则是什么？虽然有些广告达成了高于平均水平的品牌回忆，但对于另一些广告来说，它们达成的品牌联系非常弱——而我们的品牌标识总是以某种方式融入广告中的，那么究竟为什么会出现这些差异呢？

尽管我们付出了所有的努力，无论是在战略、传播还是市场研究方面，通往成功营销的道路也往往像在一个亮光微弱的黑匣子中摸索，仍有许多问题没有得到解答。

如果这些例子让你有所启发，那么它们有助于说明，为了取得进展，我们需要更好地理解人们在选择品牌和产品时是如何做决策的，以及是什么驱使他们做出这些决策。令人振奋的消息是，现在我们可以采取一种系统化的方法来研究人类决策，这种方法既在科学上是有效的，又对市场营销人员来说是实用的。

将决策科学和经济学融合

在一项关于决策的神经基础的研究中，德国神经经济学家彼得·肯宁（Peter Kenning）教授及其同事观察了那些被出示了品牌照片的人的大脑扫描图。这些照片要么包含受试者所说的最喜欢的品牌，要么不包含。当每个人每次被展示一张照片时，都被要求选择一个品牌来购买。研究有两个主要发现。

从图1.3中可以看出，当照片中包含受试者最喜欢的品牌时，他们被激活的大脑区域与接触两种非最喜欢的品牌时不同。当最喜欢的品牌出现时，人们会立即做出选择，相应地，大脑中与反思性思维有关的区域活动明显减少，科学家将这种效应称为"皮质缓解"（Cortical Relief）。相反，参与直觉式决策的大脑区域被激活了（特别是额叶中所谓的腹内前额叶皮层）。换句话说，强大的品牌在人们的大脑中产生了一个真实的影响，这种影响使人们能够在没有思考的情况下凭直觉迅速地做出决策。

这种皮质缓解效应只会发生在受试者最喜欢的品牌身上，即使是排名第二的品牌也不会触发这种直觉式决策。科学家们称之为"首选品牌效应"（first-choice brand effect）。作为营销人员，我们设定的一个目标是进入目标消费者的

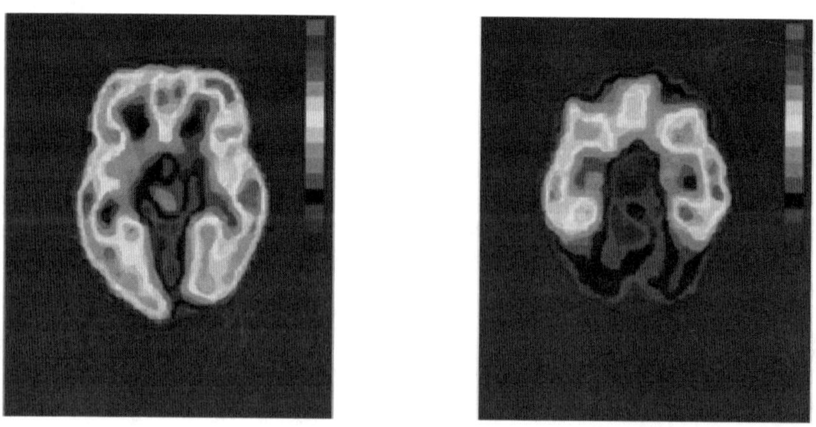

图1.3 首选品牌效应。选择最喜欢的品牌是无须动脑的！

考虑范围。这项研究表明，最优目标是最大限度地增加将我们作为首选品牌的消费者数量。仅仅是进入相关范围并不足以引发这种直观式决策——当然，差点被购买（最终没有被购买）的品牌不会获得任何收入！这种首选品牌效应就是拜伦·夏普（Byron Sharp）教授所推广的“心智显著性”（Mental Availability）。

直觉式决策的过程，是指让站在货架前的购物者在几毫秒内做出购买决策。但这不仅是关于品牌和产品的购买，也是我们日常生活中的一个特征。甚至在涉及数字逻辑时，它也是相关的。心理学家丹尼尔·卡尼曼（Daniel Kahneman）在诺贝尔奖获奖感言的开场白中提出了以下这个简单的问题：

一根棒球球棒和一只球一共1.10美元。球棒比球贵1美元。这只球多少钱?

这很简单，不是吗？几乎每个被问到这个问题的人都会立即凭直觉回答道，球的价格是0.1美元。这种直觉式的回答也存在于普林斯顿大学和哈佛大学等精英大学的大多数学生——这个练习最初就是在这些学生中进行的。几乎每个人都给出了上面的答案。但这是错误的。实际上，球只卖0.05美元（原因：球棒1.05美元加上球0.05美元等于1.10美元）。我们大脑中的某些东西导致我们大多数人在这个看似简单的计算中凭直觉给出错误的答案。我们不做数学计算，而是依靠直觉，在球棒1美元的情况下，0.1美元作为球的价格感觉差不多。这种直觉是基于我们很容易将1.10美元的价格标签拆分为1美元和0.1美元两部分。对我们的大脑来说，进行实际的计算要困难得多，我们大多数人都懒得去做，因为0.1美元的答案感觉刚刚好。

通过这样的例子，丹尼尔·卡尼曼研究了心理过程是如何影响决策的。通过将心理学和经济学联系起来，卡尼曼的工作为系统地将心理学世界与经济学世界结合起来提供了一个重要机会——这样做可以充分利用两种方法的结合所带来的有关消费者决策的解释力。

在很长一段时间里，经济学和心理学是两个完全独立的世界。经济学家基于这样的基本概念：理性的人根据客观成本与效用分析来做决定。与此同时，心理学家强调决策的心理特征，即对价值和效用的评估并不理性，而是遵循某种心理逻辑做决策。如今，如果你在网络上搜索“神经经济学”“神经营销学”或“行为经济学”，你会发现数以百万计的相关信息。这一变化的主要推动因素之一是丹尼尔·卡尼曼的洞察，他于2002年成为首位获得诺贝尔经济学奖的心理学家。

一个基于科学的营销框架

每年都有成千上万的研究论文发表在学术期刊上，这些学术期刊包括《神经科学》（*Neuroscience*）、《消费者心理学杂志》（*Journal of Consumer Psychology*）、《实验心理学杂志》（*Journal of Experimental Psychology*）和《行为与脑科学》（*Behaviour and Brain Sciences*）等。这些新兴的决策科学领域产生了如此多的研究和数据，但我们如何全面理解它们并将所得到的见解与我们在营销中所做的工作相结合呢？

为了将这些见解应用到我们的营销世界中，我们需要一个框架，使我们能够系统地应用科学所提供的最重要的原则、规则和机制。我们用来构建这些知识的框架也是基于科学研究，即卡尼曼的科学研究（见图1.4），他也因此获得了诺贝尔奖。这个框架总结了他毕生在研究人类决策方面的关键发现。自从获奖以来，卡尼曼的模型得到了许多后续研究的支持，包括许多来自神经科学的研究，这些研究也进一步验证和扩展了他对于决策的观点。在他于2011年出版的畅销书《思考，快与慢》（*Thinking, Fast and Slow*）中，卡尼曼对其框架下的科学研究进行了最新评述。

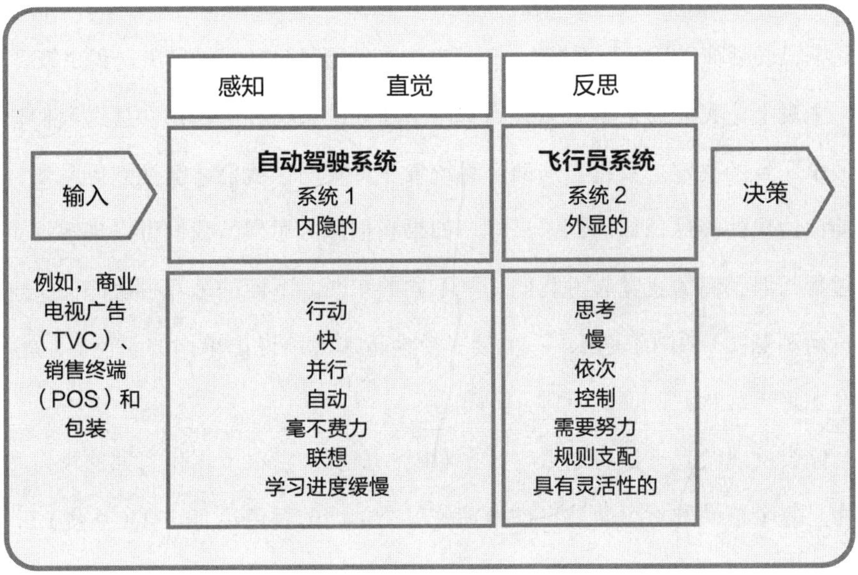

图1.4　卡尼曼获得诺贝尔奖的框架插图，展示了决定我们的决策和行为的两个系统

卡尼曼框架的核心是对决定我们决策和行为的两种心理过程系统进行区分。他将这两个系统称为“系统1”和“系统2”。系统1整合了感知和直觉。它一直在运行，卡尼曼说它“永不停歇”。它非常快，并行地处理所有信息，而且毫不费力，联想性强，学习速度慢。它是用来做出无须思考的、快速的、自动的、直觉式的行为而生的。自动是至关重要的，因为它是高效的，从而消耗更少的能量。在能量是稀缺资源的时代，这种高效的行为和决策方式是生存的关键。反思性思维需要能量，所以在某种程度上，我们的大脑不是用来思考，而是用来做出快速而自动的行为。最熟练的大脑活动都是基于系统1，例如心脏病专家解读心电图信号，国际象棋大师决定下一步棋，或机构创意人员提出新设计。相比之下，系统2是缓慢的，它一步一步地工作，消耗大量的能量，因为它是需要付出努力的，但它的好处是具有灵活性。它使我们能够做出深思熟虑的决定。它是用来思考的。

前文提到的实验显示，品牌能诱发“皮质缓解”，这表明强大的品牌在系统

1中被处理。事实上，强大品牌的标志是激活系统1，绕过系统2的处理过程。相比之下，弱品牌激活的是系统2，即消费者必须通过思考才能做出购买决策。

主观上，我们通常不会体验到有两个独立的系统在起作用，最终我们会做出一个一致的决定。只有当这两个系统发生冲突时，我们才会注意到它们，就像前面给出的棒球球棒的例子一样。如果我们深入思考，我们可以理解那个计算过程，但我们的直觉告诉我们一些不同的东西。下面的练习再次印证了这个理论。浏览图1.5中的表格，一个接一个地迅速大声说出单词的颜色（也就是，从左上角开始"绿""黑""红"……）。

你会发现做起来没有那么容易，对吧？至少，它花了你相当大的精力和注意力。每个单词的意思会被自动处理，每个单词的颜色也是这样（系统1）。然

黄色的	黄色的	蓝色的	蓝色的	黄色的
绿色的	绿色的	绿色的	红色的	黄色的
绿色的	白色的	黄色的	蓝色的	红色的
黑色的	红色的	红色的	黄色的	蓝色的
红色的	蓝色的	红色的	绿色的	红色的

图1.5 斯特鲁普试验展示了两个系统的实际运行情况

注：表格中各词语的实际颜色与它们代表的含义不同，如第一行每个词语的实际颜色从左到右分别为：绿、黑、红、黄、绿。

而，当单词的意思和颜色发生冲突时，说出颜色需要花费一些时间，需要进行反思（系统2）。当两条信息不匹配时，就引发了冲突，冲突导致我们需要更多的控制和专注，以避免错误。当你继续做这个被称为斯特鲁普试验的练习时，你可能会发现它越来越难，你需要更努力地集中注意力才不会出错。这是因为需要付出更多努力的系统2会使大脑疲劳，所以大脑会转回到更省力的系统1。这个练习也显示了系统1的无所不在——它存在于我们所做的每一件事中，包括阅读和说母语。

对于这两个系统如何协同工作，一个形象的比喻是将系统1视为自动驾驶，系统2视为飞行员。飞行员负责那些需要灵活决策的任务，比如起飞和降落或出现问题时的决策，而自动驾驶负责所有可以自动做出的决策。只要不出现问题，飞行员在整个飞行过程中都依赖自动驾驶的处理，而并不真正知道自动驾驶的运行情况。自动驾驶的运行对飞行员来说都是不透明的。自动驾驶模式是内隐的，而飞行员模式是外显的。为了更深入地了解这些系统的本质，让我们看看我们大多数人都经历过的事情：开车。

正如我们在卡尼曼框架的插图中看到的那样，自动驾驶与我们通过所有感官感知到的东西相连。在我们的第一堂驾驶课上，我们的感官受到的冲击简直就是一场噩梦。我们不得不把注意力集中在交通信号上，还要转动方向盘、打信号灯和刹车，同时听从驾驶教练的建议和指示。由此产生的有关手眼协调、解码交通信号，以及处理大量输入数据的问题，通常会导致一种压倒性的恐慌感。我们必须思考很多，所以这让我们的反应和行动迟缓。我们的决策被飞行员系统支配着，因为我们无法基于直觉行动——直觉是基于经验的。但随着我们进行练习，情况会变得更好，对于集中精力的需求也就减少了。我们现在不用看挡位就知道第三挡在哪里。现在当我们想到要如何开车去上班时，这些曾经看起来如此有压力、令人不知所措的事情都只是凭直觉完成了。我们在车流中穿行，我们在红灯前停下，却没有真正关注红绿灯，我们一边听音乐，甚至

> **我们做任何决策时都有两个决策系统在起作用：一个是像自动驾驶运行模式的内隐式系统，另一个是像飞行员操作模式的外显式系统。**

一边打电话（当然，不能占用手），一边完成所有这些复杂的动作。有时我们会想，我们是如何从A点到达B点的，因为我们在整个旅程中都没有有意识地关注自己的驾驶。

我们是自动地、凭直觉地做到这一切的。当我们第一次学习某样东西时，飞行员系统就会被调动起来。然后，随着重复和经验的累积，我们产生直觉，过程变得自动化，也因此更有效。最后，我们成为驾驶专家。总的来说，对于医生、国际象棋大师、机构创意人员来说，潜在的学习过程是一样的，对于消费者也是如此——他们有很多看广告、购买和使用产品的经验。

一旦我们有了足够的经验，并发展了我们的直觉，我们就只会在面临新的问题或之前没有经历过的事情时启动飞行员系统。如果在我们上班的路上，我们通常走的那条道路因为道路施工而关闭了，我们就会突然需要考虑该如何绕道而行。在这种情况下，我们很可能会关掉收音机或挂断电话，因为我们需要集中注意力。

一方面，我们的大脑有很强的自动化倾向；另一方面，为了解决新问题，我们受益于深思熟虑和反思性思维。这就是为什么我们进化出这两套系统。

所以，我们的大脑中有两个系统在运作——这是我们在做决策时的一个普遍特征。对于营销人员来说，理解这两个系统是至关重要的，因为它们决定了所有类别、行业、品牌和产品的购买决策。那么，让我们进一步看看自动驾驶和飞行员这两个系统是如何工作的。

自动驾驶系统（几乎）无限的容量

想象一下你办公室里一个典型的茶水间区域。水壶旁边可能有一个盒子，用来收取购买茶、咖啡和牛奶的费用。这就是所谓的“诚实盒子”。一般来说，茶、咖啡和牛奶的消费成本与员工付款的金额之间存在一定的差距。一项实验表明，当一张被裁剪出的眼睛图片被放置在盒子附近时（见图1.6），人们明显更倾向于为他们的消费买单。当员工专注于泡咖啡或茶时，他们通常不会注意到这双眼睛。但这双眼睛肯定经过了自动驾驶系统的处理，因为这显著影响了人们的行为。这双眼睛潜在地激活了当有其他人在房间里时我们会遵循的社会规范。尽管员工没有注意到这一点（眼睛图片）带来的影响，但它还是致使他们做出了更诚实的行为。

图1.6　即使我们没有意识到，自动驾驶系统也会处理环境中的信号

这个实验表明，自动驾驶系统处理的信息范围非常大，不仅包括我们关注的信息，还包括环境中所有的相关信息。当我们站在超市的货架前，我们的自动驾驶系统处理的不仅是我们目前关注的产品，还包括货架上的其他产品、货架布局、颜色、室内设计、气味、店里的光线水平、音乐以及更多。同样地，当我们访问一个网站时，我们的自动驾驶系统处理了页面布局、颜色、设计和

内容，而不只是我们正在看的内容。

自动驾驶系统处理我们感官感知到的每一比特[1]信息。它拥有每秒处理1100万比特信息的强大能力，大致相当于一张老式软盘（1.4兆字节）（见图1.7）。我们的感官每秒会向自动驾驶系统传送1100万比特的信息——不论我们是否意识到这种输入。每一个输入都由自动驾驶系统处理，并可能影响我们的行为。一项研究表明，当我们访问网站时，自动驾驶系统会在不到一秒钟的时间内产生第一印象，而这个印象会强烈影响我们后续的行为。

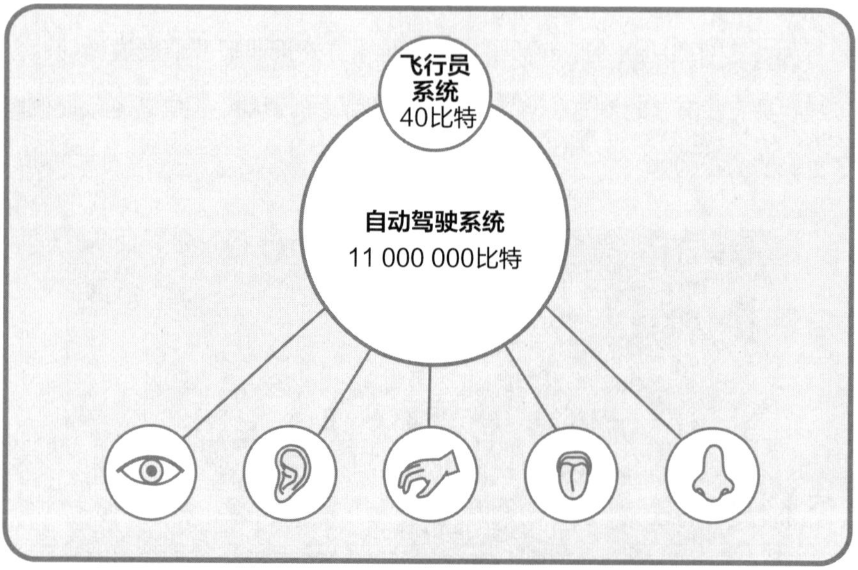

图1.7 自动驾驶系统的巨大容量能够处理我们的感官所接收到的一切信息

与飞行员系统非常有限的容量相比，自动驾驶系统的优越性显而易见。认知心理学领域的一个经典发现是，我们的工作记忆（即飞行员系统进行思考的基础）的上限是7 +/–2个信息块（例如数字、字母、单词或面孔），以数字或字母来说，相当于40—50比特。由于飞行员系统这种容量上的限制，我们发现自己很难记住超过7位的电话号码也不足为怪了。这也是当有人在我们旁边窃窃私

[1] 计算机专业术语，为信息量的最小单位。

语、电话铃声响起，或者有人离开房间时，我们很难跟上演讲的原因。我们会分心，我们无法跟上正在讲的内容，我们会错过一些信息。同样，如果你想象一下我们早上上班前所要做出的那些决定，40比特的信息处理量都不足以让我们走出家门！如果我们在超市里反复思考每一个购物决定，我们的购物时间会很长，以至于我们会饿死。即使我们想要细致地做出决定，我们非常有限的能力也会导致我们无法做到。

更重要的是，与广告媒体平均接触的典型时长也表明，大多数处理并不涉及缓慢的飞行员系统：

- 流行杂志上的广告：1.7秒
- 行业杂志［如《柳叶刀》（*The Lancet*）］的广告：3.2秒
- 数字海报：1.9秒
- 邮寄（初次相关性检查）：2秒
- 桌面显示（横幅广告）：1.7秒
- 移动端显示：2秒
- 移动社交媒体新闻推送：1.3—1.6秒

来源：Lumen公司和解码公司的市场营销调查

这清楚地表明，大多数营销传播都需要在几秒钟内传递核心信息。考虑到精细地处理广告中所有信息所需要的时间，很明显，这其中只有少量信息会被缓慢的飞行员系统处理。因此，自动驾驶系统以其高带宽和非常快速地处理信息的能力，为营销人员提供了在最短的时间跨度内传递信息的机会。

提示

阅读你手中的广告或宣传册上的内容，并记下你所花费的时间。顾客需要多长时间来阅读和消化所有内容呢?

自动驾驶系统的超大容量，也使我们能够在做决策的时候将当时的背景因素考虑进去。在任何特定的时刻，自动驾驶系统都能处理环境中可感知到的一切信息，即使我们没有集中注意力。在所谓的“鸡尾酒会效应”（cocktail party effect）中，我们都曾在不集中注意力的情况下体验过自动驾驶系统的力量。当我们在一个喧闹的聚会上全神贯注地交谈时，我们会立即注意到周围的人是否提到了我们的名字。这种现象的发生就是因为我们的自动驾驶系统一直在处理信息，不管我们是否专注于信息本身。因此，如果我们能在营销沟通中有效地利用这种高带宽，那么我们想传递的信息就能产生更大的影响。

同时被激发的神经元会紧紧连接

大脑，或者更确切地说，自动驾驶系统对它接收到的所有输入都做了什么？它们都被用来学习。但自动驾驶系统的学习方式和我们通常理解的学习方式不一样。这种学习不像我们在学校的学习方式，而是基于所谓的联想学习。让我们看一个例子。

当我们第一次听到“不”这个字时，它只是一种语音模式，一种声音。但我们意识到，当妈妈第二次说这个词时，她的声音变大了，脸色看起来也不一样了。几分钟后，“不”这个词伴随着她从我们身边拿走了某样东西。过了一会儿，我们就明白了“不”的意思。这种内隐式学习与我们在学校学习外语的方式完全不同。如果我们和妈妈走在街上，前面有一群看上去粗鲁的年轻人，我们会觉得妈妈握着我们的手更紧了，她开始让我们和他们保持距离，然后也许走得更快。第二天，她也有同样的举动，但这次不是因为一群年轻人，而是因

> 由于其巨大的容量，自动驾驶系统几乎可以处理环境中的每一个信号。因此，即使是环境中次要的、微妙的信号也会影响决策和行为。

为一条狗。这次她说："小心那条狗，它可能会咬你。"我们学到的是，当遇到危险时，我们的手会被握得更紧。因此，我们会认识到那群年轻人也与危险有关，因为那时我们经历了相同的行为模式。后来，当我们看到一个电视广告，里面有一只手被抓得更紧，在品牌出现后，紧握的手被松开了，我们直接理解到这个品牌解决了一个危险，所以我们在品牌（或产品）和"安全"之间建立了一种习得的联系。

所有这些联想学习的基本原理是："同时被激发的神经元会紧紧连接。"神经心理学表明，当信号在同一时间或同一空间出现，以及这种同时出现的情况在一段时间内反复出现时，我们的大脑会在这些信号之间建立联想连接。如果某件事发生在我们身上一次，它可能是随机事件，但如果同样的事情经常发生，我们的大脑就会开始学习，因为它有更高的概率再次发生。反复一起被激发的神经细胞会越来越紧密地连接在一起。

在我们出生前，我们大脑的联想网络和我们的记忆就像一片被刚刚下过的雪覆盖的田野。获得经验和学习新事物就像走过田野，在雪地上留下新的脚印。经过一段时间后，那些常有人走的路（因为我们多次经历过类似的事情）就会变得更快、更容易走，而那些只走过一次或很少人走过的路就不那么清晰了，因此不太可能被使用。所以，如果我们闻到刚煮好的咖啡的味道，几分钟后一家人聚在同一间屋子里，而经过几次同样的场景，这种气味和"陪伴"的概念之间就建立了联系。如果我们看到我们的父亲在工作时煮了一杯咖啡，我们就会把"工作"和咖啡联系起来。所以，当我们长大后，就会感觉在工作时喝咖啡是很自然的，也很直观。我们可能也会看到有人在酒吧里喝咖啡，但由于这是一个例外，所以咖啡和与酒吧相关的场合之间的联系仍然非常微弱。

大脑不像计算机那样单独存储信息，而是将世界组织成所谓的神经网络，其中一切都是相互关联的，这就是为什么这种类型的记忆也被称为"联想记忆"。因此，当我们想到咖啡时，不仅"陪伴"这个概念被激活了，其他与陪伴相关的

> 内隐的联想学习使我们能够高效、自动地理解我们所感知到的信号。

事物（例如蛋糕）也被激活了。如果我们反复看到金色胶囊与潘婷的品牌标志一同出现的画面，就会隐含地了解到这种画面的特定特征与该品牌之间的联系。

自动驾驶系统需要对某个特定主题有大约1万小时的经验才能充分发挥出直觉效应。仅仅看到我们的父亲在工作时冲一杯咖啡是不够的。相反，我们需要经常经历这种情况，才能使自动驾驶系统在工作和咖啡之间建立牢固的联系。一旦建立起来，这种直觉的认识就能让我们快速做出决策。有经验的心脏病专家只需看一下心电图就能看到相关的病症。他们仅凭直觉就知道该怎么做。但这种直觉远远不是“第六感”所表示的那种感觉。专家的第六感其实是一种内隐知识。在购买和消费产品、品牌和传播方面，消费者也是专家。他们的自动驾驶系统在消费产品和品牌、做出购买决定和接触广告方面已花费了超过1万小时。

但即使是专家（专业人士或消费者）也无法意识到他们的内隐知识的存在。当被问及为什么或者如何做他们所做的事情时，消费者通常会提到他们的第六感（“感觉就是对的”），这是我们从自动驾驶系统得到的唯一有意识的信号。不幸的是，“幸福”或“感觉良好”这些描述是许多品牌定位和简报的一部分，尽管它们本身并不引导决策，只是通用指标。第六感是在我们的内在系统运作过程中我们唯一能够有意识地获取的信号。正如我们将在本书中看到的那样，卡尼曼的框架和基础科学将有助于使这种内隐的知识既有形又可管理。

框架——自动驾驶系统构建了我们的经验

所以，在我们的大脑中有两个系统在运行，但最终我们必须得出一个关于购买哪个产品或品牌的决定。这是如何运作的呢？我们购买时，自动驾驶系统和飞行员系统是如何相互作用的？我们来看一个例子。

一家化妆品公司想开发一款新的护肤霜，所以他们进行了测试，让消费者使用不同的配方，没有标示品牌，看看哪个配方更好。他们在几个城市进行了这项研究。在观察结果时，他们发现在某个城市，一款护肤霜的得分比在其他城市高得多。然而，在该城市测试的所有其他护肤霜都没有显示出该城市有多特别。经过大量调查，他们发现了产生这种现象的原因：在那个特定的城市，因为没有标准的瓶子，所以该测试使用了不同的瓶子。然而，替换的瓶子在形状上有所不同。正是这个看似微不足道的差异显著改变了参与者对这款护肤霜的评价。这个瓶子勾勒出了人们对这款护肤霜及其功效的看法。原因在于，我们大脑中的自动驾驶系统会处理哪怕是最细微的信号（比如瓶子的形状），而这反过来又会影响整个产品体验。

每一个可感知的信号都能影响我们的决策。在一项关于气味的实验中，进入购物中心的人们会接触到不同种类的气味，比如烘焙饼干或烘焙咖啡豆的气味。在他们穿过商场的路上，遇到了一个他们不认识的人，这个人是实验设计的。这个人假装需要帮助，例如帮忙选择买哪样东西或捡起从掉落的包里散落的东西。接触过烤饼干香气的人比没有接触过的人更愿意提供帮助。同样，当受试者进入商场时，他们并没有特别意识到这种气味，但这种信号影响了他们的行为。

不仅是来自外部环境的信号，我们自己的内心状态也会改变我们的选择、决定和行为。我们知道，当我们心情好的时候，我们可以很容易地原谅同事的错误；我们的好心情会直接流入我们的决策中，它会“辐射”。我们在一个典型的工作场所中产生的想法，与我们在一个俯瞰大海的露台上产生的想法是不同的——空间条件也会作为背景因素对我们产生影响。在研讨会上，甚至只是和某人交换位置都可以帮助我们想出新的想法。背景因素间接地影响着我们所做的每一件事件，而我们对此浑然不知。

这是如何运作的呢？这些效应背后的原理是什么？图1.8展示了卡尼曼的诺贝尔奖获奖感言中的一个关键插图。起初，人们会奇怪为什么他会在这次可能是他的科学家生涯中最重要的演讲上使用如此古老的感知戏法。然而，这并不是关于感知的错觉本身，而是关于我们大脑中最基本的原则。这张照片展示了科学家所说的框架效应（the framing effect）。框架是理解决策如何做出的一个关键概念。理解了这一原理，就可以理解自动驾驶系统和飞行员系统是如何共同做出一个完整的购买决策的。

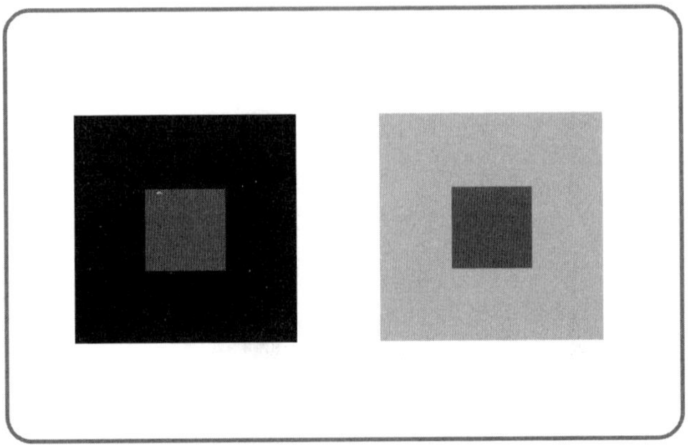

图1.8 框架：背景改变了我们对前景中灰色方块的感知

如果我们观察一下中间的两个小方格，就会发现它们似乎正位于更大的方格前面。小方格在所谓的前景中：它们就是科学家所说的主图。大方格构成了所谓的背景，它们构成了小方格的框架。中间的两个灰色小方格看起来深浅不同。但其实并不是。客观上，这两个灰色小方格是一样的，但从主观上来看却有明显的区别。这两个中心小方格（主图）颜色深浅不同的感觉，只是由背景中大方格的颜色深浅不同造成的。背景形成框架，并由此改变感知。这意味着背景"辐射"到主图上并改变其外观。

瓶子就是影响顾客对护肤霜感知的背景。顾客当然会把注意力集中在护肤霜上，因为那是他们需要评价的东西，但背景框定了他们对护肤霜的感知。这种框定是内隐式地发生的。我们没有意识到这种影响，我们甚至没有注意到，即使现在我们知道这两个小方块是相同的，我们也忍不住认为它们是不同的。背景带来的影响以及它是如何起作用的，至今仍然未明。

通过框架，自动驾驶系统及其内隐过程决定了我们如何感知周围的世界以及采取何种行动。

背景间接且隐蔽地改变了我们的认知，从而改变了我们的决策。这就是自动驾驶系统和飞行员系统共同工作的方式。它们是交织在一起的。自动驾驶系统提供框架，飞行员系统专注于主图。它们共同创造了我们体验世界的方式，并为我们的决策奠定了基础。

这种框架效应对市场营销至关重要。根据我们目前在营销中使用的模型，瓶子对产品体验产生的影响是很难解释的。这同样适用于品牌。我们知道它们会产生影响，但品牌是如何起作用的很难理解——它们是无形资产。框架解释了品牌如何影响购买决策：品牌作为背景，构建了顾客对产品的感知，以及与之相关的产品体验。我们很清楚人们明确地想从洗发水、银行或汽车（灰色的小方块）中得到什么。难以理解的是作为背景的品牌与消费者关注的产品之间的相互作用。框架解释了在销产品的品牌的真正价值。我们从盲测中得知：有品牌的产品看起来比没有品牌的产品更好，尽管从客观上来说，产品是相同的。这种品牌的框架效应不是营销炒作，它增加了产品的感知价值和顾客支付溢价的意愿，即便是客观上完全相同的产品。大众夏朗和福特银河是一模一样的汽车——都是在同一家工厂生产的——消费者却愿意为大众品牌加持的框架多花2000多美元。在当时的英国，人们认为维珍移动的网络质量和满意度得分都高于T-Mobile，尽管事实上它们使用的是完全相同的网络！

星巴克的咖啡可以获得可观的溢价。让我们想想这个品牌传达的框架是什么：室内设计温暖舒适，气味充满异域风情，背景播放着世界音乐。世界上到处都有星巴克。去星巴克喝咖啡不仅仅是短暂的“歇脚”（麦咖啡提供的服务），它是位于家和工作之间、作为短暂逃离的“第三场所”。可以说，星巴克品牌将咖啡体验定义为“短暂的假期”（见图1.9）。

图1.9 星巴克的品牌框架证明了其价格溢价的合理性

“短暂的假期”框架既可信又直观，因为它与咖啡本身“融为一体”：香气、异国的咖啡豆品种、特殊的制备方式——咖啡作为一种产品，是连接这一参照框架的正确桥梁。根据文化的不同，这个框架也会有所不同。例如，在中国，星巴克不是一个短暂的假期，而是地位的象征，去星巴克意味着比较有钱。这对销售模式产生了重大影响，因为人们待在星巴克是为了被看见，因此不会外带咖啡。由于这一框架及其对消费者行为的影响，星巴克扩大了其门店规模，以便容纳更多的人，从而弥补外带销量的低迷。

在盲测中，消费者不太可能判断出星巴克咖啡与其竞争对手在口感或质量上的差异。尽管如此，人们还是愿意为其品牌和门店提供的框架支付高昂的溢价。这种框架所增加的隐性价值正是我们一直所说的无形资产，我们称之为“品牌资产”。我们准备在产品的客观价值之外支付的钱，正好等于我们在购买时品牌提供的框架价值。快速计算一下：用这个框架为每杯咖啡提供的利润，乘以星巴克每年售出的数百万杯咖啡，我们就会发现这对企业的商业成功至关重要，远远超过了其营销预算。

维珍移动的例子表明，框架不仅适用于咖啡或汽车等有形产品，也适用于网络质量等无形产品。事实上，我们可以说品牌作为产品的框架对于服务（例如高速互联网）或内容等无形产品来说尤其重要，因为在这些情况下，质量和价值很难判断，甚至更难比较。对于这些行业来说，品牌框架是实现差异化的关键杠杆。市场研究机构凯度最近发布的最具价值品牌榜单也表明，品牌对于无形商品非常重要。前20名中的大多数品牌都来自信息技术、电信和服务（如银行）行业。在这里，品牌发挥了作用——所提供的产品或服务是无形的，很难评估，所以感知价值在很大程度上是由框架决定的。

明斯特大学发表在行业杂志《大脑研究公报》（*Brain Research Bulletin*）上的一项脑成像研究显示了媒体品牌如何通过框架影响新闻的可信度（见图1.10）。研究人员根据新闻条目的可信度对其进行了评估。在这一过程中，他们展示的新闻要么有品牌背景（知名杂志的品牌标志和字体），要么没有媒体品牌（作为一个孤立的“主图”）。

图1.10　媒体品牌框架影响可信度

结果清楚地表明，同一条新闻的可信度在很大程度上受到新闻报道的背景参考框架的影响。背景中的媒体品牌不同，主观可信度则有着巨大的差异——

受访者却没有意识到这一差异产生的原因。该研究表明，框架效应在大脑的某些区域起作用，而这是我们通常无法感知到的。此外，这种效应发生得非常快——早在被调查者读完一条新闻并能够据此做出判断之前，他们的大脑就已经对这条新闻的可信度做出了判断。这一切都是由背景中的品牌信号触发的。自动驾驶系统的工作速度非常快，以至于品牌标识在几分之一秒内就被它处理好了，成为这条新闻的框架。主观上，受访者的判断看起来只是基于新闻本身，因为自动驾驶系统带来的影响，即框架，仍然是感受不到的。因此，对一条新闻可信度的果断判断其实会受到自动驾驶系统内隐过程带来的巨大影响。

“品牌作为框架”的观点有助于结束市场和销售部门之间典型的二元论式辩论，即销售部门想要关注产品，而营销和广告公司想要关注品牌的“形象”。这种二元论往往转化为一种讨论（或争论），即在广告中应该展示多少产品（特征、事实、文本）信息，以及应该分配多少时间和空间给品牌（图像、故事、情感）。在推广传播时，我们常常把品牌和产品看作对立的：它是品牌还是产品，是销售还是形象，是功能利益还是情感利益。这种二元论源于过时的“情感vs.理性”决策模型，我们使用这种模型——大多数时候没有意识到——将品牌（情感）和产品（理性）在购买决策中的作用概念化。在新的观点中，品牌和产品不是对立的，它们是交织在一起的：品牌提供了背景，这增加了产品的感知价值。如果你移除了中心的灰色方格（产品），那么剩下的就没什么价值了。实体没有了。图1.11显示了如果你去掉框架（品牌）会发生什么：只剩下产品。我们都知道，尤其是在成熟的市场，产品质量很难在竞争产品之间提供一个足够大的可感知差异，这从自有品牌[1]的成功就可以看出。而且，由于在大多数品类中，顾客对产品的性能相当满意，在纯产品层面上的相关差异化越来越难以实现。

人们对品牌和产品的体验和感知不仅受到它们的客观品质的影响——这种观点本身并不新鲜。品牌的这种“附加值”解释了企业在收购其他公司的品牌时

[1] 指的是零售商或者批发商自己开发的品牌产品。

愿意支付高价的原因。在可口可乐公司的2021年年报中，他们对商誉和商标（如品牌等无形资产）的估值是有形资产（财产、工厂和设备）的3.4倍。然而，到目前为止，我们还很难准确地捕捉和定义这种品牌效应究竟是什么——尽管对此已有很多描述，如无形的、隐藏的、无意识的、心理的、情感的或非理性的。现代决策科学的核心价值是为了解自动驾驶系统提供一个可分析的、系统化的方法，进而了解内隐层面的购买决策，以及其与外显层面的购买决策是如何交织在一起的。

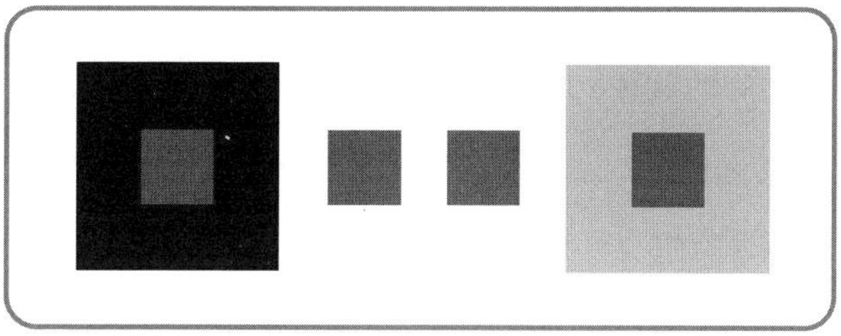

图1.11　没有品牌框架，产品看起来是一样的

为什么我们会低估内隐层面的影响

尽管我们很乐意为一支冰激凌或一杯咖啡支付3倍于产品本身客观合理的成本的价格，但消费者很少将品牌作为购买的理由。我们已经知道，我们无法确切地了解框架是如何影响我们对灰色小方格的感知的。捷孚凯市场研究集团的一项研究调查了人们购买腕表的原因。研究人员识别出腕表买家的几种“类型”。研究发现，那些“注重材质”的人是最重要的买家类型。他们选择一款特定的腕表是因为他们喜欢那种材质。品牌没有被提到。但这个结果真的可信吗？腕表的材质能有多大的差别呢？金属搭配着金属、皮革或合成带。当我们花200欧元购买一块表的时候，我们真的会用放大镜检查金属的切割

品牌就是框架：它们通过框架潜移默化地影响着产品的感知价值和产品体验。

吗？我们真的有能力评估这一点吗？它真的是我们购买决策的决定因素吗？品牌真的在这里没有发挥作用吗？

这样想的人几乎可以被原谅，因为“品牌”这个主题甚至都没有出现在高价产品区间中。让我们引用同一项研究中的一句话：

> 在高价产品区间，也就是腕表的购买价格至少在350欧元，“功能唯美主义者”占据了最大的份额：这个价格市场中的大约40%的腕表是由这类客户购买的。特别重要的是，这类腕表必须具备额外的功能，例如秒表和显示日期的功能。

同样，没有品牌的痕迹。真的吗？对于高价位区间的腕表？对于一款承载着如此多历史和文化意义、人人都能辨识、能够彰显我们身份的产品来说，日期显示或秒表功能真的是购买的决定性因素吗？

提示

考虑以下问题：有哪些产品，你觉得是品牌触发了你购买它们的动力？你的腕表？你的厨房用具？你的家具？牙膏？咖啡？

我们用来探究外显问题的飞行员系统，对影响购买决策的这些内在驱动因素只有着有限的认知。当在调查中被问及时，顾客会非常详细地提供有关他们为什么选择这种洗发水或那种服务的信息。他们没有错，但他们只告诉我们做出决定的外显部分。在上文的护肤霜研究中，顾客们谈论的是护肤霜的效果和价格——这并没有错——但这种自我总结并不是决策的全貌。自动驾驶系统提供的框架带来的影响仍然是不容易被看见的。我们无法有意识地察觉自动驾驶系统的工作方式，所以这些答案很可能不是决策的全貌。

框架和品牌对我们行为的影响是内隐的，因此我们很难有意识地感受到这种影响的存在。

框架效应解释了为什么品牌效应在调查中经常被低估，因为框架的作用是间接的，我们没有意识到它的影响。因此，当我们被问及购买腕表的原因时，我们只会想到产品特征（灰色小方格），而不是品牌（背景框）。原因是，背景带来的影响是无法被察觉到的。我们根本没有注意到背景带来的微妙但巨大的辐射效应。令人着迷的是，自动驾驶系统会在我们察觉不到的情况下形成我们决策的框架。它在我们大脑某些区域的运作，我们几乎感觉不到，甚至可以说完全感觉不到。但一个品牌的吸引力也的的确确因为背景的效果而存在。为了理解和控制品牌带来的影响，我们必须解码这种自动驾驶系统产生的间接影响。

科学盒子

飞行员系统和自动驾驶系统的神经学基础

尽管利用解剖结构来分析飞行员系统或自动驾驶系统的复杂功能会有问题，但我们可以做到大致定位关于这两个系统的最重要的大脑区域。飞行员系统位于大脑最前端的背外侧前额叶皮层上。一般认为，记忆功能的中心就位于大脑的这个区域，例如，当我们考虑下一个假期去哪里度假时，就会用到这个区域。前扣带皮层也是飞行员系统会使用到的一部分，除其他功能外，它还可以记录和处理自动驾驶系统产生的冲突和干扰。

自动驾驶系统则是基于大量的神经结构，这些神经结构的共同特征是以内隐的方式工作。这包括所有的感觉区、眶额皮层（OFC，奖励中心）、腹内侧前额叶皮质（情绪和认知的整合、自我关联）、杏仁核（情绪中枢），以及基底神经节（识别和学习模式、奖励）。

解码自动驾驶系统

在过去的30年里，科学研究已经获得了大量关于内隐系统的架构和功能的知识。这种对内隐式决策的新理解是基于稳健和准确的测量技术，即一种能够以足够的客观性和准确性来测量内隐流程的技术。这类技术包括来自心理学的启动范式[1]，或来自神经科学的成像技术，如功能性磁共振成像（fMRI）。由于方法论和理论的进步，内隐层面不再被当作弗洛伊德理论所认为的“不道德冲动的骚扰之火”。让我们来看看自动驾驶系统处理的各个方面。我们将在后面的章节中逐一讨论，但是如果我们先感受一下自动驾驶系统的处理范围，也是有所帮助的。

正如卡尼曼模型所示，自动驾驶系统的第一个模块是通过我们的5种感官进行感知。感知是我们营销活动的关键接口，不论是我们产品的好处、品牌、护肤霜的气味、包装的大小或颜色，还是我们在电视广告中使用的广告词和配乐。所有这一切产生影响的先决条件是它进入了消费者的脑海，而感知是我们的产品和品牌必须进入的那扇门。为了让我们的信息产生影响，它们首先需要被感知。感知在很大程度上是在内隐层面运作的：我们完全不知道我们是如何能够在几分之一秒内识别出红色信号灯的，也不知道我们大脑中的哪个环节负责这一点。我们只是看到红灯，就好像我们的眼睛上有个摄像头。然而，正如我们将在第3章中看到的，现实与“如相机般的感知”的概念相去甚远。感知在自动驾驶系统中是一个主动的流程，正如框架效应所显示的那样：小方块的颜色在客观上是相同的，但我们的大脑使它们看起来不同。

下面的实验说明了我们是如何积极地创造而不是被动地感知我们周围的世界的。消费者得到了一种香草布丁，它是用无味的食用色素制成的，看起来是

[1] 启动范式属于一种内隐记忆的体现，指之前受某一刺激的影响而使之后对同一刺激的知觉和加工变得容易。

棕色的，所以在视觉上很像巧克力布丁。消费者被要求品尝这种布丁，并在品尝过程中描述它的味道。耐人寻味的结果是，他们所描述的与他们实际吃的东西没有任何关系——他们中的大多数人描述的是巧克力味道。他们都被布丁的外观所误导，主观地体验了内心预期所带来的味道。

在一项相关研究中，那些认为自己喝的是标准咖啡的受试者，即使实际上喝的是不含咖啡因的咖啡，他们的脉搏和心跳也会加快。这就解释了消费者在使用他们喜欢的品牌时与使用无品牌的同类产品时所体验到的产品性能差异，即使这两种基本产品可能完全相同——品牌框架激活了预期，而这些预期又接着影响了主观的、需感知的产品体验，我们却无法感知到这种影响。我们的感知，以及由此带来的产品体验，主要就是由自动驾驶系统的内隐流程创造出来的。

布丁实验表明，预期是自动驾驶系统的一部分。我们预期棕色布丁尝起来像巧克力，而这种预期在背景中调节了我们主观的味觉体验。除了内隐的预期，还有内隐的态度。我们对产品和品牌的态度在营销中扮演着重要的角色。我们用支持、信任或品质等方面来衡量消费者的态度，因为如果消费者对我们的品牌有积极的态度，那么他们就更有可能考虑购买我们的产品。然而，态度有两个层次：内隐的和外显的。在一项研究中，我们测量了银行业两个竞争对手外显的和内隐的态度数据，如图1.12所示。

如果我们观察外显印象，会发现两个品牌的相关性（r = 0.64）是内隐印象相关性（r = 0.30）的两倍。这并不奇怪，因为我们已经看到，只有当框架存在时，品牌之间的真正差异才会凸显出来。只有在添加框架（内隐层面）时，我们才能得到完整的画面，品牌之间才会出现更强的差异。

另一个例子是关于消费者对健康食品的态度。虽然我们大多数人对健康食品都表现出明确的积极态度，但自动驾驶系统有不同的看法。2006年发表在《市场营销》（*Journal of Marketing*）杂志上的一项研究发现，一种产品的健康程

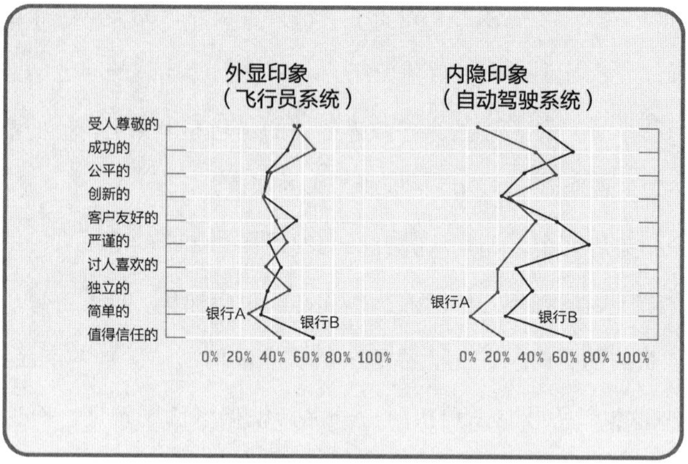

图1.12 外显的和内隐的印象非常不同

度——或是被人们认为的健康程度越低，其在消费前、消费中和消费后的味觉评分就越好。自动驾驶系统启用的规则是“不健康=美味”。这种内隐的态度框定了体验感受，与消费者表明的、外显的态度无关。这对于那些告诉你不健康的食物很美味的人和表示自己不相信这点的人来说都是适用的。这也就解释了必胜客的低卡路里比萨或低脂肪麦克莱恩汉堡失败的原因——当人们知道汉堡脂肪含量更少的时候，他们主观上品尝到的味道就会发生变化。

类似地，英国消费者在多年的速溶咖啡广告中产生了这样的预期，即颗粒这种产品形式，在味道和质量上优于粉末形式的同一产品。这种预期随后转移到不同类别的产品中，例如，当联合利华公司调研速溶汤时，消费者认为那些被告知由颗粒制成的汤明显优于其他被告知由粉末制成的汤——尽管这两种汤完全相同。

自动驾驶系统掌控着购买决策背后的大多数感知、预期、态度和动机驱动因素。

自动驾驶系统也包含了大量的动机驱动因素。除了外显的动机，还有一个内隐的动机驱动层面。例如，我们的目标可能是购买洗涤剂来清洗我们的衣物。除了这个外在而明确的目标，还有一个内隐的动机与购买决策相关，而我们将在第5章进一步探讨这个问题。

至此，我们在探究消费者行为的“原因”方面已经走完了第一段旅程。现在比较清楚的是，我们有一个分析框架来研究内隐的以及外显的决策机制。现在让我们看看如何在此基础上提高营销效果。

我们在这一章中学到了什么

- 我们可以区分在任何决策中起作用的两个决策系统：一个像自动驾驶一样工作的内隐系统和一个像飞行员一样工作的外显系统。
- 这两个系统共同决定了我们对产品和品牌的感知，以及我们的购买决策。
- 内隐的自动驾驶系统通过间接但强大的框架效应影响我们的决定。

这对我们这些营销人员来说意味着什么

- 为了充分理解消费者的决策，并说服消费者购买我们的产品或服务，我们需要同时考虑影响决策的内隐和外显因素。
- 虽然我们一直都知道，在我们的决策背后，除了外显层面的驱动因素，还有更多的驱动因素，但我们总是很难识别和管理那些内隐层面的驱动因素。现在，我们有了一种系统化的分析方法来研究内隐层面的购买决策。
- 自动驾驶系统的巨大能量为我们提供了一个崭新的、令人兴奋的机会来影响行为。我们发出的所有信号都有可能提高营销活动的说服力。

第 2 章

真相时刻：解码购买决策

我们已经看到，有两个系统驱动着我们的决策——自动驾驶系统和飞行员系统。但是，当我们站在超市的货架前，或者在网上比较可供选择的服务提供商时，我们是如何做出决定的呢？是什么决定了我们买这个品牌而不是那个品牌？我们是如何在所有不同的选项中做出选择的？在本章中，我们将深入研究这些关键问题，并揭示购买决策的基本原则。

购买决策的神经逻辑

营销人员的作用是影响消费者的短期和长期行为，从而造福他们所管理的品牌。他们需要保留客户群，增加客户的购买频率，并将非用户转化为用户。因此，了解消费者为什么选择购买某样东西，并寻找是什么让他们做出这样的决定，便是营销的核心。

在2007年一项开创性的实验中（见图2.1），斯坦福大学教授、神经科学家布赖恩·科诺森（Brian Knutson）和他的同事们想要知道是否能够通过分析神经活动来预测购买行为。他们的研究从产品和品牌的图片开始，例如将一盒巧克力展示几秒钟。然后，价格出现在屏幕上，最后受访者必须按下按钮，说明他们是否会购买该巧克力。

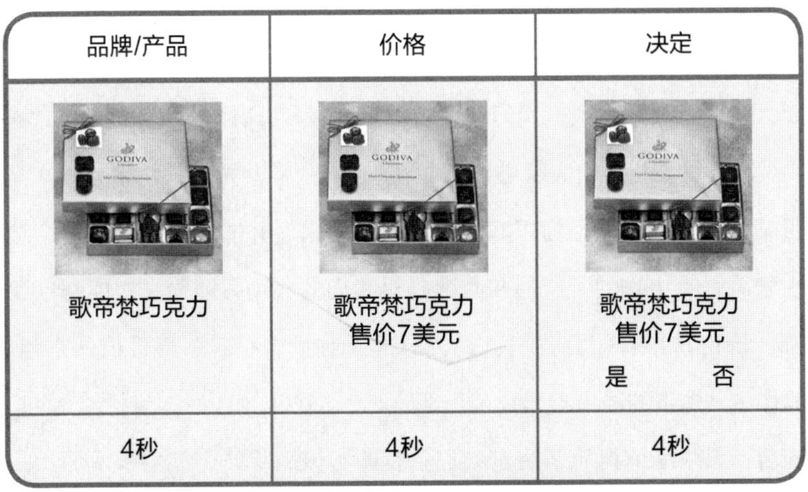

图2.1　斯坦福大学的科诺森及其同事的经典神经经济学研究“购买的神经预测因素”的插图

在整个过程中，大脑活动都通过功能性磁共振成像（fMRI）来测量。结果显示，产品或品牌的图片会增加所谓的“奖励系统”的激活次数。一般来说，当我们重视某物的时候，该系统就会被触发。这就好像大脑在说，“我想要这个”。这种需求是基于我们预期产品能够提供的价值。在我们的联想记忆中，我们有着与该品牌产品相关的经验——来自我们直接或间接地使用它、看到它的广告，或看到其他人使用它。基于这种联想学习，我们对品牌产生了一个预期价值。如果这个预期价值很高，那么奖励系统就会显示出较高水平的激活。如果该值较低，那么激活水平也会较低。我们将在本书结尾的一个案例研究中更多地看到这一点在品牌身上起到的作用。

那么，当价格被显示出来时，会发生什么呢？当价格被暴露在受试者面前时，受试者大脑中一个完全不同的区域被激活了，即脑岛。当我们经历疼痛时，这个区域通常会被激活——例如，当我们割伤手指时（身体疼痛），或者当我们被排除在一个群体之外时（社交疼痛）。换句话说，当看到价格时，我们的大脑会感到疼痛——所以这意味着价格不是基于理性的。价格是滚烫的！价格是疼痛。这不仅仅是一个比喻：神经科学家希尔克·普拉斯曼（Hilke Plassmann）2017年的一项研究提供了经验证据，证明价格会诱发情感疼痛体验。为了理解这一点，我们必须意识到，我们的大脑中并没有“购物”模块，也没有“购买按钮”或品牌模块。相反，大脑必须“决定”现有的哪些神经模块来处理产品、品牌和价格，而这些模块是为了其他理由发展出来，并非为了购物。这个结果从直觉上来看是有道理的。产品和品牌是对我们的奖励，因为它们能帮助我们实现目标。价格意味着放弃我们已经拥有的、对我们有着重要价值的东西：钱。把这算作一种痛苦的经历看起来是合理的。

随后，科学家们揭示了决定人们是否购买该品牌或产品的根本原理。他们发现的原理非常简单：如果奖励和疼痛之间的关系超过了一定的价值，受试者就愿意以这个价格购买这个物品。我们的大脑会计算出一种“净值”，如果这个值足够高，奖励和疼痛之间的差异足够大，那么我们就会购买。基于这一原理，科学家们能够准确地预测受试者是否会购买这些产品，因此他们的论文标题为《购买的神经系统预测因素》(*Neural Predictors of Purchases*)。

购买决策的神经逻辑基于这样一个等式：净值=奖励-疼痛。净值越高，购买的可能性越大。

科诺森的研究结果表明，购买决策是基于奖励与痛苦的关系。这意味着，在市场营销中，我们有两个杠杆来影响消费者的决策，即奖励和疼痛，而且它们可以分开处理。为了让消费者购买，我们可以在增加奖励的同时减少痛感。不过，营销人员采用二元思维并不罕见。对我们来说，问题在于应该专注于品牌，还是(例如)专注于特别价格优惠，好像两者都做就会陷入两难境地。不会的。我们的目标是增加大脑根据产品的预期回报和价格计算出的“净值”。这使同一段广告既能强调品牌或服务提供的价值，又能包含“硬性销售”的价格信息(比如“限时7折”)。第一条信息增加了预期的回报，第二条信息减少了痛感，两者的结合增加了净值。

这个简单但基本的决策基础解释了为什么星巴克可以为其咖啡开出高价，或者为什么有些人会为名牌太阳镜支付3位数的价格。品牌带来的奖励增加了感知价值，这使我们对更高的价格不那么抗拒。价格高了，但相应地，回报也高了，所以主观上，名牌太阳镜存在着比廉价太阳镜更好的价值—成本关系。

如何增加价值

我们非常了解一件产品需要传递的外显价值。比如，一款沐浴露需要具有清洁的功效，它必须有好闻的味道，它必须产生泡沫，等等。在功能层面上，消费者会直接告诉我们他们想要什么。挑战在于，市场上所有的沐浴露都能提供这一基本价值，所以这一层面的差异化很难实现——想描述“更清洁”更加困难。现在让我们来看看阿迪达斯的“动感脉冲”沐浴露（见图2.2）。

图2.2 阿迪达斯的“动感脉冲”沐浴露的包装
通过影响预期奖励来提高净值

它仍然是一款沐浴露，满足了消费者的所有外显需求。但在这个例子里，包装通过框架增加了额外的价值。该产品传递其价值的环境是沐浴。沐浴像一场仪式，可以带来各种回报：重新振作、平静、新的开始、恢复，等等。在这样的背景下，包装如何增加价值呢？当我们看到它的形状时，就会联想到机油。握把式设计外观意味着良好的控制和有力的抓握。此外，打开产品时可以听到明显的“咔哒”声。这种包装设计通过形状、瓶子、打开的声音和“动感脉冲”这一名字传达了一种额外的、更内隐的价值。它增加了使用该产品淋浴的工具性——补充能量和快速启动。它使淋浴成为一种更有活力的体验，因为所有这些信号都由每秒容量1100万比特的自动驾驶系统处理，它们增加了消费者心目中该产品的整体净值。

所以，在这个例子中，外显价值和内隐价值完美地连接在了一起，至少对于那些希望淋浴能唤醒能量的消费者来说是这样。对于追求在淋浴中获得放松的顾客来说，其感知价值会比较低，因为这种特定的框架不符合他们的动机。

外显价值是清晰的，很容易被理解的，因为我们可以向消费者询问。然而，内隐价值往往被消费者所忽视，所以也不被提及。因此它有被低估的危险。但这种内隐价值为相关差异化提供了巨大的潜力，竞争对手很难去复制。是什么让苹果的设计成为苹果？这很难去解码，因此也很难被复制。

假设我们正在寻找一种方法来增加日用品类商品的价值，比如饮用水。我们的第一反应很可能是想到新的添加剂，比如给水调味。这当然是一个好方法，但很容易被其他品牌和自有品牌复制，所以新口味的竞争优势不会真正持续下去。

来自挪威的饮用水品牌芙丝（见图2.3）采用了不同的方法。它显著提高了感知价值，尽管在盲测中，即使是葡萄酒专家也无法说出芙丝和自来水的差别。但得益于设计语言，芙丝不仅仅是饮用水：该品牌提供的内隐价值是它可以作为高级餐桌装饰。这种额外的价值是基于这样一个事实，即一张布置精美的桌子可以提升用餐者的整体用餐体验。这就是它在酒吧和餐馆出售的原因。此外，我们的自动驾驶系统了解到，像麦当娜（Madonna）这样的明星也喝它，因为它非常纯净，来自挪威，而且只有在最时髦的地方才能买到。

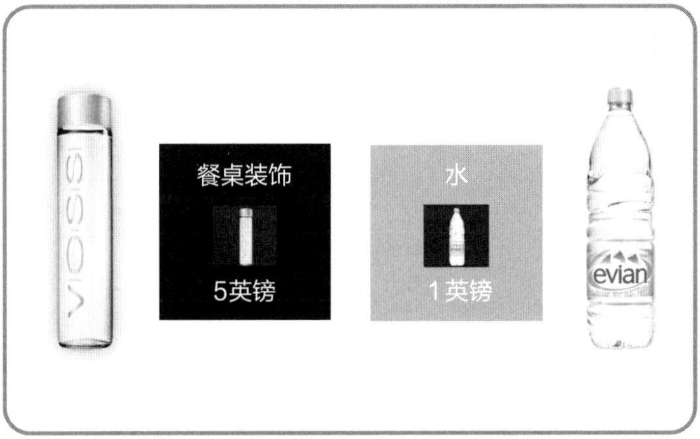

图2.3　尽管价格很高，但芙丝框架实现了较高的净值

因此，我们与产品建立的联系不仅基于我们自己的经验，还基于自动驾驶系统处理这样的信息：谁喝了它以及在哪里可以买到它。自动驾驶系统还会处

理社会环境信息。社会心理学的研究清楚地表明了社会环境对购买行为的影响。看到或读到别人在做什么，谁在使用这个产品，以及在哪里使用，都会改变人们对芙丝的感知价值，这超越了瓶子设计本身带来的效果。

因此，为了充分理解购买决策，我们需要考虑外显和内隐两个层面的价值—成本关系（见图2.4）。

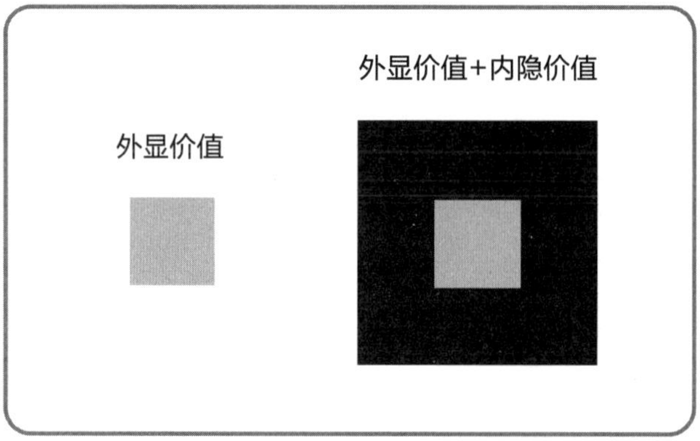

图2.4 通过内隐框架增加了总价值

古典经济学对于价值和成本的观点，符合外显的决策过程（飞行员系统）：消费者仔细评估信息，判断论据的有效性，关注真实、客观的事实，并根据推理、意愿和态度做出决定。自动驾驶系统内隐的决策过程也是基于价值和成本的。但这个系统对周边信号、预期、习惯和启发、内心状态以及做出决策的环境都很敏感。

价格可以增加感知价值

芙丝的巨大溢价利用了我们都学过的另一个内隐规则：质量越好，价格越高。价格可以也确实是价值的信号。当谈论价格以及它们是如何被处理和感知的时候，我们自然会把注意力集中在价值—成本等式的成本方面。的确，如前

> **为了最大化净值，我们需要最大化外显价值和内隐价值。**

所述，价格会触发大脑中的疼痛区域。但是，价格也会影响等式的价值方面。对消费者来说，价格也是评估产品质量的指导信号，因为他们已经了解到——不管客观上是不是这样——“质量是有价格的”。

价格作为一种质量信号带来的影响，不只是提高或降低外显的预期。德国神经经济学家希尔克·普拉斯曼做了一个实验，研究价格对“真实”产品体验产生的影响，即消费不同价格的产品对大脑的生理反应产生的影响。实验参与者一边喝着酒一边躺在脑部扫描仪中（是的，这是可能的！）。他们被告知他们品尝的每一种葡萄酒的价格。他们不知道的是，在测试过程中，有时会给他们两次相同的葡萄酒，一次价格较高（90美元），一次价格较低（10美元）。普拉斯曼的研究表明，参与者认为价格较高的葡萄酒味道明显更好，这与大脑奖励中心的活动显著增加相吻合。

参与者并没有意识到价格带来的影响。这意味着，价格不仅是质量的外显信号，进而影响等式的价值方面，同时这个信号也可以提高消费者主观上体验到的产品质量。然而，这种效应是有前提条件的。只有当该品类中的价格区间较宽时，价格才会对感知价值产生贡献。葡萄酒的价格在4英镑到数百英镑之间不等。然而，对于洗发水来说，价格范围很窄，因此仅通过价格增加感知价值的潜力相当有限。在芙丝的例子中，商家确实把每瓶水的价格提高到相当程度，让自动驾驶系统不禁思考，“如果它这么贵，那就必须是超级棒的水”。该产品的设计、独特性以及麦当娜的故事都为这一点提供了真实可信的基础。仅仅把价格提到最高是行不通的。

语言可以增加感知价值

所以品牌、设计、包装，甚至社会信息都可以增加相应的内隐价值。语言也是如此。语言是我们日常营销工作中用来传递信息的重要载体。我们反复思索产品的名字，我们用创意的语句来描述产品，我们试图通过包装上的文字或广告中的标题来说服消费者。那么，关于语言对感知价值的影响，我们能从科学中学到什么呢？

在康奈尔大学的一项研究中，菜单上要么有描述性的标签，如“传统卡津红豆米饭”“多汁意大利海鲜菲力”和“嫩烤鸡”，要么标签上只有名字（如“红豆配米饭”）。问题是，这些华丽的修饰词是否会对食物的味道（即价值）产生任何影响呢？结果是，描述性的标签不仅带来了更多的订单，而且还让参与者认为这些食物的味道比只有通用名称的相同食物更好。当然，我们不会清楚地意识到“我更喜欢用生动的形容词描述的食物”，但事实证明，菜肴的描述是影响其味道的一个重要因素。华丽的菜名所起的作用是激活价值预期。当我们在超市里看包装时，许多包装上的文字只是单纯地描述它是什么（例如“蔬菜汤”），而不是激活我们在购买和消费产品时的预期体验。一只“嫩烤鸡”被认为会比一只“烤鸡”提供更高的价值。

价值导向的语言不仅可以增加产品的感知价值，还可以影响我们感知到的产品性能。在一项关于肉类包装信息的测试中，“75%瘦肉”比“25%肥肉”得到了更积极的评价。有趣的是，当人们食用这种肉类时，这个较高的评价仍然存在，这意味着描述不仅影响消费者的购买决策，还影响他们对产品的主观体验。

语言带来的这种影响也可以在神经元层面看到，特别是在大脑中负责评估奖励的区域：眶额叶皮层（OFC，位于我们眼睛正后方）。在一项研究中，当一种味觉刺激物被标记为“丰富而美味的味道”时，内侧OFC的激活程度比该味觉刺激物被标记为“煮沸的蔬菜水”时更强烈。在另一项实验中，当参与者躺在大脑扫描仪中时，被提供了一种标准的测试气味——带有少量奶酪味道的异戊酸。在一些测试中，测试气味带有明显的“切达奶酪”标签，而在另一些测试中则带有“体味”标签。研究发现，当标签上是“切达奶酪”时，OFC对标准测试气味的反应要比标签上是“体味”时活跃得多。此外，标签影响了参与者对测试气味怡人程度的主观评分，而评分的变化与OFC的激活是相关的。神经科学家埃德蒙·T. 罗尔斯（Edmund T. Rolls）将这些发现总结如下：

> 这一发现的部分有趣和重要之处在于，它表明，纯粹起始于字面层次的认知影响，可以向下延伸并调节第一阶段的大脑皮层处理活动，即感官刺激价值。

在描述产品好处或宣传产品时，一个有效的方法就是区分利得和无损失。这就像一枚硬币的两面：“获得”指的是人们得到了什么，“无损失”指的是人们由于不会失去或错过什么而获得的好处。

在化妆品类别中，顾客的目标是改变和取得成就，因此关注“获得”是理所应当的，比如“获得雅诗兰黛的青铜女神夏季海滩妆容”。在有风险的环境中，无损失是很重要的。例如，房地产经纪人利用最近的金融危机和通货膨胀侵蚀储蓄的风险引发的焦虑，敦促人们投资房地产，以免赔钱。在经济衰退时期，以利得为导向的“投资回报率”就不那么有效了。参考图2.5中的例子，这些典

无损失	获得
没有风险/免费	附加
不用花费太多	得到
不超过	发现
只有	赢得
不满意就退款	额外的
避免	更多的
不需要	起作用
减少……	帮助……

图2.5　增加感知价值的两种基本方式：获得框架和无损失框架

型的词汇可以用来表示获得和无损失，例如在宣传产品的时候。

提示

在你的营销宣传中，你倾向于使用哪一种框架呢?

降低感知成本

增加感知价值的原则和机制同样可以用于管理价格感知：与价值一样，成本也分为外显成本和内隐成本。外显成本是明确的，就是客观的商品价格。但即使在这里，也有一个内隐的部分。我们可以通过自动驾驶系统“理解”的、适当的背景信号来改变感知价格，而不是改变（例如降低）真实价格。

请看图2.6。如图所示，带有闪亮星星的价格被认为是最贵的，比以白底黑字的形式呈现的同样价格要贵得多。接下来，以白底黑字呈现的价格被认为比

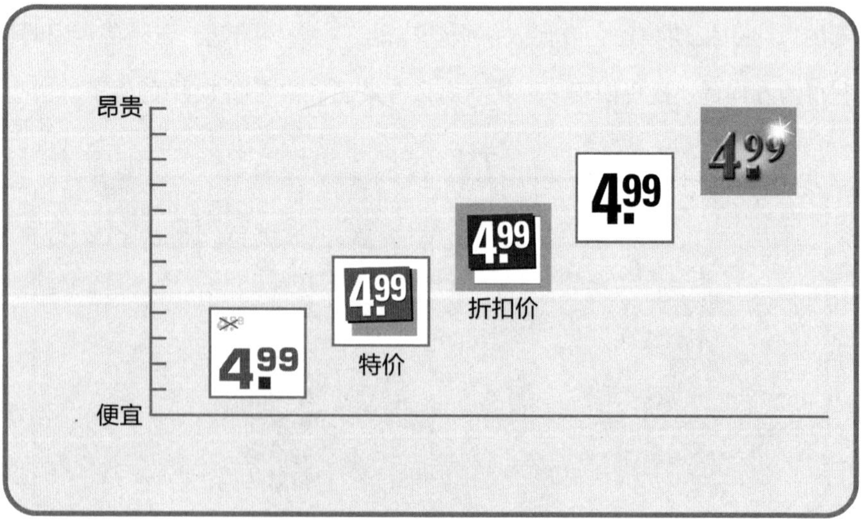

图2.6 价格呈现的方式会带来不同

旁边带有折扣价标识的价格更贵，也比原价被划掉的价格更贵。客观地说，价格是一样的，但消费者对“疼痛”的评估因其呈现方式的不同而不同，因此，带来的影响也大不相同。研究表明，以折扣价的方式呈现价格，即使价格被提高了，也会带来更高的销售额，因为这种价格呈现方式降低了感知成本。正如我们将在第3章中看到的，价格感知本质上是相对的，因此会受到其所在环境的影响。所以，对价格的判断在很大程度上受到内隐信号的影响。

另一种降低感知成本的方法是“锚定”机制。当史蒂夫·乔布斯（Steve Jobs）推出iPad（一种平板电脑）时，他展示了iPad的功能，然后问道：“我们应该给它定价多少？如果听从权威人士的话，我们会把它定价在1000美元以下。”他的演示屏幕上出现了一个巨大的“999美元”。他让那个数字停留了一会儿好让大家思考，然后说：“我很高兴地向大家宣布，iPad的起价不是999美元，而仅仅是499美元。”随后在屏幕上看到，999美元被降下来的499美元压得粉碎。因此，最终的价格似乎是一笔非常划算的交易——它降低了人们的感知成本。乔布斯故意没有将iPad的价格与笔记本电脑的一般价格进行比较——他将其与它本身的预期价格进行了比较。在这样做的过程中，他抹去了一般的笔记本电脑在定价和性能、功能方面提供的参照点，从而保持了自己产品的独特性。第一个价格是锚点，下一个价格是参考这个锚点来评估制定的。

这种锚定机制——通过与其他价格的对比影响价格感知——是非常强大的。以谈判为例，买卖双方的谈判实验一再证明，最终的结果始终是被第一次报价所锚定的。许多研究表明，在销售产品时，遵循“从高开始，以低结束”的策略通常是有道理的：首先向人们展示价格最高的选项，从而为后续更便宜的选项设定一个锚点。

威廉·庞德斯通（William Poundstone）在他关于价格感知的优秀著作《无价：洞悉大众心理玩转价格游戏》（*Priceless: The Myth of Fair Value*）中，描述了麻省理工学院的科学家与一家邮购公司进行的一项引人入胜的实地实验。使用以“9”为结尾的“魅力价格”是非常常见的，这家公司也不例外。他们销售女装，通常使用以“9”为结尾的整数美元价格。其中一件被测试的商品标价为39美元。该公司制作了不同版本的实验用邮购目录，并给一件同样的商品标了不同的价格——34美元和44美元。每个目录都被发送给一批身材尺寸相同的顾客，这些顾客是从公司现有的邮寄列表中随机挑选出的。结果是，39美元（商品）的销量比其他两种价格都要多——买39美元裙子的人比买34美元裙子的人多23%。有趣的是，当一件衣服的价格为44美元或34美元时，销售额并没有显著差异。

该邮购公司经常将商品打折出售，并在目录中标出新旧价格：“原价X美元，折扣价Y美元。”作为实验的一部分，他们还印制了一些目录，印的是折扣价，但没有标示它们实际已经打过折了。正如人们所预料的那样，当价格被标示为折扣价时，商品的销量更高了。消费者并不知道Y美元是折扣价，除非目录上显示那个更高一些却不会作为最终销售价格的锚定原价。同时他们也发现，折扣价标记比“魅力”价格（以“9”为结尾的整数美元价格）更有影响力。如果一件商品标价39美元，但没有标明锚定原价，那么消费者更有可能购买标明了原价48美元，现价40美元的同款商品。

《顾客为什么购买》首次出版后，我在嘉士伯工作的一位客户向她的同事展示了其中一些实验的结果，并建议该公司实施与上文分享的例子中类似的定价方法。她的建议遭到了一些质疑，她的同事们认为，这些都是学术研究，在现实世界中是站不住脚的。她决定自己进行实验来证明这一理论，并在丹麦进行了一系列测试。她很乐意分享测试结果。

将锚定价格融入菜单选项，她能够测试两件事情。第一，当首先呈现最低价的饮料，将其价格作为锚定价格时（因此，最昂贵的饮料是最后被呈现的），54%的受访者选择了最昂贵的饮料。第二，当饮料菜单的顺序颠倒，受试者首先看到最贵的饮料时，62%的人选择了最贵的产品（见图2.7）。她在真实世界的这一测试表明，当消费者看到更高的锚定价格时，他们愿意购买更昂贵的饮料。

她还报告说，当她在酒吧和餐馆测试啤酒菜单，以了解改变特色啤酒在菜单上的位置是否会鼓励更多消费者进行升级购买时，发现了类似的结果。在标准菜单上，标准啤酒列在左侧，而特色啤酒、更高级的啤酒列在右侧。当左侧显示更便宜的啤酒时，35%的消费者购买了特色啤酒。然而，当这两列颠倒过来，特色啤酒出现在左侧时，47%的人选择了特色啤酒。唯一的区别是菜单的布局，这表明，当特色啤酒放在我们的眼睛自然而然会首先看向的左侧时，人们更有可能选择特色啤酒（见图2.8）。由于自己的研究结果与学术研究的结果是相符的，她说服了她的同事将该研究结果付诸行动。

> **和价值一样，人们对价格的感知有两个层次：外显的和内隐的。外显价格是客观的价格。内隐价格也取决于价格是如何呈现的。**

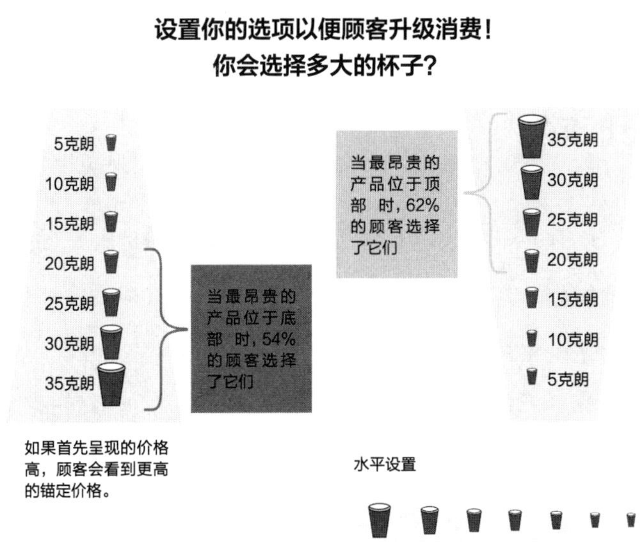

图2.7　价格呈现的顺序创造了不同的锚定价格

来源：威尔克市场研究A/S 2017—与丹麦嘉士伯合作进行的研究

啤酒菜单的布局对于顾客最多选择哪种单品有着很重要的影响

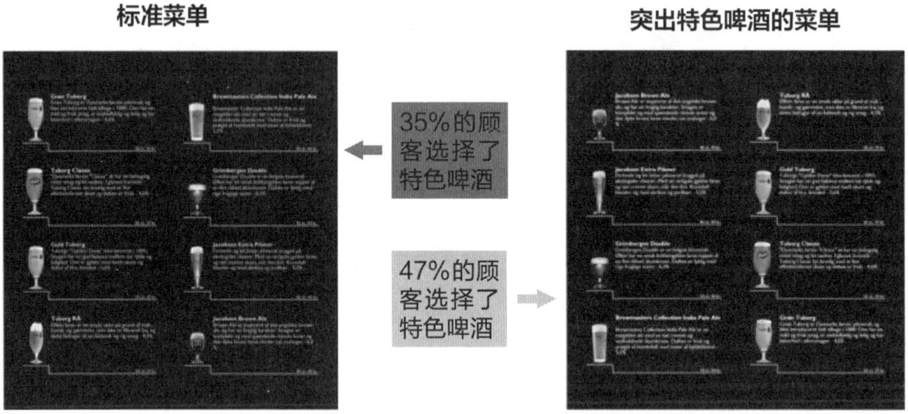

通过将特色啤酒放在左上角（我们的眼睛通常首先看到的地方），使其最先被看到，从而推动其拥有更高的销量。

图2.8 锚定与我们首先感知到的东西有关

来源：威尔克市场研究A/S 2017-与丹麦嘉士伯合作进行的研究

注：左图中的特色啤酒在菜单的右侧，右图中的特色啤酒在菜单的左侧。

钱不是唯一的成本

除了金钱，还有另一种成本：时间。如果你从事的是服务行业，那么时间的损失会显著增加你的客户在价值—成本关系中的感知成本。到目前为止，我们所看到的适用于价格和数字的情况也适用于时间：感知的时间是相对的。当我们乘火车去见一个好朋友时，时间似乎过得飞快，而当我们在一天漫长的工作结束后面对尖叫的孩子时，我们会觉得时间过得很慢。减少实际等待时间对企业来说是成本很高的（例如，需要更多的服务人员），因此寻找机会影响顾客对等待时间的感知是一个有价值的方法。

有一些经过验证的触发因素可以减少顾客感知到的等待时间。第一，一旦我们启动了一个服务流程，即记录了我们的问题，我们就会准备等待更长的时间，因为流程已经开始了。因此，尽快让客户进入这个阶段是很重要的。第二，没有人想失去或浪费时间，所以为了防止给顾客留下此类印象，如果我们能让他们做一些对他们来说有价值的事情，他们会认为“时间花得值”，而不是在浪费时间。一些汽车修理厂提供干净、舒适的等候区，顾客可以在那里看电视、读报纸、使用Wi-Fi，还可以随意喝免费的饮料。第三，给出等待的理由——为顾客的飞行员模式服务——从而使他们对服务质量做出更高的评价，即使客观的等待时间可能还是一样的。一般来说，一个重要的驱动因素是减少——或者最好是消除——不确定性：如果我们知道一辆火车将在9分钟后到达，我们宁愿等9分钟，而不是等5分钟却不知道下一辆火车何时到达。

最后，还有一个关于价格和成本的观点：行为成本。购买或消费一种产品所需花费的力气也会影响感知成本。一个著名的例子是“3亿美元”按钮，卢克·弗罗布莱夫斯基（Luke Wroblewski）在其《Web表单设计：点石成金的艺术》（*Web Form Design: Filling in the Blank*）一书中提到了这个按钮。通过对购买路径做一个简单的改变，一个网站的销售额增加了45%，仅在第一个月就增加了1500万美元的收入。做出这项改变的第一年，该网站的销售额增加了3亿美元。那么发生了什么？在更改之前，用户必须先用自己的电子邮件地址注册，然后才能结账。回头客可以使用它登录。团队这样设计的目的是让回头客能更快地购买。他们的观点是，第一次购买的人不会介意额外费些工夫去注册，因为后续购买会更快更容易。然而，第一次购买的人实际上讨厌在购买前必须注册。有些人不记得这是否是他们的第一次购买，他们用最经常使用的邮箱和密码组合登录，但总失败，这会使他们感到沮丧。即使是回头客也不高兴，因为大多数人都记不住自己的登录信息。事实上，多达45%的客户在系统中多次注册，有些已经注册了10次。在每天输入的16万个密码中，75%从未完成购买。网上注册原本是为了让购物更容易，但实际上阻止了无数次的销售。

解决办法很简单。设计师去掉了“注册”按钮。取而代之的是一个“继续”按钮，上面写着一个简单的信息：“您不需要创建账户就可以在我们的网站上购

有两种成本：货币成本和行为成本。行为成本包括取得回报所需的时间和精力。

物。只需点击‘继续’即可付款。为了让您未来的购物更快捷，您可以在结账时创建一个账户。”

正如汽车保险品牌盖可发现的那样，专注于交易的便利性是非常有用的。在其长期的广告宣传活动中，他们突出了使用其官网时所需的行为成本很低这一点。他们展示了一个身处现代环境的尼安德特洞穴人，并配上了一行字：“太简单了，洞穴人也能做到。”他们最近的广告则使用了一个壁虎形象，不仅强调简单，还强调人们可以多快地在汽车保险上省钱。

正如这些例子所说明的，找出并降低行为成本是优化购买路径的一个重要方法。它还表明，这条路径上的许多障碍源自我们为人们提供的介面，如上文例子中的网站及其购物流程的步骤。

价值—成本关系是相对的

请看图2.9。这个圆是大还是小？

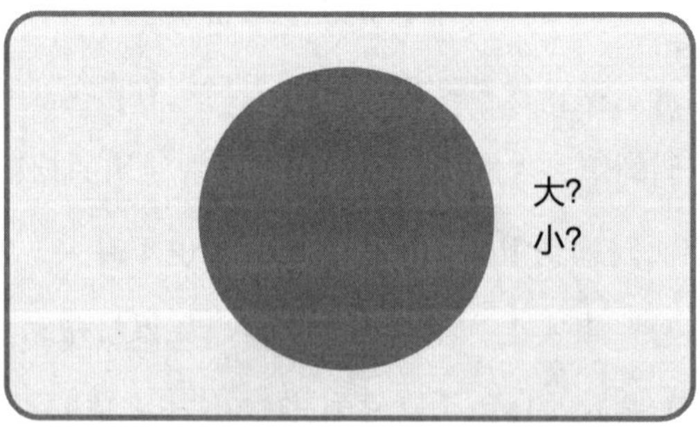

图2.9 没有参考，我们就无法判断圆的大小

答案是：视情况而定。这个例子说明了我们评估产品和品牌的一个基本原则。我们需要参考其他产品或品牌来判断这个产品或品牌的价值。当我们又热

又渴，唯一可以喝到的是一杯热可乐时，我们会认为这个产品的价值很高。但如果我们可以在热可乐和冰啤酒之间选择，热可乐的价值就会大大降低。不久前，《经济学人》（*The Economist*）在其网站上发布了以下报价［这个例子来自丹·艾瑞里（Dan Ariely）的畅销书《怪诞行为学》（*Predictably Irrational*）］。每一种价格都是年订阅价格：

纯电子版：59.00美元

纯印刷版：125.00美元

印刷版加电子版：125.00美元

我们可能不知道59美元的纯电子版是否比125美元的纯印刷版更划算；但我们肯定知道，125美元的印刷版加电子版比同样价格的纯印刷版更划算。事实上，只有16%的订阅者选择了纯电子版；84%的用户选择了印刷版加电子版。不出所料，没有人选择纯印刷版。如果有一个选项没有人想要，我们可能会认为，我们应该从我们的产品中删除这个选项，这是可以理解的。于是他们就这么做了：

纯电子版：59.00美元

印刷版加电子版：125.00美元

在这种条件下，订阅情况会是什么样呢？最不受欢迎的选项变成了最受欢迎的，而最受欢迎的选项变成了最不受欢迎的：最初只有16%的人选择纯电子版，现在有68%的人选择，而原来有84%的人选择的印刷版加电子版，现在只有32%的人选择。

对《经济学人》来说，与提供3种选项的报价相比，提供2种选项的报价是一种价值较低的组合，带来了更低的订阅收入。有3个而不是2个选项意味着100个订阅用户的订阅总额从8012美元上升到11444美元，增长了43%。这是怎么回事呢？纯印刷版选项，因为没有人想要，所以看起来是无用的，但实际上它非常有用，因为它影响了人们对价值—成本关系的计算：相对于中间的选项（纯印刷版），印刷版加电子版的选项看起来很划算。

这个例子展示了我们大脑中一个基本但重要的原则：我们对价值的计算是基于在特定情境背景下呈现的对比选项。仅仅通过改变选项的结构，纯电子版的订阅人数就发生了巨大的变化。这样做之所以有效，是因为价值从根本上来讲是相对意义上的。房地产经纪人就是这样工作的。他们会给你看一套与他们认为你会买的房子非常相似的房子，但稍微贵一点，也差一点。这样，把他们认为你会买的房子卖给你就容易多了。许多实验显示了所谓的“任意连贯性”，它描述的是一旦设定了一个任意基线值，人们的行为就会出现明显的连贯性。

价值的相对性本质的一个含义是，我们需要密切关注直接竞争对手的报价，因为消费者会根据我们与竞争对手提供的相对价值来做出购买决定。图2.10中的表格是基于山景机构的一项研究绘制的。它显示了当卡林啤酒定价1英镑、百威啤酒定价2英镑时，在3种情形下对销售产生的影响。

情形1：同时销售A和B：67%的人花2英镑购买百威啤酒，33%的人购买卡林啤酒。

情形2：同时销售A、B和C：增加售价0.3英镑的乐购超值啤酒。没有人买它，但它把整个啤酒品类的价格拉低：现在47%的人购买卡林啤酒，53%的人购买百威啤酒。

情形3：同时销售A、B和D：增加售价4英镑的高级法国啤酒凯旋，结果10%的人买它，90%的人买百威啤酒，现在没人买卡林啤酒了。

这是丹麦嘉士伯公司进行的另一项研究，他们再次证明了“选项的架构”对行为产生的影响。如图2.11所示，通过将优质瓶装啤酒引入产品组合，顾客不仅从折扣啤酒转向标准啤酒和高级啤酒，而且根本不再选择折扣啤酒。

	消费者购买百分比			
	C	A	B	D
A和B	–	33%	67%	–
A、B和C	0%	47%	53%	–
A、B和D	–	0%	90%	10%

图2.10　竞争环境决定了产品的相对价值

为顾客消费升级设计选项
你会选多大的杯子?

为顾客消费升级设计选项
推出高级的选项。

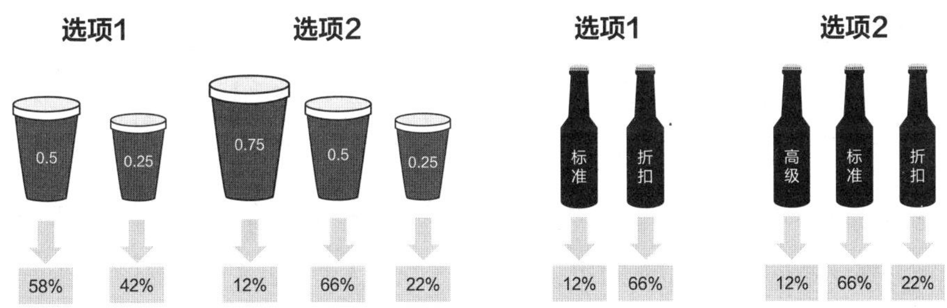

推出更大尺寸的杯子大概率会让更多的顾客选择尺寸为0.5的杯子。作为人类，我们通常会远离极端，向中间值靠拢。

推出尺寸为0.75的杯子使顾客对杯子的大小进行了新的视角。一个新增加的锚定值使顾客相较于选项1更少地选择尺寸为0.25的杯子。

通过引入一个高级选项，使顾客离开折扣选项。

顾客对啤酒的感知质量出现了一种新的视角。

图2.11　相对价值以及消费选择，是由提供的选项决定的
来源：威尔克市场研究A/S 2017—与丹麦嘉士伯合作进行的研究

该公司的另一项测试报告称，当他们引入不同尺寸的杯子时，也发现了类似的结果（同样见图2.11）。引入更大尺寸的杯子带来了一种新的视角，并使客户升级了消费。

这表明我们在很大程度上是根据相对价值而不是绝对价值来选择产品的。我们根据自己在特定时刻所处的参照框架进行选择。有趣的是，如果你现在想到一条金鱼，会觉得它是大还是小？是小的。相比判断前文提到的那个圆形的大小（图2.9），为什么我们判断金鱼的大小更容易呢？可以说我们依据的是经验判断。我们将金鱼与一般的鱼进行比较，根据我们的经验——更准确地说，是我们的记忆——金鱼与我们习惯于回忆起来的常见的鱼相比是小的。因此，即使没有直接的参考背景，我们也会从经验和记忆中产生一个参照框架，否则，我们就无法判断一件产品的价值。例如，如果我们了解到我们最喜欢的西班牙葡萄酒通常零售价为50英镑一瓶，我们会抓住机会去购买30英镑一瓶的西班牙葡萄酒，因为相对而言，那是一个非常不错的价格。然而，在价格问题上，消费者往往没有明确的预期和了解，这意味着一个具体的参照框架可以产生更深的影响。

让我们再看一个例子，这一例子进一步阐述了这项重要的知识。奈斯派索[1]成功地为其产品实现了巨大的溢价，这不能仅用味道来解释。广告、由产品形式带来的不同产品体验、如何使用与产品配套的机器泡咖啡，以及其独特性，都是构成其品牌差异化的一部分。然而，这个成功案例的一个关键因素通常被忽视，那就是奈斯派索成功地阻止了普通咖啡成为消费者关于价格的参照框架。研究表明，如果我们没有一个直接的参照，就完全会因为没有参照框架而接受价格高得多的产品。因此，通过他们的奈斯派索俱乐部出售咖啡胶囊，不仅增加了该品牌的排他性，还获得了没有具体参照物这一优势。

如果把咖啡胶囊直接放在零售货架上，和其他袋装咖啡放在一起，会发生

[1] 雀巢公司的一个子品牌。

什么呢？虽然它是浓缩咖啡而不是普通咖啡，但标准咖啡价格还是会被用来当作参考。因此，它的感知价格会比没有这个框架时要高得多。接下来会发生的是，自动驾驶系统——因为它依赖于对比选择——会搜索另一个参照框架，而最接近这种产品体验的是我们从外面（例如在自助餐厅或星巴克）购买的杯装咖啡中了解到的浓缩咖啡。与之相比，一个奈斯派索咖啡胶囊0.4英镑显得相对便宜。随着时间的推移，杯装咖啡和咖啡胶囊在市场上的巨大成功将建立一个新的参照框架。难怪美国精品咖啡协会执行董事里克·莱茵哈特（Ric Rhinehart）认为，人们对咖啡价格的参考越来越多地以杯为单位，而不是以罐为单位。40岁以下的美国人习惯于以杯为单位考虑咖啡的价格，而上几代人习惯于以罐为单位考虑咖啡的价格。

感知价值的相对性源于感知的基本原理。如果我们观察大脑中负责感知的单个神经元，会发现它们都有一个共同点：它们只对差异和变化做出反应。如果没有差异或对比，这些受体就会保持不活跃状态。来自华威商学院的行为科学教授尼克·查特（Nick Chater）的一段话说明了这一点：

> 即使拥有完备的信息，我们也完全不知道物品、服务或体验对于我们的价值到底是多少。我们所知道的只有相似事物之间的比较。我会拿我现在的饭菜和其他类似的饭菜做比较，而不会和汽车或汽车旅行做比较，更不会和衣物清洗服务做比较。

这对我们如何衡量购买意愿也有很大的影响。购买意愿是市场营销中最常用的营销指标之一。我们经常询问消费者基于某产品、特定概念、广告或包装设计的购买意图，而没有将这些与竞争对手的产品进行比较，甚至没有提供价格作为参考内容。来自纽约大学的维姬·莫维茨（Vicki Morwitz）教授和她的同事们发现，如果产品被放在竞争环境中，从而突显出其提供的相对价值，那么通过调查衡量出的购买意愿就可以更好地预测销售情况。此外，提供测试产品及其竞争对手的定价信息也可以优化调查结果。原因在于，如果没有这些对比

> 我们需要比较才能做决定。价值和成本基本上都是相对的。

信息，我们就无法直观地判断价值和成本。在这种情况下，我们开始思考并建立我们自己的、可能带有偏见的参照框架。如果人们要评估一种新产品，就像被要求在不了解其他任何鱼的情况下判断金鱼的大小一样。创意设计或创意广告往往在预测试中失败，因为在没有参照框架的情况下，人们往往更喜欢熟悉的和典型的东西。

基于场合的营销

埃伦伯格-巴斯市场营销科学研究所推广了品类进入点（CEPs）的概念。现在让我们从行为科学的角度来理解一下。价值和成本是相对的，因此它们会受到我们所处情境背景的显著影响。当我们口渴的时候，一杯可乐的相对价值会比我们不口渴的时候高得多。通常来说，我们赋予产品和品牌的价值是由我们所处的环境决定的，并与之相关。在心理学上，行为被概括为情境因素和个人因素之间的相互作用。一方面，作为个体，我们的特质、需求和性格决定了我们的价值观和所做的事情。另一方面，我们都知道环境也会影响行为——举个基本的例子，我们在热天和冷天有不同的需求。在营销中，我们关注的重点通常是稳定的个人因素，如偏好、需求和态度，而不是环境。造成这种倾向的原因有两个。一个是，作为营销人员，我们还没有一个系统的方法来理解外部世界（包括情境背景）是如何影响感知价值的。另一个是，作为人类，我们没有意识到情境和环境是如何影响我们的行为的。因此，我们很容易低估情境背景影响决策的力量，因为就像框架一样，它是内隐的，我们没有注意到它产生的影响。从情境而非个人的角度来思考消费者行为，为更好地理解它提供了极大助力。这为品牌定位提供了新的思路，也为创新提供了有趣的出发点。因此，许多领先的公司采用基于场合的营销并不令人意外。让我们来看看基于场合的视角是如何发挥作用的。

在我们为一位客户所做的一项研究中，我们分析了冰激凌市场。该品牌在市场上排名第二，客户一直沿用标准的营销方法：品牌定位在其产品特定的特征和属性上，消费者行为通过诸如第一提及知名度、考虑范围、首选品牌、忠诚度和基于特征的细分等概念来解释。总的来说，他们关注的是消费者，而不是消费者所处的环境。

那么，当我们关注情境因素时，会发生什么变化呢？让我们来看看第一提及知名度这个概念。第一提及知名度通常是这样来衡量的："如果你想到一个冰激凌品牌，你首先想到的是哪个品牌，其次呢……？"要回答这个问题，消费者需要回忆。在不提供具体情境的情况下，人们会选择他们所知的冰激凌品牌来回答这个问题。但我们已经知道，自动驾驶系统也会处理我们消费产品的环境，所以我们的联想记忆会将情境和场合整合到联想记忆网络中。例如，曾经吸毒的人只要开车经过他们曾经购买毒品的地方，就能体验到那种渴望——情境触发因素仅靠记忆即可激活渴望。酗酒者通常会在喝醉的时候把酒藏起来，第二天却不记得把酒藏在了哪里。然而，如果他们再次喝醉，就会立刻想起酒藏在哪里。实验表明，如果我们在水下学习词汇，那么我们把这些词汇记得最好的时候还是在水下！

环境不仅在感知中起着重要作用，而且在我们记忆所感知的东西时也起着重要作用。在我们的研究中，如果我们问："如果在圣诞节的时候把冰激凌作为甜点，你会想到哪个冰激凌品牌？"相比我们笼统地询问某人知道哪些冰激凌品牌，这会得到不同的结果。因此，提供一个情境框架会显著影响哪个冰激凌品牌拥有第一提及知名度。

同样的原则也适用于考虑范围、首选品牌和忠诚度。我们已经了解到，皮质缓解只发生在最喜欢的品牌上，而不会发生在第二或第三选择上。一个品牌仅仅在考虑范围内是不够的，重要的是成为第一——更确切地说，要成为特定场合的第一。在冰激凌的例子中，市场领先者基本上是最受欢迎的品牌，在消费者的考虑范围中排名第一。然而，市场上排名第二的品牌在某些情境下表现更突出，比如“用来做甜点”的冰激凌和“用来放纵自己”的冰激凌。各种场景下的潜在收入是可以衡量的，因此利用情境对品牌进行定位可以成为一种有用的管理工具，有助于识别那些尚未被其他品牌拥有但具有显著增长潜力的高销售潜力缺口。

这也为忠诚度提供了不同的视角。消费者可能会在某些场合表现出忠诚，但总体忠诚度较低。因此，管理品牌的一个有效的指导方针是知道我们想要占有哪些场景——“占有”意味着消费者在该场景下将首先想到我们的品牌。对于市场上排名第二或第三的品牌来说，这种方法比试图在一般场合击败当前的市场领先者而成为整体第一更鼓舞人心，也更有成效。

专注于场合营销法也可以提高一个品牌的渗透度。人们通常使用的细分方法是基于稳定的偏好、需求、人口统计或生命周期来构建细分市场。这些因素当然可以解释消费者购买某些类别的商品时的行为。然而，在那些被消费者用于不同场合（如上文中冰激凌的例子），或消费者不是为了延伸自我以彰显个性而购买的商品类别（如快速消费品市场）中，仅基于消费者而非场合的细分会限制我们对购买决策的理解和诠释。当我们忙于照顾孩子时，我们对冰激凌的需求与我们独自一人或与伴侣在餐厅时的需求有所不同。不论我们是年轻人还是老年人，都是如此。至关重要的是，在这些情况下，将一个消费者只归类在一个细分市场的做法太局限了。根据不同的场合，每个消费者可以属于多个细分市场。这有助于我们理解为什么消费者行为如此具有动态性。

当我们考虑进入新市场时，场合营销法也会有所帮助。一家制药公司想通过销售一种新型花粉症过敏疗法来扩大业务。通过这种疗法，患者需要在相当长的一段时间内接受注射，以使免疫系统对过敏原脱敏。然而，每个提供类似疗法的医生都已经有了一个首选的合作公司。医生们已经熟悉了目前的治疗方案，各种现有产品在疗效或价格上没有差别。因此，治疗方式的改变带来的感知价值相当低，而感知成本很高。所以，该公司选择专注于他们产品的一个特性：他们的治疗持续时间明显更短。通常这个点是无关紧要的，因为治疗通常在花粉症季节之后开始，所以患者并不着急。但有一个例外：也有相当多的患者在花粉症季节开始前不久去看医生。这些患者通常会被告知第二年再来，但有了这种产品，医生就可以在他们就诊的时候便开始治疗。因此，营销部门决定专门针对这种场合定位他们的产品，并取得了巨大的成功。医生不需要转换整个治疗方法（没有行为成本），却能够帮助患者，并获取额外的收入。在这样做的过程中，医生和他们的团队熟悉了新的治疗方案，这使得他们甚至为那些不一定需要这种快速治疗的患者开出了这种产品。

从情景和场合而不是个人的角度来思考，也可以为创新提供基础。以新鲜软奶酪品牌Frubes为例（见图2.12）。

图2.12　Frubes的成功是建立在完美符合一个特定场合而获得的高附加值上的

新鲜软奶酪被认为是天然的和健康的，部分原因是它来源于牛奶。在哪些场合中，这些特征可能是相关的呢？健康食品被视为一个重要考虑因素的场合之一就是儿童的午餐饭盒。妈妈们想要确保她们的孩子得到最好的营养，而为

购买决定取决于具体情境，而具体情境也塑造了感知价值和感知成本。

孩子们准备午餐带到学校，让妈妈们有一种能够实现这一目标的感觉。所以新鲜软奶酪是个不错的选择。从该品牌的角度来看，使消费者在这种场合下选择该奶酪所能带来的潜在收入很高，因为这种场合经常出现。然而，行为成本是使用的障碍：你需要一个勺子去挖装在传统罐子里面的奶酪，如果在携带过程中，罐子破损了，那么午餐饭盒（还有孩子！）就会弄得一团糟。Frubes的产品完美地适合这种场合，因为条状包装使产品无须勺子就可以被食用，而且它足够结实，不会被刺破或弄漏了。之前人们对新鲜软奶酪的态度就是正面的，但当我们考虑一个新的营销情境的时候，一下子就找到了一个价值数百万英镑的新机会。

除了利用这一方法来让我们的品牌适合特定的使用场合，我们还可以以它为跳板，将决策过程视为一系列场景的组合。接下来的任务就是考虑我们如何在顾客购买过程的不同步骤中增加价值和/或降低成本。一个很好的例子来自艾思玛，它是全球生产屋顶光伏发电逆变器的龙头。通常情况下，该公司只会在顾客（太阳能屋顶板安装商）规划与购买太阳能板的后期过程中才会与他们接触。通过观察整个购买过程，艾思玛发现了为客户增加价值和降低成本的机会。他们开发了一款名为“阳光设计”的应用程序，安装人员在与房主进行早期洽谈时就可以使用它。他们把智能手机放在屋顶上，应用程序开始测量角度，计算太阳能板的预期功率，如果输入更多信息，安装人员可以立即告诉房主购买太阳能板是否值得。一旦应用程序计算出了功率，安装人员就可以直接从艾思玛订购合适的电力逆变器。这个应用程序不会提高产品的质量，但它增加了有利于艾思玛的净值。

我们在这一章中学到了什么

- 购买决策的神经逻辑是基于这样一个等式：净值=奖励−疼痛。净值越高，消费者购买的可能性就越大。
- 为了增加净值，有4个战略层面可以同时实施：

  1.价值（奖励）

  a）外显价值

  b）内隐价值

  2.成本（疼痛）

  a）外显成本（金钱）

  b）内隐成本（行为）
- 我们需要通过比较来做决定。价值和成本从根本上来说是相对的。
- 由于价值和成本是相对的，它们会受到我们所处情境的显著影响。

这对我们这些营销人员来说意味着什么

- 我们不必在推销和以品牌形象为导向的营销之间做出取舍。为了最大化净值，营销可以强调品牌或服务提供的价值，同时加上动人的价格信息。
- 内隐成本让我们可以在不降低价格的情况下最大化净值。
- 降低行为成本可以成为增加净值从而获得竞争优势的有力杠杆。
- 基于场合的营销是对理解消费者行为的补充。它赋予了我们创新的跳板，并提供了战略机遇之窗。

第 3 章

解码产品界面：对产品的感知如何影响购买决策

感知是扇门，通过它，我们的营销活动可以进入消费者的内心。不论是促销优惠、产品、包装、网站、社交媒体、数字广告或电视广告，感知构成品牌和消费者之间界面的信号是第一道门槛。这就是为什么卡尼曼要将这个与外部世界的关键介面整合到他的决策框架中。这一章展示了感知是如何运作的，以及我们如何使用这些核心理念来优化我们的营销活动。

感知的力量

让我们看看感知是多么强大，以及它是如何影响我们的决策的。

考虑到我们人类拥有数十万小时的人脸处理经验，人脸识别是一个自动的、内隐的过程并不令人感到惊讶。在一项研究中，研究人员通过一种被称为“变形”的数字操作，巧妙地（且不知不觉地）将一个名人的面部元素融入另一张大众不熟悉的面孔中，从而增加了人们对这个新面孔的信任度和偏好程度。

这些效应的起源是熟悉程度：对自动驾驶系统来说，变形后的面孔显得更熟悉，因此可以更加信任，即使我们甚至没有用飞行员系统有意识地检测到这位面孔的名人面部元素。下面的例子说明了感知和估值之间的这种直接联系与营销的相关性。看看图3.1中的两个瓶子形状：哪一个装得更多？

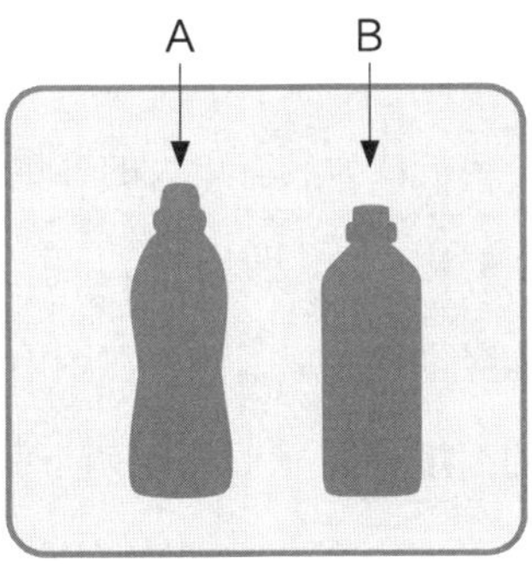

图3.1　哪个瓶子装得更多？

大多数人认为A瓶的容量更大，但其实两个瓶子的容量是一样的。为什么会这样？纽约大学市场营销学教授普里亚·拉格比尔（Priya Raghubir）想要更好地了解包装的哪个特征或元素决定了人们对产品容量的感知，进而影响他们对物有所值的感知。她发现，消费者将包装的高度作为主要信号，而这种更高会带来更大容量的认知又与更多的购买和增长的消费有关系。因此，纵向拉长的包装可能为品牌经理带来一种“双赢”的局面；它们不仅更有可能被购买，而且随后也会以更快的速度被消耗。但为什么是高度而不是深度或者宽度？让我们看看图3.2。

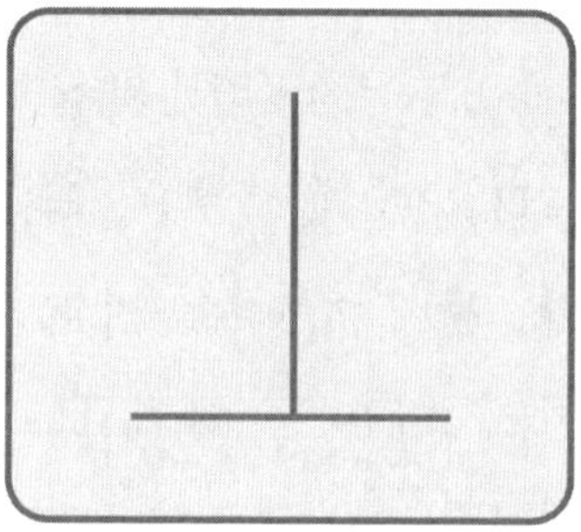

图3.2 不论我们如何感知，这两条线的长度实际上都是一样的

当我们比较这两条线时，垂直线明显看起来比水平线长。但事实并非如此——它们的长度实际上是相同的。那为什么它们看起来不一样呢？这是因为我们的感知并不会对世间事物进行精准的1∶1呈现。我们所看到的是事物信号与储存在我们记忆中的经验以及通过这些记忆得出的预期之间相互作用的结果。那么，为什么纵向拉长的包装被认为具有更大的容量呢？我们潜移默化地认为，越高的物体往往越大（例如大象与老鼠相比较），并且我们将这一经验法则用于判断容量，因为越大的物体容量越大。因此，在图中所示的情况下，A瓶被认为具有更大的容量，因为它的高度更高——即使两个瓶子实际上容量相等。如果消费者细致地去思考，他们可能也会考虑到瓶子深度的问题，但在自动决策模式中，潜移默化的规则主导了判断。

> **存在一个直接的“感知与行动”链接：感知可以直接影响销售。**

从中可以学到的一点是，缩减决策（在保持价格不变的情况下减少容量）必须考虑到人们对容量的感知。了解这些决定我们感知的规则和机制，我们营销人员就能够以符合这些规则的最佳方式设计介面。如果我们必须在图片中的包装选项中做出选择，那么使用更高的瓶子就是一种增加消费者感知到的容量的方法，从而增加他们感知到的产品价值。

眼睛不是相机

我们都知道“眼见为实”这个词，但我们通常不会费心去思考感知的重要性以及它是如何运作的。为什么要去思考感知的问题？我们可以安全地穿越城市交通，所以为什么要去思考感知的问题？我们不会一觉醒来就想，“我今天必须要注意感知”。但是对于我们这些营销人员来说，感知是至关重要的，因为它是影响购买决策的切入点。由于感知对我们人类来说是如此自然和直接，我们很容易假设我们与消费者交流的每件事都将以我们想要的方式被他们感知，但消费者不会阅读你的战略文件或简报，他们只能处理他们能感知到的有形的东西。消费者对容量的印象如何随着瓶子形状的变化而变化的案例已经证明，消费者的大脑不是被动的，而是一个主动感知者。

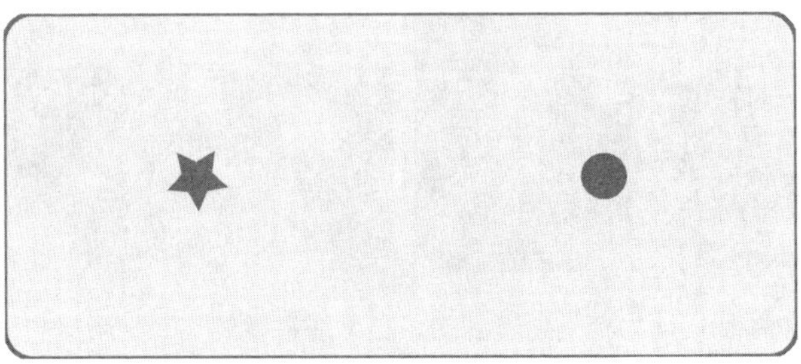

图3.3　消失点错觉

下面的练习表明，我们的大脑主动地构建了我们主观感知到的东西。在图3.3中，你可以看到左边有一颗星，右边有一个大圆点。遮住你的左眼，用你的右眼看星星。左眼紧闭的时候，慢慢靠近本书。在某个时刻，右边的那个

感知是一个主动的过程：我们的大脑会主动地构建出我们所感知到的东西。

点会消失（如果你再靠近一点，它就会重新出现）。

有趣的是，在这个例子里面，你的大脑用灰色的背景色填补了圆点所在的空间。如果你的眼睛没有看到那个圆点，那它是怎么看到灰色背景的呢？它没有看到——这是你的大脑编造出来的。如果背景是另一种颜色，比如绿色，那么同样地，你的大脑会用绿色来填补这个“不完整”的图片。

那么，我们的大脑是如何创造我们对世界的感知的呢？让我们从第一个问题开始：我们的眼睛向负责视觉感知的大脑区域发送了什么“图像”（有趣的是，这些区域位于我们的大脑后部，尽管我们的眼睛位于前面）？图3.4显示了发生的情况。左手边是一张我们主观感知到的街道图片。我们看到的一切都是高分辨率和全彩的[1]。这是我们对世界的主观观察：感觉就好像有一台相机安在我们的眼睛上。然而，事实却截然不同。

图3.4 左手边是我们认为我们所看到的。右手边是我们实际上所接收到的输入内容。

右手边显示了进入我们大脑的客观输入。我们只能看到一小部分的清晰聚焦和颜色，其余的部分越靠近视野边缘，就会变得越来越模糊、色彩越来越淡。客观的输入包括一个小的高分辨率传感器（所谓的中央凹）和一种低分辨率的

[1] 英文原版是全彩的。

周边感知。高分辨率传感器只覆盖整体输入的一小部分，大致相当于一个手指甲的大小。其他的一切都是模糊的。这意味着什么呢？

感知仅基于来自周边的模糊输入，以及一小部分高分辨率的输入。

周边感知是最大化营销效果的关键：通过它，大脑扫描环境以“决定”下一步关注什么。我们希望超市里的顾客在发现我们竞争对手的品牌之前，能够通过周边感知来发现我们的品牌。这意味着，如果我们想让消费者将全部注意力集中在我们的产品上，我们必须使用内隐的信号来独特地传达我们的品牌及其提供的价值。就广告而言，这意味着如果我们能够传达品牌及其价值，即使是通过“模糊”的周边视觉，也会获得更好的效果，因为即使消费者的注意力在其他事情上——例如开车（适用于户外媒体）或媒体或网站中的内容（适用于平面和网络广告），我们的广告也会和他们进行沟通。而且我们的广告不仅一直在传达讯息，它们还会增加消费者在第一时间关注它们的可能性。

让我们通过自动驾驶系统来看看一个零售商的货架（见图3.5）。产品模糊不清。内容无法阅读，所以没有文字信息可以辨识。那些我们正在寻找的、可以帮助我们识别产品或者产品功效的线索多半是颜色、形状和大小。

将广告、包装设计、货架或网站变模糊，然后问问自己在这种“模糊模式”下能感知到什么——这是一种有用的（而且往往是很有启发性的）练习。我们的品牌能显现出来吗？我们的辨识度如何？哪些元素是可以被感知到的？我们对标识所做的小改动可以被感知到吗？重新推出后，包装看起来是否有所不同，从而真正传达了一些新鲜感？我们可以基于专业判断来回答这些问题，但也有方法对它们进行实证检验。这可以通过定义不同的模糊程度，让受试者尽可能快地识别出产品类别、品牌和关键信息来实现。如果我们的测试包含竞争对手的广告或包装，我们就可以了解相较于行业基准，我们的设计表现如何。

在一项针对平面广告的研究中，卡尼尔和多芬的广告被认为是在传播产品

图3.5 这是消费者通过周边感知看到的货架

和品牌上最有效的，即使是高度模糊的版本。这些表现最好的广告能够在不到100毫秒的曝光时间内传达产品和品牌——这还不到十分之一秒，或眨眼所需时间的四分之一。当流行杂志里平面广告的平均“停留时间”不到2秒时，这就有了明显的优势。

产品的重新推出通常是战略上的，而在包装上一般只涉及小的改动。也许产品的气味有了新的名字，或者增加了新的功效。如果对这些变化的宣传不能通过“模糊的视觉”被感知，我们就不用期望它能对销售产生任何重大影响。重新推出可能会给零售商留下一种我们仍在投资该品牌的印象，但这几乎不会对消费者关于产品的看法产生影响。图3.6中滴露和乐购购消毒湿巾包装的例子表明，在我们的周边视觉中，这两种包装非常相似，这对自有品牌有利，但对品牌产品不利。

它们的形状很难区分，而且主导颜色都是白色、蓝色和绿色。这两种设计都包含了一种蓝色的漩涡元素，品牌名称也不清晰。独特的信号是用圆形和色

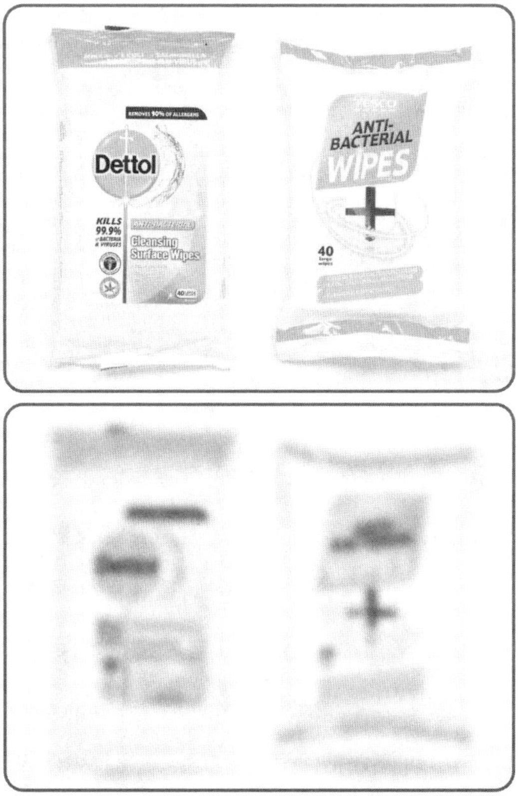

图3.6　为了使自动驾驶系统感受到不同，包装需要通过周边视觉带来不同的感知

彩标记出的滴露标识。对滴露品牌的高效识别只能基于这些独特的线索。在传播中——无论是在电视里还是在陈列中——包装的独特线索需要被体现并突出，以便在这些线索、品牌和信息之间建立强大的联想联系。没有这种联系，我们的品牌和产品的认知度就会处于危险之中。更糟糕的是，如果自有品牌和品牌产品的包装之间没有可感知的或有形的区别，那么品牌产品所增加的感知价值就会减少，从而减少任何潜在的品牌优势。

有效而独特的营销传播需要把自动驾驶系统的视角考虑进去：即使在“模糊的视觉”中，信息也需要是可感知的，这样才能有效传播。

提示

把你的产品的包装和广告变模糊。现在能感知到什么？

它们传达了什么？什么是可明显识别的？

品牌、类别、产品还是信息？

辨识度——它是什么

我们希望消费者找到我们的产品，我们希望我们想传达的信息被感知，我们希望消费者识别我们的品牌和产品功效。但是，当我们的感知仅仅基于来自周边的模糊输入以及一小块的高分辨率输入时，这一切是如何运作的呢？从大脑的角度来看，为了评估一个产品的价值，它首先需要回答“它是什么？”这个问题。无论是一杯酒、一辆车、一个人，还是一件产品，如果我们不能识别出来，我们就无法对其进行价值评估。对产品（和一般物体）的识别发生得非常快（不到一眨眼的时间），是高度自动化的，而我们无法明确操控这个过程——它就那样发生了。那么，大脑是如何识别品牌、产品和信息的呢？

让我们再次审视视觉，以说明这套潜在机制（类似的原理也适用于其他感官，但视觉尤其重要，因为它占自动驾驶系统每秒处理的1100万比特信息的90%左右）。我们已经说过，眼睛不是相机，大脑接收到的输入内容并不是图像，因此感知不能基于图像。图3.7展示了实际发生的情况。

首先，对于大脑来说，产品不过是线条、棱角、边角、曲线、颜色或动作。大脑会将一件产品分解成它的各个组成部分，然后，再将这些部分一步一步地组合在一起，形成一个“格式塔”（格式塔即知觉的最终结果，指事物的一般属性）或整体模式。换句话说，对产品明确的、有意识的感知是发生在我们大脑内部的一个构建过程。我们可能意识到自己看到了一辆汽车，但在我们的大脑中，这辆汽车最初只是线条、棱角、边角、曲线和颜色的组合，没有其他了。

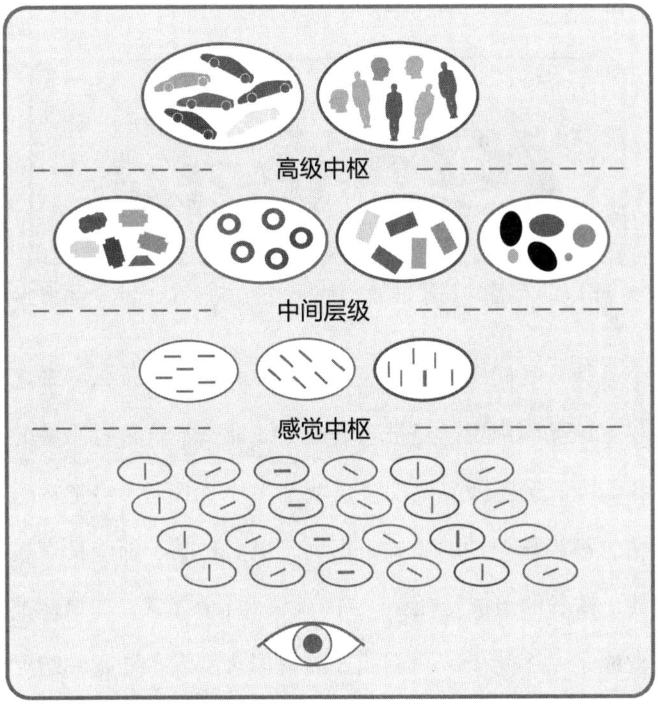

图3.7　我们有意识地感知到的是一种基于大脑不同处理层级的主动构建

我们的大脑看不到图像，因此它显然也不会存储图像。大脑内部没有图像库。这让我们的大脑更加灵活。即使我们以前从未见过某个型号的车，或者某辆车以一种新的颜色驶过，我们也能认出这就是一辆汽车。毕竟，我们想要识别它是什么——但我们不需要为此存储每一个细节，因为这将是非常低效的，并需要巨大的存储容量。如果我们仅仅根据之前存储的图像来识别事物，那么我们就必须曾经见过完全相同的东西。每一条边、每一个角、每一种颜色都必须与我们之前看到的完全相同。一个小的偏差，例如不同的颜色，就会使识别成为不可能，因为它不是完全相同的。幸运的是，事实并非如此。我们可以认出新型汽车就是一种汽车，也能认出老朋友——即使多年没见，他们已经发生了变化（例如，皱纹多了，头发少了，甚至头发白了）。幸运的是，我们以这种方式识别的灵活性也适用于产品和品牌，如图3.8所示。

图3.8 尽管拼写不准确，我们也能清晰辨认出这个品牌

这是哪个品牌？我们毫无疑问地认出这代表可口可乐，尽管之前从未见过这张图片，尽管该品牌标识已经被显著改变。那么，这种对品牌的识别是如何进行的呢？我们的大脑高效且灵活。这就是为什么我们不会把从感官接收到的1100万比特信息都当作识别的基础。相反，识别是基于那些具有最高判断价值的信号。例如，椅子的组成特征是它有4条腿和1个靠背。如果你把椅子的靠背拿掉，它就变成了一个凳子。只有通过这一原理（具有更高判断价值的组成特征），我们才能识别老朋友，即使我们很长时间没有见到他们——不论他们穿着不同还是换了新发型。整体画面可能会发生明显变化，但只要判断线索还在，我们就能识别出来。

漫画就是一个很好的例子：尽管对原型人物的形象做了很多改变，但提供主要判断线索的重要特征被保留了下来[比如唐纳德·特朗普（Donald Trump）的发型]，所以我们很容易将其识别出来。

对于我们营销人员来说，这意味着更多的自由，但同时也意味着我们必须更加注意我们所做的变动。如果我们想要推出一个看起来更高级的独家产品延伸系列，可能会考虑把标识的颜色从蓝色改为金色或银色。如果我们假设消费者储存完整的图像

我们没有图像记忆。我们的识别能力基于具有高判断价值的信号。

并使用它们来进行品牌识别，那么这个想法将是不可能实现的。然而，鉴于我们刚刚了解到的、关于大脑如何识别产品和品牌的知识，我们可以开始更系统地讨论这个话题。如果颜色对我们的品牌的判断价值很低，那么即使颜色发生了变化，消费者还是会很容易识别出来。然而，如果品牌的颜色对识别很重要，就像可口可乐一样，那么我们就不能改变它。虽然调整标识可能会因为内部原因而产生问题（例如，这可能成为其他人开始修改企业标识的信号），但关于判断线索的原则非常有助于我们决定特定信号，如一种功效的视觉效果、包装形状或者背景颜色是否可以改变，或者是否最好保持不变。

既然我们知道了大脑是如何处理信息的，我们就可以开始识别激活品牌的判断特征了。我们要寻找的是对相关品牌具有最高判断价值的品牌属性，比如可口可乐使用的红色。这些被高度知晓的、独特的，因此具有判断价值的品牌属性会在毫秒内自动激活品牌，即使消费者实际上并没有太过关注。当我们知道了这一点，我们就可以解构一个标识或其他品牌资产，来揭示哪些品牌属性具有较高的判断价值，哪些品牌属性具有较低的判断价值。

我们的一个客户计划推出一个具有特定新功效的产品延伸系列。为了从视觉上支持新功效，营销经理想把品牌标识的颜色从蓝色改为银色。这在公司内部引发了漫长而激烈的讨论。为什么？因为该公司认为消费者识别品牌的方式是基于一种过时的假设，即消费者根据他们储存在记忆中的图像来识别品牌。然而，正如我们现在了解到的，科学表明，人眼不是相机，我们的大脑并不以这种方式存储图像。在进行了实证分析后，我们的客户发现，品牌标识的颜色具有较低的判断价值——它并没有激活品牌。这使营销经理可以改变标识的颜色，以便更好地传达新的价值，而不会危及消费者的态度和品牌激活。其结果是新产品在市场上取得了重大成功，这得益于品牌标识使用了与产品主张一致的颜色。

如你所见，关键是要了解判断线索，特别是哪些线索具有很高的判断价值——在这些线索之外，我们有一定程度的自由去改变。这提供了一系列全新的品牌推广机会，即具有指引性又具有自由度——当我们知道哪些属性可以提高品牌认知度时，我们就会在计划重新推出包装或者使用新的传播平台时很清楚应该保留什么，可以改变什么。我们应该不惜一切代价避免的是同时改变几个关键的判断线索。

考虑到这一点，让我们来看看橙汁品牌纯果乐的重新上市（见图3.9）。新推出的包装——尽管进行了价值数百万美元的广告宣传——在短短两个月内就使公司亏损了3000万欧元，这引起了营销界相当大的关注。不出意外，这导致新包装产品被下架。

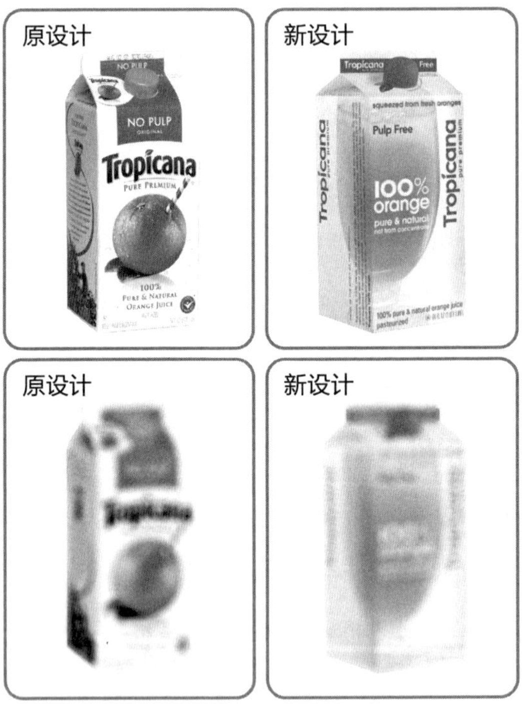

图3.9 纯果乐在重新上市时改变了几个关键的品牌识别判断线索

橙汁本身并没有改变，味道和以前一样好。同样，品牌名称及其所代表的一切也始终如一。此外，新的包装看起来无疑更现代（通过市场调查证实），放在早餐桌上可能会更好看。然而，在识别方面，包装的特征发生了重大变化：作为象征的插着吸管的橙子已经被一个玻璃杯取代；字体也变了，所有主要元素的位置也都变了。橙子和之前设计的标识形式对于品牌和产品的识别都有着很高的判断价值。通过这些改变，自动识别，特别是在低分辨率条件下（即周边视觉中）变得几乎不可能。

正如我们所看到的，当涉及重新上市和更改包装设计时，知道哪些信号和元素具有高或低的判断价值很重要。但我们如何才能辨明这些信号和要素呢？是什么构成了信号的判断价值？让我们来看一个例子。图3.10展示了不同类别的产品。哪些是轻食（低卡路里）产品？

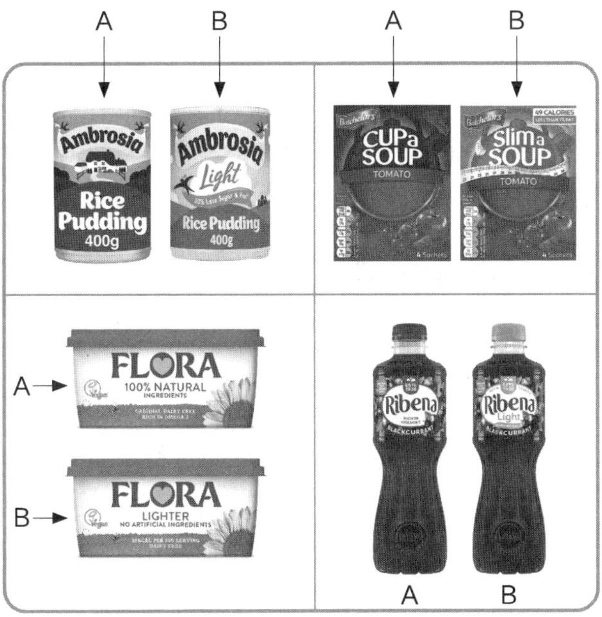

图3.10　轻食产品的一个判断线索是浅蓝色

注：每张小图中的“B”包装都为浅蓝色。

这个问题很容易回答。那么，是什么构成了轻食产品？哪些特征具有最高的判断价值？答案来自对所有轻食产品的比较，并确定它们的共同之处。它们有哪些共同的视角、颜色、外形等？在这个例子中，答案很明显：所有的轻食产品都使用浅蓝色。这正是我们的大脑从大量杂乱的信息中识别主要判断线索时所使用的原则。基于联想学习和“同时被激发的神经元会紧紧连接”的原则，我们了解到，如果一个产品在包装上使用了浅蓝色，那么它很有可能是轻食产品。

每当我们从我们的感官获得视觉输入时，我们的大脑就会将这些信息与存储在联想记忆中的信息进行匹配。一旦我们发现获得的视觉输入与我们存储的判断线索有足够多的重叠，识别就完成了。这个过程完全是内隐的，发生在毫秒间。这一切发生得如此之快的原因是，我们的大脑不需要基于每一条信息进行识别，相反，它专注于主要的、之前学习过的判断线索。如果我们需要查看每一个细节，那将是非常低效的。我们可以评估我们品牌的每条线索的判断力。举个例子，这可以通过改变我们设计的某些元素，然后测试其可识别性来实现。当主要的判断线索被移除时，辨识度就会下降。另一种方法是识别该商品类别中的主要判断线索。通过有选择地从一个典型货架上移除某些品牌产品，并让参与者尽可能快地说出该商品类别，我们就可以识别出哪个品牌对那个类别来说具有最高的诊断价值。

找出判断线索的方法有很多，但我们应该始终确保让参与者尽可能快速地、自动地做出反应，这样才能衡量他们的自动驾驶系统的反应——没有飞行员系统的干扰。

基于对科学文献的回顾，解码公司开发了一种有效且易于实施的方法来衡量品牌属性的力量：标志性资产跟踪器™。该工具测量与品牌价值相关的内隐关联，以及对识别一般事物特别是品牌至关重要的刺激因素。第一，我们评估给定属性在自动激活品牌方面所具有的强度（所谓的系统1反应）。一个标志性的品牌属性不仅需要与一个品牌紧密而自动地联系在一起，还需要与该品牌独特地联系起来。第二，相比一组竞争对手的品牌，一个品牌拥有的给定属性有多独特。第三，我们判断一个属性与给定品牌关联的确定性，指出可能出现的混淆和错误归属。受试者的确定度越高，给定的属性在激活品牌方面就越有效。第四，我们将每个属性的表现与最佳实践基准进行比较。

这些成功的驱动因素——自动激活品牌、独特性、确定性和相对于基准的表现——都在品牌力量得分（BPS）中得到体现。这使我们营销人员能够客观地衡量和比较品牌属性所具有的品牌力量，不仅是在我们的品牌内部，还能够跨越品牌、目标群体和市场。根据具体的品牌力量得分，品牌属性大致可以分为4类：

- 标志性的——具有强大的能力来自动激活该品牌。可以确保有效性，提供方向性，进而提高投资回报率（ROI）。如果要改变这些属性，必须非常小心。
- 具有潜力的——能够激活该品牌，但尚未被该品牌所特有。
- 可探索的——并没有在很大程度上属于该品牌，独特性低。可能会带来与其他品牌混淆的危险。
- 需要注意的——不足以激活该品牌，或者会激活竞争对手的品牌。仅依赖这些属性会损害投资回报率。

苹果标识（见图3.11）是一个很好的黄金标准基准，因为它在几乎100%的受试者中自动激活了苹果品牌，而且它只激活了苹果品牌，有很高的确定性。因此，不出意外，苹果标识是标志性的，其品牌力量得分为97分。

图3.11　具有标志性的苹果标识

相反的，还有一些品牌力量得分较低的品牌属性，也就是说，这些属性激活的是竞争对手的品牌，而不是其“应该激活”的品牌。例如，在梦龙的一支广告中，有一个关键视觉效果（见图3.12）的品牌力量得分是负值，因为它激活了可爱多和哈根达斯而不是梦龙。使用这一视觉效果可能会损害营销投资回报率（RoMI），因此需要完全放弃或与其他标志性属性相结合。

图3.12 梦龙的视觉呈现激活了竞争对手的品牌

另一个品牌力量得分为–37分的例子是哈根达斯之前销售的雪糕，曾经在他们的广告（见图3.13）和销售点中出现过。由于与标志性的梦龙产品形状相似，这一视觉呈现激活的是梦龙而不是哈根达斯。

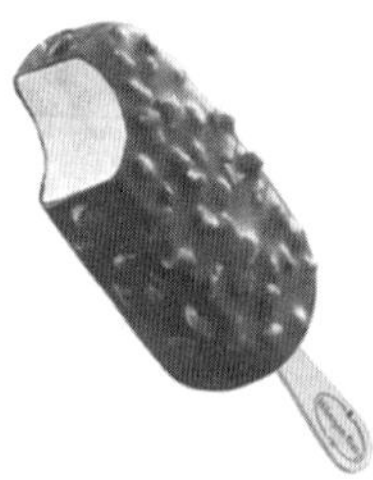

图3.13 是哈根达斯的雪糕，还是梦龙的？

考虑到这一点，并运用我们从认知心理学和品牌力量得分中获得的见解，现在让我们来评估相应的平面广告（见图3.14）。众所周知的图片优势效应表明，人类倾向于将注意力集中在图片上，而不是文字上。此外，眼动追踪研究显示，当人们看到平面广告时，最先关注的很有可能是图片，而不是文字。这则广告中最显眼的图片是雪糕。不过，我们现在知道了，雪糕的品牌力量得分是负值，并且激活的是梦龙品牌。因此，这则广告每次出现在消费者面前，如果消费者不去刻意处理细节（即阅读文字）——大部分时候是这样——都会自动激活竞争对手的品牌，从而带来负的营销投资回报率，并帮助竞争对手成为雪糕中的首选品牌。有趣的是，自从我们发表了这项研究，哈根达斯已经改变了雪糕的形状，与梦龙进行了区分。

图3.14　哈根达斯的平面广告
来源：醉尔斯冰激凌公司

品牌力量得分还可以作为一种有效的关键绩效指标（KPI）来跟踪品牌属性的发展，如下面的标志性可乐瓶案例所示（图3.15）。对于较年长的目标群体来说，这个属性的品牌力量得分超过了标志性资产的阈值，但对于较年轻的目标群体来说，这个属性不再是标志性的了！为什么会这样呢？

观察品牌的传播可以得到第一个提示（见图3.16）。它展示了瓶子的标志性形状，但该形状并不是大脑用来识别该品牌的唯一元素：表面的3D弯曲度也很重要，但这个信号不再出现在传播形象中，导致了这一属性的品牌力量下降。

由于多年来的反复接触，对较年长的目标群体来说，弯曲度对可口可乐品牌具有很高的判断价值，而较年轻的目标群体并没有同等程度地接触到弯曲度，

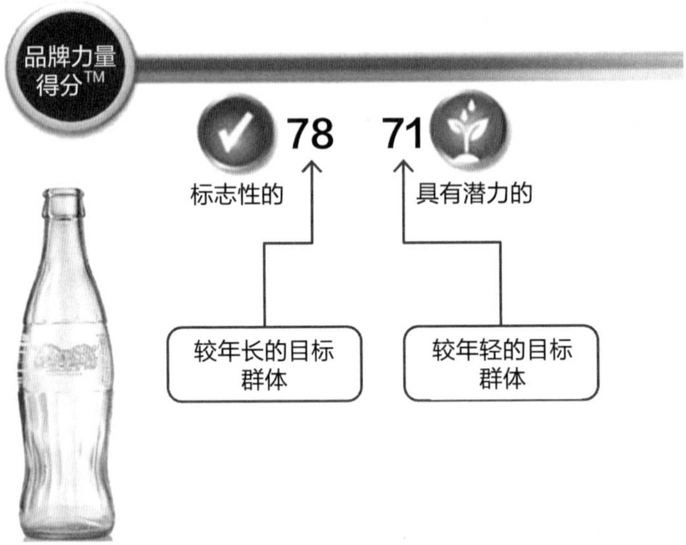

图3.15 玻璃可乐瓶的品牌力量得分因年龄而异

图3.16 可口可乐的传播形象

因此这一属性失去了品牌力量。也有可能是较年轻的目标群体在成长过程中，可以更多地接触到玻璃瓶以外的包装，如易拉罐和塑料瓶，因此玻璃瓶对他们来说判断价值较低。

理解品牌的标志性资产才是真正意义上的“塑造品牌”。标志性资产能够在没有品牌名称的情况下，在大脑中自动激活品牌。在一些所谓的“黑暗市场”[1]

[1] 被高度管制的市场。

中，品类或者品牌的广告受到法律上的限制，因此了解如何塑造品牌就变得非常必要。啤酒品牌嘉士伯作为2016年法国欧洲足球锦标赛的赞助商之一，就出色地完成了这一点。从法律上讲，他们不被允许展示自己的品牌名称，那么他们怎么可能指望充分利用赞助形式的投资呢？图3.17显示了他们在广告中和足球场周围展示的内容。我们已经通过他们多年一贯的广告熟悉了其颜色、字体和词汇（“可能是世界上最好的贮藏啤酒”），所以当法律改变时，他们能够利用这一点。

图3.17　嘉士伯广告

标志性资产在确保数字广告对一个品牌的正确宣传上也发挥着关键作用。如果在播放视频前有6秒钟的广告时间，那么你的品牌以及时有效的方式传达出来是至关重要的，特别是在消费者可以跳过广告的情形下。这意味着你在前一两秒内就要使用一个或多个标志性资产。

在要求重新设计或重新确立品牌的视觉标识时，了解你的品牌资产是什么也是至关重要的。我们听到的最多评论是，“我正在为设计公司写一份简报，我不想把孩子和洗澡水一起倒掉，但我不知道哪个是哪个！”通过研究来确定品牌资产的品牌力量得分，你不仅可以知道哪个是哪个，还可以系统地管理它们——哪些品牌资产必须被保留和挖掘，哪些可以或者应该进一步提高（这是设计公司有更多的机会和更高的创作自由度的地方），哪些可能需要被完全放弃（在它们激活了竞争对手的情况下）。

品牌属性也承载着品牌价值

品牌属性不仅能增加品牌力量，进而带来营销投资回报，还能传递品牌含义，从而与品牌价值建立联系。的确，神经科学表明，形状或声音等感官属性会激活大脑中处理语义含义和语义联想的区域。因此，品牌属性会自动激活自己与价值和功效的关联。

换句话说，有效的品牌属性不仅激活了品牌，还具有传递品牌价值和决定品牌资产的能力。品牌属性是品牌资产的驱动因素——这一点既重要又容易被忽视。因此，在解码公司，我们定义了与品牌力量得分并列的第二个评分：品牌价值得分™（BVS）。

这个分数呈现了某个属性在自动触发品牌价值方面的有效性，即每个属性对品牌资产的贡献有多大。让我们看一个例子，了解这在实践中是如何操作的。在图3.18中，你可以看到3个没有品牌的广告（它们实际上来自梦龙）。

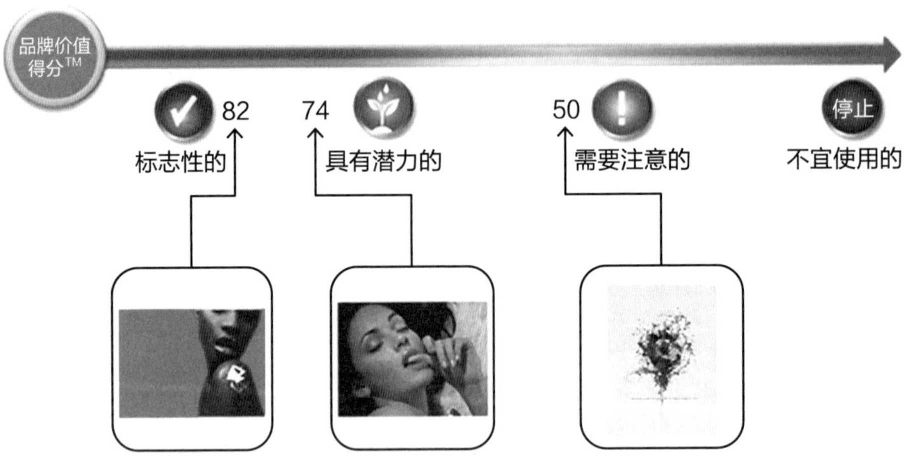

图3.18 每种视觉效果对品牌资产的影响都非常不同

这张图显示了每个广告自动激活品牌相关价值的程度——换句话说，它们的战略契合度。“开裂肩膀”视图效果的品牌价值得分最高，为82分，其次是曾经出现过的重点视图效果（品牌价值得分为74分），第三个视觉效果（我在本章前面讨论过）对品牌资产的影响非常弱（品牌价值得分为50分）。对所唤起的联想的深入分析显示，影响较弱的视觉效果本质上缺乏感官享受的品牌价值，而这一品牌价值在其他两个视觉效果中通过一些姿态清楚地传达出来——这些姿态已经在人文上被理解为放纵、愉悦和享受的象征。我们将在本书结尾的费列罗案例研究（第7章）中看到另一个如何利用品牌价值来设计有效营销活动的例子。

通过结合这两个关键绩效指标（品牌力量得分和品牌价值得分），营销人员能够评估其现有品牌属性的有效性，制定如何构建和使用这些属性的战略，并评估未来的执行情况，例如活动、包装、声音、标识，甚至气味。这样做，你将处于提高效率和增加品牌资产的有利地位。

识别也基于环境线索

让我们回到前文的轻食产品案例。虽然“低饱和度的蓝色=轻食产品”的规则在这里看起来很清楚，但还是缺少一些东西。如果我们看到一辆类似颜色的汽车呢？或是衬衫？或是鞋子？我们很难把它们识别为轻食产品，不是吗？除了判断线索，高效识别还需要一个额外的步骤。举个例子，在蒸桑拿的时候，或者在其他从未碰过面的地方，我们偶然间遇到了与我们合作了10年的商业伙伴。我们需要寻思一会儿才能认出他是谁，并分辨出我们是在哪里与他相识的。这是因为识别从根本上来说是环境敏感的。想想一朵玫瑰、一个足球，或者一栋房子。我们很难想象没有背景和/或其他物体衬托下的它们。我们从视觉世界获得的经验决定了我们对场景中其他物体的预期以及对它们的空间配置的预测。看到车内的方向盘，我们就会对收音机、烟灰缸和后视镜的位置产生预期。这些可预测的环境属性有助于我们识别物体。例如，识别出某人的手，大大限制了你对这个人手腕上可能戴有的物品的想象——要么是手表，要么是手镯；它不太可能是皮带或轮胎。所以，在识别中包含环境因素是非常有效的。

事实上，麻省理工学院的神经科学家摩西·巴尔（Moshe Bar）和他的团队在大脑中发现了两条工作流，它们结合在一起使大脑能够进行识别。识别总是需要这两条工作流：一条工作流专注于我们正在观察的物体，与此同时，另一条工作流处理关于我们所处环境的信息。图3.19显示了环境对于我们的大脑识别物体的重要性。左侧桌面上的吹风机和右侧桌面上的电钻在视觉上是相同的物体，只有每张图中的环境信息才能使我们不将两者混淆。因此，对于识别来说，所处环境和物体本身同样重要。

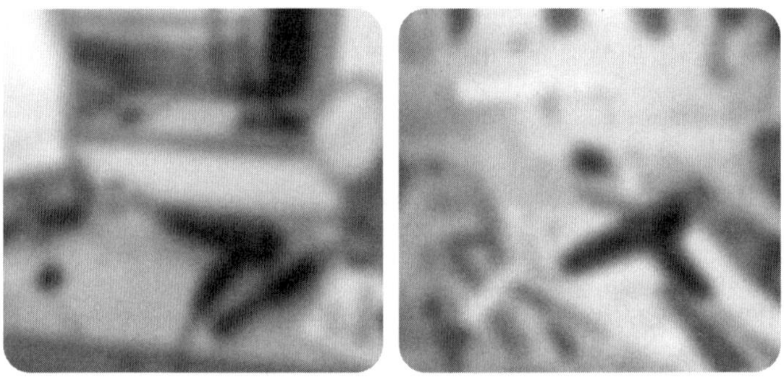

图3.19 环境决定它是吹风机（左侧桌面）还是电钻（右侧桌面）

这意味着，在一个人不经常出现的地方，我们往往不会把他认出来，因为我们的记忆不仅会储存这个人的典型特征，还会把与这些典型特征相关的环境信息储存起来。这就解释了为什么我们对轻食产品的范围如此清楚：我们所看到的产品都是食物，而且具体到食品类别，轻食产品和低饱和度的蓝色是如此典型的搭配，因此可以成为一种判断线索。

所以，识别是由物体和物体所在的环境共同驱动的。这为我们提供了一种选择，即利用环境来影响消费者放置我们产品的心理抽屉。联合利华公司发现，当他们的肉类零食产品Peperami在零售店中的位置发生改变时，其销售额大幅上

> 自动驾驶系统同时使用判断代码和环境信息来识别品牌和产品。

升。此前，他们试图利用该产品“环境稳定”的好处，即不需要冷藏，将该产品与薯片等其他零食放在一起。然而，消费者并不会预期肉类产品出现在冷藏柜以外的任何地方，因此销售受到了一定程度的抑制。考虑到店内摆放位置的环境背景，（消费者认为）这是一种肉类产品的可能性非常低。当零售商将该产品与其他冷冻零食产品摆放在一起时，Peperami的销售额大幅增长。

识别是环境敏感的——这一事实也意味着，如果我们可以利用产品销售的环境来使消费者识别我们的产品，我们就不需要在包装设计中塞入太多的信息。这也解释了为什么人们经常记得在广告中看到了实际上并没有出现的东西。一个例子是，某个牙刷品牌多年来一直在其广告宣传中将一位年长男性作为代言人。后来，他们改用了一位更年轻的女性作为代言人。尽管年轻的女性代言人与年长的男性之间有着明显区别，但研究中超过一半的受试者回忆说，他们看到过男性代言人，而实际上他们看到的广告中只有女性代言人。之所以会出现这种情况，是因为品牌充当了受试者接收故事的背景环境。男性代言人被连接到每个受试者关于这个品牌的神经网络中，并在消费者识别品牌时被激活。对于看到男性代言人的预期，就盖过了广告中的其他细节。

概念——它代表什么

德国啤酒品牌哈斯瑟罗德尔（见图3.20）投资3000万欧元更新了他们0.5升容量的啤酒瓶。他们改变的是瓶颈部分：从圆形横截面变成了六角形。啤酒本身并没有改变。

为了增加销量，这种改变必须增加产品的感知价值。但为什么瓶颈横截面会改变感知价值呢？前面我们已讨论过的“它是什么？”这个问题并不足以回答这个问题，因为它仍然是同一个品牌、同一个标识、同一个产品。要理解这些变化影响感知价值进而影响销售的过程，让我们先来看看加州理工学院的克里斯托夫·科赫（Christof Koch）进行的一项有趣的研究。科赫和他的研究团队用癫痫患者进行了一项不同寻常的实验。这些患者的大脑中被植入了电极，以定位癫痫中枢。然后，研究人员向他们展示了名人的照片，从巴特·辛普森（Bart Simpson）到比尔·盖茨（Bill Gates）再到哈莉·贝瑞（Halle Berry）。结果呢？针对每一位名人，都会有一组不同的神经元被激活。更有趣的结果是，无论是从左边还是右边看到哈莉·贝瑞、无论她是否戴着帽子或太阳镜、无论她是否微笑、无论她是否穿着猫女戏服，甚至当只显示“哈莉·贝瑞”字样时，受试者的“哈莉·贝瑞神经元”都会被激活。在所有这些情况下，相同的神经元都被激活。这意味着什么呢？这说明，对于大脑来说，哈莉·贝瑞这个品牌是如何被编码的并不重要，无论是作为图像还是仅仅作为文本：只要“哈莉·贝瑞”的意思是可识别的，神经元就会被激活。我们的大脑不仅会回答“它是什么？”，还会解码信号的含义，回答它代表什么。这就是为什么我们只凭金色胶囊就能认出潘婷这个品牌。因此，大脑在感知事物时“问”的第二个主要问题是：“它代表什么？”让我们再来仔细看看解码品牌和产品的关键第二步。

图3.20 德国啤酒品牌哈斯瑟罗德尔推出了一种新的瓶颈形状

想象一下，你被邀请参加一个同事的生日聚会，你给她带了一束玫瑰作为礼物。现在仅仅是想象这样的场景就会让我们感到不舒服。但为什么呢？玫瑰是花，它看起来很漂亮，闻起来也很香，等等。事实上，它和向日葵一样好，但收到礼物的人（以及那些见证送礼物的人）的反应肯定会非常不同。我们之所以对把玫瑰而不是向日葵作为礼物感到不舒服，是因为它们在这种背景下所传达的意义。玫瑰代表——至少在英国的文化中是这样——浪漫和爱情。相比之下，向日葵代表幸福（见图3.21）。它们有着不同的含义，这种含义决定了在特定环境下的感知价值。如果你的同事爱上了你，玫瑰花的感知价值会很高，而如果她婚姻幸福，那么送她玫瑰至少会引起一些尴尬。

来源：Christine/Adobe Stock

来源：Ifan/Adobe Stock

图3.21　两种花激活了不同的心理概念。
在英国的文化中，向日葵代表幸福，玫瑰代表浪漫

在古代，我们通过打架来竞争首领的位置，成为族群的领袖。如今我们仍然竞争首领的位置，但方式更灵活、伤害更低。公司里的等级制度是通过指定的车辆停车位与入口之间的距离、办公桌或办公室的大小、老板在会议室里坐在哪里，或者谁在会议上发言最多来象征性地编码的。我们不仅可以用语言表达“我爱你”，还可以通过赠送玫瑰或钻戒来表达这一点。我们煮汤是为了照顾生病的人，煮咖啡是为了社交。只有人类才能直观地理解，冷蓝色与成就有关，暖蓝色与培育和关怀有关。我们能够做到这些的方式是人类所独有的。虽然我

> 我们发出的信号——从颜色到形状再到品牌标识——都会根据记忆中习得的联想被重新编码为心理概念。品牌和产品所引发的心理概念是感知价值的基础。购买决策是基于这些心理概念，而不是信号本身做出的。

们与动物有许多共同的特征，如情感、好奇心和社交行为，但将信号转化为更抽象的东西、转化为心理概念的能力，是我们人类所特有的。在发表于《心理学年鉴》（*Annual Review of Psychology*）的一篇科学论文中，著名行为经济学家丹·艾瑞里将这种现象称为“概念消费”：

> 我们史前的祖先在醒着的大部分时间里都在寻找食物和吃东西，这种本能显然得到了回报。如今，这种本能依然强大，但对我们数十亿人来说，花很少的时间在商店里逛一圈，再用微波炉加热一顿饭，这种本能就得到了满足。随着我们的生理需求得到满足，时间充裕，我们越来越多地通过寻找和消费概念来为这种本能的力量寻求心理出口。

大脑中发生的事情是这样的：当我们识别出物体是什么之后，这些信息会被转化为一个心理概念，并且这个概念被附加了额外的意义。我们看到了玫瑰，我们认出了它是一朵玫瑰，然后我们的联想记忆激活了我们已经了解到的关于玫瑰的典型事例，比如我们遇到玫瑰的典型场合。通过这个过程，我们应用了玫瑰的内涵意义。车道上的SUV（运动型多用途汽车）只有一部分需求是关于运输的；人们所消费的概念其实是社会地位。数十项研究已经梳理出，这些概念可以通过多种方式影响人们的购买或消费，而远远超出实体产品本身。可以说，我们把一个实物X变成了一个心理概念Y，例如，一束玫瑰变成了爱的概念，或者一辆SUV变成了地位的概念。这种“X = Y”的转换被称为重新编码（例如，SUV =地位）。视觉元素，如形状、颜色、标识和字体，不仅会根据它们的形式或技术属性被感知，还会根据它们引发的心理概念被感知。你将在第7章的案例研究中看到心理概念和关键奖励价值是如何被有效传达的例子。

例如，圆形的标识通常被认为比棱角分明的标识更加和谐、少些激进。同样，研究也证明了产品的相对高度和感知强势之间的关系。这一发现可以凭经验来解释——处于高位与更强的控制力（例如对下方物体的视觉控制）或权力（例如从上方更容易操纵物体）有关。由于我们在日常生活中经历了垂直互动与支配、骄傲或控制等概念之间的联系，我们发现相对高度的变化会影响产品在人们眼中能够表达这些相关概念（如骄傲或支配）的程度。

编码：从信号到概念

编码是指感知和动态输入被转化为心理概念。美国加州大学著名的神经科学家杰奎因·福斯特（Joaquin Fuster）绘制的图3.22显示了这在神经元层面是如何进行的。

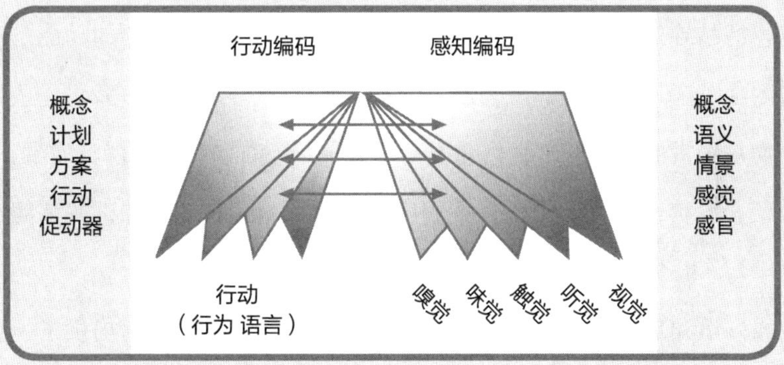

图3.22　我们所感知和所做的一切都被编码为心理概念

如图所示，大脑中有两个主要的链条：一条从感官到大脑，一条从我们的行为（例如手指运动）到大脑。在“顶端”的是作为最高层次的心理概念，尽管如此，这些概念还是与下面的层次直接相连，即信号和概念之间存在系统的、非任意的连接。这就是为什么我们看到玫瑰会想到“爱情”等概念，或者SUV在我们心中与社会地位有关。

一家为建筑行业销售大型起重机的公司提供了一个很好的例子。他们的广告被用来传达车辆的情况和优势、性能参数等。为了使广告能够引人注目，广告公司展示了起重机的特写镜头，但看不到任何人物。这则广告失败了。分析表明，问题在于起重机操作员对巨型起重机强大力量的恐惧。这使所有为外显系统，即飞行员系统设计的事实论据都失效了。因此可以看到，该广告描绘起重机的方式隐含地携带了广告设计者并没有想要传达的信息。起重机操作员的自动驾驶系统似乎破译了一条截然不同的信息："这台起重机比你更强势。"为了让这个广告发挥作用，我们需要让起重机操作员的自动驾驶系统相信，他只需要几个手部动作就能"指挥"并控制这台起重机。优化广告不是简单地把人放进去，而是必须展示起重机操作员是如何控制起重机的。

深入了解视觉元素和象征意义之间的结构关系是很重要的，尤其是因为大量研究表明，心理概念在消费者决策和品牌印象形成方面越来越重要。根据这一研究，产品外观对消费者来说，除了带来审美愉悦，最重要的功能是对心理概念的刻画。这其中的一个含义是（我们将在本书稍后谈到），我们不应该根据某件事物是否赏心悦目（即我们是否喜欢它）为基础来评判其视觉效果、颜色、字体类型、形状或代言。相反，我们应该遵循大脑运作的流程，并询问这个信号代表什么，以及它触发了哪个概念。

神经科学和现代心理科学的一个显著优势是，它们为我们提供了一种量化分析的方法来研究这一无形的意义层面。其中一种方法是使用专门的神经元标记（被称为N400）来确定一个信号（如一个典型的视觉形象）和某个概念（如"性能"）之间是否存在语义匹配，而无须明确地询问人们（这会让飞行员系统参与，而不是引起自动驾驶系统的反应）。每当大脑识别到一个信号和一个概念之间的语义匹配时，大脑特定部分的神经元活动就会发生变化，尤其是额叶和侧叶新皮层。这种活动的变化可以通过脑电图（EEG）来测量，并且通过研究科学家所说的大约400毫秒后的“诱发电位”[1]可以看到。

> 信号代表什么和它们触发了哪些概念可以用神经科学和心理学的定量工具客观地测量出来。这些工具测量了信号和心理概念之间的内在联系。

语义匹配的神经元标记很有趣，但当涉及到测量不同城市甚至国家的代表性样本，或将它们与回忆或购买意愿等现有调查指标联系起来时，它们往往不太实用。幸运的是，还有其他更实用的方法来衡量一个信号触发了哪些概念，比如心理科学中的所谓启动技术。多亏了技术的进步，特别是能够测量人们对信号的自发反应，我们不需要依靠主观的判断和意见或神经元标记来对我们在营销中使用的信号所引发的所有重要心理概念进行分析评估。定量评估的一个最大优势是能够比较不同国家和文化之间的内在联系。虽然在特定的文化中解锁内在含义是可能的，但在不同文化中比较结果要困难得多。这就是客观的、定量的测量可以真正增加价值的地方，例如我们将在第7章的案例研究中详细说明的。

现在，让我们回到哈斯瑟罗德尔重新推出的六角形瓶颈的案例：它代表什么？这仅仅是一个噱头，还是另有隐情？当我们感知到这个特征时，被激活的意义和心理概念是什么？新的形状是有角度的，而且很粗糙，因此不像标准的圆形那么光滑。研究表明，一种形状所具有的棱角会影响人们对产品效力的感知。例如，笔直、棱角分明的形状通常被认为比圆润、弯曲的形状更强壮、更男性化，而圆润、弯曲的形状通常被认为更温柔、柔软或女性化。

所以，总的来说，与圆形瓶颈相比，六角形的颈型更男性化，这种形式加强了该品牌的男子气概感。考虑到该品牌的口号“因为男人知道为什么”，这一变化符合其定位，并在一些啤酒饮用者中增加了感知价值——这些消费者认为

[1] 机体的自发电活动可以为直接的或外界的确定性刺激（电、光、声等刺激）所影响，产生另一种局部化的电位变化，称为诱发电位。

男子气概是有益的。消费者通过这款啤酒购买了男子气概的概念。荷兰特温特大学的研究人员进行的一项研究表明，如果水瓶的形状与广告口号所传达的概念相匹配，那么产品和品牌评价都将受到积极影响。考虑到这一点，哈斯瑟罗德尔的品牌口号和新瓶颈形状之间的概念一致性就有了一个额外的好处。

再来看看纯果乐的包装（见图3.23）。现在应用这一分析过程，我们会发现，不但新的包装设计成了有效识别的障碍，而且由包装设计引发的概念和意义都已经发生了显著的变化。

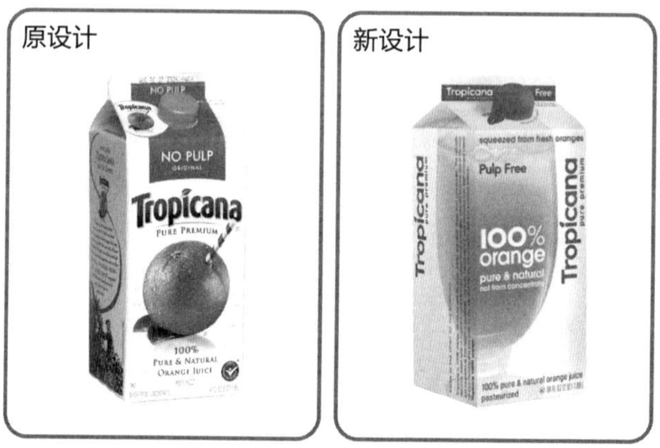

图3.23 新的包装设计传达了不同的概念，因此与原始设计相比具有不同的价值

新包装上的主要形象是一杯橙汁。在日常生活中，我们通常在哪里看到这种玻璃杯呢？我们是在什么时候看到的？相对很少（会看到）。不太可能有很多家庭每天早上的餐桌上都摆着这种玻璃杯。对于这么做的家庭来说，玻璃杯说明了什么呢？能代表什么样的典型家庭呢？颇为富有和富裕的家庭。我们什么时候用过这样的杯子？也许是在酒店里，也许是被邀请参加庆祝活动的时候，或者是当我们邀请朋友来家里吃饭的时候。所有这些经历都激活了“特殊场合”的概念，那么这说明了这款产品适合哪些场合呢？

现在让我们看看最初的设计。自然地，橙子本身传达了它是什么——橙汁——但还有更多其他的含义。它旁边有一片叶子。像这样熟悉的东西是从哪里来的？实际上，只能来自刚摘下来的橙子。所以，这激活了新鲜的概念。而玻璃杯做不到这一点。用玻璃杯我们不确定果汁是新鲜的还是不新鲜的。它可能是新鲜的，但没有可感知的信号来表达这一点，而且，正如我们现在所知道的，没有可感知的信号，联想记忆是无法被自动激活的。而我们看到这个吸管时会联想到什么呢？它是什么样的吸管？我们不会想到鸡尾酒吸管，因为它周围有彩色的环，那是我们给孩子的吸管，所以它是一种日常使用的吸管。总而言之，对于新包装设计来说，不仅在“它是什么？（识别）”这个问题上似乎有问题，而且它传达的含义已经发生了根本性的变化。

新包装设计的目标是通过更新鲜、更现代、更简洁的设计来展示更多的“优质”。新设计当然实现了这些目标，但考虑到销量的急剧下降，相关的概念是否激励了消费者——这一点值得怀疑。对于我们这些营销人员来说，这一概念层面是管理和提升产品价值感知的关键。

与识别一样，意义表达也是环境敏感的。在市场营销中，我们花很多时间讨论在电视广告或包装上使用哪些信号。然而，我们倾向于在没有系统地考虑环境因素的情况下做出评估，譬如对关键视觉效果的评估。图3.24显示，这样会使我们远离有效的、更客观的讨论，因为意义表达就像感知和记忆一样，是依赖于环境的。

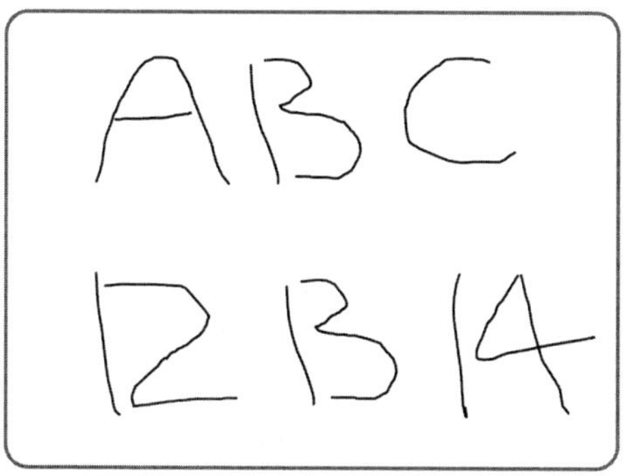

图3.24　意义表达是依赖于环境的

> 意义表达是依赖于环境的。

如果我们把这些当作平行的两行来阅读，我们很可能会将上面一行中间的信号解码为“B”，而将下面一行中间的信号解码为“13”，尽管它们是相同的。显然，周围环境决定了它们所表达的意思。想象一下，你想用钻石作为传播沟通中的符号。钻石有不止一种含义。它可以代表坚固、代表光辉、代表奢华、代表婚姻。消费者会感知到哪一种含义，取决于钻石所在的环境。如果你在一个关于建筑工具的广告中加入一颗钻石，那么坚固性很可能是钻石主要的含义。然而，如果你把钻石放在一个染发剂的包装上，它很可能会激活“光彩夺目”的概念。因此，在讨论执行方案时，把环境因素考虑在内将使我们的讨论更加有效。

兼具新颖性和一致性——不可能吗

有很多方式可以表达诸如地位或爱情的概念。玫瑰只是表达爱或浪漫的一种方式。一枚戒指或一颗带箭的心可以传达同样的心理概念。人类大脑将不同信号与同一概念联系起来的这种灵活性，让我们有办法克服品牌管理中面临的主要困境之一：在新颖性和一致性之间进行取舍。我们都认识到了这两种需求——既要新颖，又要始终如一。我们想要改变一些东西，因为我们想要增加品牌的销售额和市场份额，想要提供新的激励措施或赢回客户。与此同时，我们希望保持我们当前的和历史上的优势，从而仍然是可识别的、具有一致性的，不冒流失任何现有客户的风险。我们有充分的理由保持一致，但也有充分的理由去追求新颖。因此，毫不奇怪，我们关于这个话题进行了很多讨论——我们必须保持不变的是什么？我们可以或确实应该改变的是什么？

认知心理学家早就知道，当我们能够将新知识融入现有知识中时，我们的大脑学习效果最好。因此，熟悉度对广告的效果和效率非常重要。这是我们所知道的。但为什么我们人类经常发现学习新事物如此困难呢？这取决于大脑对刺激的反应方式。位于奈梅亨（荷兰）的拉德堡德大学的研究人员测量了神经细胞对熟悉的信息和新信息（即意想不到的信息）的反应活动。如果一个信号是意料之中的，即它与预期一致，那么这条信息就不会被进一步处理。符合预期的信息就会被抑制。细胞会关闭或去处理其他事情。这种神经元关闭效应是大多数车祸发生在我们最熟悉的道路上的原因之一。我们不再集中注意力，而我们的大脑会根据记忆来完成信息。当我们进行预判并且我们的假设被一个信号证实之后，我们的大脑就会停止关于这件事的工作，转而关注其他事情。这是非常高效的。既然我们已经知道这是什么，为什么还要花更多的时间去思考它呢？这就是为什么想要实现消费者的学习，沟通必须足够新颖。换句话说，如果没有新鲜感，只有现有的关联被激活，那么消费者什么也不会学到。新鲜感为有关新事物的沟通打开了大门。

摆脱一致性和新颖性困境的方法是区分可感知的信号和它们通过重新编码触发的概念。为了同时利用一致性和新颖性，我们需要在意义层面保持一致，但在信号层面保持新鲜。哈斯瑟罗德尔的瓶颈就是一个很好的例子。六角形的瓶颈是一个新的信号，但它符合甚至强化了男子气概的概念，因此在整个品牌口号“因为男人知道为什么”的背景下，增加了感知价值。

但消费者又能承受多大的新鲜感呢？我们又必须维持多大的熟悉度？完全违背预期的“混乱”沟通确实会吸引注意力并产生更高层次的认知活动——消费者试图解决不一致的内容——但只有在特殊情况下才能长期保持，并且需要消费者的高度参与。然而，消费者通常对广告的参与度较低（广告研究人员对此一致同意）。研究表明，最有效的策略是MAYA原则：最先进但可接受（Most Advanced Yet Acceptable）。许多研究一致认为，与预期适度不一致的信息在增加注意力、好感度、

> MAYA 原则：适度的新鲜感加上一定的熟悉度，是营销传播最有效的方式。

记忆和识别度方面是最有效的。在意义层面上保持一致，在信号层面上实现新颖是实现MAYA原则的一种方式。

基于价值的注意力：我们想要的就是我们看到的

我们现在已经看到了决策过程的第一步是如何展开的：大脑如何识别产品和品牌，以及它是如何利用信号被感知的环境，将信号重新编码为概念的。然而，一个关键的问题仍然存在：我们如何将注意力分配给信号？是什么决定了我们是否会关注这个或那个产品、广告或包装设计？我们大多数人所经历的是，相比于其他东西，我们更经常地识别出某些东西，而且这些东西会随着时间而改变。例如，当我们为人父母时，我们突然注意到周围的孩子和婴儿比以往任何时候都多。如果我们有兴趣买一款车，我们会突然发现到处都是这款车；而且不仅是车本身，还有它的广告。事实上，研究表明，在我们决定购买一款特定的汽车后，我们会更多地注意到相应的广告。

因此，在建立传播沟通时，我们需要意识到，我们当前的客户群将是最关注这些内容的。这些影响的潜在机制是什么？它们是如何起作用的？这就引出了营销和广告中最常被谈论的话题之一：注意力。当谈到我们的信息、品牌或产品如何进入消费者的脑海时，人们首先想到的往往是注意力。我们需要一场吸引眼球的宣传活动！我们需要让货架更有影响力！我们需要脱颖而出！这样的要求和目标对所有的营销人员来说都是熟悉的。让我们看看基于科学的角度，我们的注意力是如何起作用的。

我们已经看到，我们有两种感知——周边的和焦点的。现在，为了尽可能清楚地看到这个世界，很明显，我们必须移动我们的眼睛。在这么做的过程中，我们的焦点也随之移动。但这是如何发生的呢？我们如何决定先看哪里，再看哪里？由于我们一秒钟会做两到三次这样的决定（去掉睡觉的时间，我们每天大约会做15万次），再加上我们没有意识到这些眼球运动，这些决定不可能基于一个有意识的、可控的决策过程，而是基于一个内在的、自动的决策过程。那么，我们会使用什么原则来决定将小型高分辨率传感器指向何处，以及是否聚焦于一个产品或广告？这又回到了决策的基本原则：决策是基于价值的。

一家户外营销公司进行的研究发现，葡萄酒饮用者中会注意到户外葡萄酒广告的人数是啤酒饮用者的3倍（通过眼动追踪测量）。我们的第一反应可能是，那又怎样？葡萄酒饮用者不是就应该注意葡萄酒广告吗？但是对这一发现的再次审视引发了一个重要问题：是什么导致了葡萄酒饮用者在实际看到广告之前就更加习惯性地注意到葡萄酒广告呢？葡萄酒饮用者并不是比啤酒饮用者更长时间地看葡萄酒广告，也没有更频繁地回头看广告——关键点是，有多达3倍的葡萄酒饮用者将他们的注意力集中在广告上，这令人惊讶。

是什么触发了他们的第一眼？答案就基于我们刚刚学到的知识——我们有两种注意力：周边的、内隐的注意力和焦点的、外显的注意力。它的工作原理如下。传入的周边信号由自动驾驶系统自动处理。自动驾驶系统以更广泛的范围扫描环境（在自动驾驶系统处理的1100万比特数据中，约90%是视觉接收的），并处理所有传入的信息。关于一个物体的信息（例如品牌标识、户外广告或电视广告）会立即传播到我们在前一章中提到的大脑区域：奖励或价值中心（OFC）。在刺激开始后的80—130毫秒，我们观察到这个奖励中枢的激活迹象——这比眨个眼的时间还短。这个过程的目的是在早期评估我们所感知到的东西的价值。

就像一个价值侦察员一样，自动驾驶系统会不断评估我们所感知到的一切。如果接收到的东西符合我们的需求、欲望和目标，那么自动驾驶系统就会给它赋以较高的价值。如果价值很高，那么我们的焦点注意力就会"告诉"眼部肌肉向这个方向移动，从而将焦点转向这个信号。我们在本章前面提到过的麻省理工学院神经科学家摩西·巴尔总结了这个过程：

> 在识别出一个对象后，人们有关标志该对象的显著性、相关性或

价值的响应不会作为单独的步骤出现。相反，情感反应从视觉刺激开始的那一刻起就为视觉提供了支撑。

因此，大脑不仅能以闪电般的速度识别物体，还能在几分之一秒的时间内评估出它的价值——然后这种评估就决定了我们的眼睛和焦点会转移到哪里。如图3.25中的照片所示，如果我们饿了，我们的自动驾驶系统就会扫描周围的环境，并将我们的焦点感知导向那些预期会符合我们目标的信号：在这种情况下，就会导向麦当劳的标志。如果我们在寻找鞋子，我们的焦点就会被引导到其他信号上，比如商店橱窗。换句话说：价值驱动注意力。

图3.25 注意力是由我们在特定时间所重视的东西所驱动的

上面两张图显示了在饥饿状态下（左下）或在午餐后饱腹状态下（右下）受试者的眼动跟踪结果。饥饿的受试者把注意力集中在麦当劳的标志上，而吃饱的那一组受试者则把更多的注意力分配在了商店的橱窗和标识上。

这意味着相关性是注意力的关键驱动因素：我们只看到我们想要的。最基本的一点是，我们需要以一种自动驾驶系统能够检测和感知的方式，使人们正在寻找的价值发出信号。

许多研究表明，我们当前的目标引导着我们注意力的自动分配。如果我们正在寻找一罐可口可乐，我们就会通过增加神经元对特定颜色的敏感度来增强在我们的视觉输入中对红色区域的处理。因此，譬如与蓝色罐相比，红色罐会得到更高的关注，从而更快地被注意到。考虑到这一点，让我们再来看看洗衣液货架（见图3.26）。

图3.26　为了吸引注意力，产品发出的信号应该符合消费者的目标

消费者的自动驾驶系统会根据获得的输入——这些输入大部分是模糊的，搜索那些能够“告诉”他们这些包装中哪一个最可能符合他们的目标的信号。如果他们想要一种专门用来洗黑色衣服的洗涤剂，哪个包装最能体现这种功能？为什么？最有力地向自动驾驶系统发出信号、表明自己是这方面的正确选择的那个包装将受到关注。如果你想要一款专门针对羊毛衣物的洗涤剂，你会选择哪个？最可能的是那些粉色的包装。在法国，一个羊毛洗涤剂品牌将其包装上

为了吸引注意力，品牌和产品发出的信号应该符合消费者的目标。注意力更多的是“拉”而不是“推”。如果与他们的目标相匹配，人们会“让我们的信息进来”。

的粉色改为乳白色，以增加产品提倡的“关爱”感。结果销量下降，大部分流失的用户转向了那些采用粉色外包装的竞争对手。当消费者在寻找特定品牌的时候，情况也是如此。如果你在找碧浪，你会去哪里找？最有可能的是那些绿色的、中间有一个模糊的红色斜角元素的包装。

自动驾驶系统对我们的营销信息来说就是守门人。只有当我们的信息、产品和品牌有足够高的感知价值的时候，它才会为它们打开大门。即使是最花哨的托儿所，拥有最时髦的概念，也无法找到一个可以激活的目标，使其与一个20岁的单身男子建立联系。这就是为什么他可能无意间注意到这个托儿所，但这一切都不会对他产生任何影响，也不会影响他的行为。这里有一件很重要的事情需要被意识到：人是不能被随意操纵的。只要给他们看几张漂亮的照片，他们就会顺从地去商店买我们的品牌？当然不是这样的。如果我们不想被操纵，就不可能被操纵。如果一件事不符合我们内隐的或外显的目标（在那个时刻和那个情境下），我们就不会去做。不仅如此，我们甚至不会注意到它。

“突出”效应——对比也可以引发注意力

我们刚才描述的机制是由价值驱动的：我们的注意力服务于对我们来说重要的东西；它服务于我们的目标和需求。然而，也有一个纯粹基于信号的注意力路径。图3.27显示了这种机制是如何工作的。

在图中搜索“Q”和“F”。对大多数人来说，看到Q很容易，但要找到F就难多了（第6行第12个）。它们都是不同于E的字母，但Q很突出，因为它与E的视觉对比度更高，形状也明显不同。我们的视觉系统被高度调节，以此来检测并关注对比——没有对比，我们就无法将物体从背景中分离出来。在5万年前，将老虎的脸与周围的树林区分开来是至关重要的。

图3.27　注意力也是由对比驱动的

所以，如果我们想从周围的环境中脱颖而出，或者如果我们想把注意力引向我们的产品，我们就必须控制好消费者可感知到的对比程度。这正是我们所谓的“穿过”泛滥的广告或在货架上“脱颖而出”。我们想要通过颠覆性、与众不同和卓尔不群来吸引焦点注意力。然而，仅仅获得关注并不会让人们购买。我们假设E、F、Q都是产品。如果有人在寻找F，然后识别出了Q——仅仅因为Q比较突出，这个人不会购买Q，因为Q不符合他当前的目标。

融合“拉”和“推”策略的一个很好的例子是去污剂产品渍无踪（见图3.28）：它通过使用活泼的荧光色创造出一种突出的效果。重要的是，颜色（粉色）符合这一产品类别的核心优势，即“强大的清洁功能”。使用黄色也很引人注目，但不符合消费者的目标。为什么不符合呢？粉色和黄色，你会选择哪种颜色来传达强劲的去污能力？在大多数国家，渍无踪使用的颜色都与强劲的概念联系在一起，这对去污剂来说当然是有益的。

图3.28 哪种颜色最适合“强力去污”？

注：左图为粉色，右图为蓝色

感知流畅性可以增加价值

请看图3.39中同一块蛋糕的两张图片。市场营销学教授瑞恩·埃德（Ryan Elder）和阿瑞娜·科里斯纳（Aradhna Krishna）对这两张图片进行了测试，看看哪张图片更能够引发更高的购买意愿。你认为会是哪一张？

图3.29 叉子放置的位置影响了说服力

来源：瑞恩·埃德（2011），经牛津大学出版社授权转载

如果你认为是右边那一个，那么你是对的：与左图相比，它使消费者的购买意愿提高了20%（对于右撇子受试者来说）。但是为什么呢？唯一的区别就是叉子的方向。为什么看似如此微不足道的事情实际上会影响我们的行为？很简

单，因为它更符合我们的日常感知（如果我们是右撇子的话）。这样的情况对自动驾驶系统来说是有价值的，因为它更容易处理。科学家将这称为感知流畅性，因为我们所熟悉的东西处理起来需要的能量更少，自动驾驶系统从而对它更加重视。

为了利用流畅性，我们需要在宣传活动和销售终端营销之间建立可感知的连接。

对于营销来说，感知流畅性是吸引注意力的一种驱动力，并为顾客提供价值。消费者可能会在某天晚上看到一个广告，并从该广告中默默了解到某个图标。当第二天在零售货架上看到相同的图标时，曾经见过它的经历会使消费者更容易处理与它相关的信息。感知成本降低了，而提高的流畅度会起到很大作用。这种效应在产品和品牌的感知价值非常接近的类别中尤其有用。为了达到这个效果，广告、包装和销售终端之间视觉上的、可感知的联系是至关重要的。我们经常有一个团队处理线上营销，另一个团队处理销售终端营销。结果是，我们在销售终端上使用的许多关键视觉效果与广告活动并没有最佳地联系起来，因此流畅性效应没有得到充分利用。

下面的情况很好地说明了流畅性在起作用。每当一个活动启动时，销售额就会上升，但一旦活动停止，销售额就会回到基础水平。这表明，销售是由流畅性驱动的：活动使品牌在认知上更加流畅，从而使消费者在销售终端更加容易地处理有关该品牌的信息。

一个使品牌认知更加流畅的例子是沃克斯（乐事）成功的“三明治”活动，该活动帮助沃克斯额外销售了1560万包薯片。通过将帕米拉·安德森（Pamela Anderson）、简森·巴顿（Jenson Button）和马尔科·皮埃尔·怀特（Marco Pierre White）等名人带到英国肯特郡的桑德维奇[1]镇，给当地居民一个惊喜，使小镇变得更加令人兴奋，沃克斯使自己的“让每个三明治都更加令人兴奋”的创意得到

[1] 英文与三明治的英文相同。

了戏剧化的体现。这个活动提高了该品牌的心智显著性，从而提高了其流畅性，特别是在涉及三明治的背景中。在销售终端，该产品被放置在三明治区旁边，由于与活动的概念相匹配，这一安排进一步增加并利用了这种流畅性。

从信息处理的简单性与有效性来说，流畅性的另一个方面是如何感知词汇。我们经常看到用大写字母书写的信息（见图3.30），这主要是出于美观（或为了脱颖而出）。不幸的是，科学表明，这会给自动驾驶系统处理信息制造障碍。

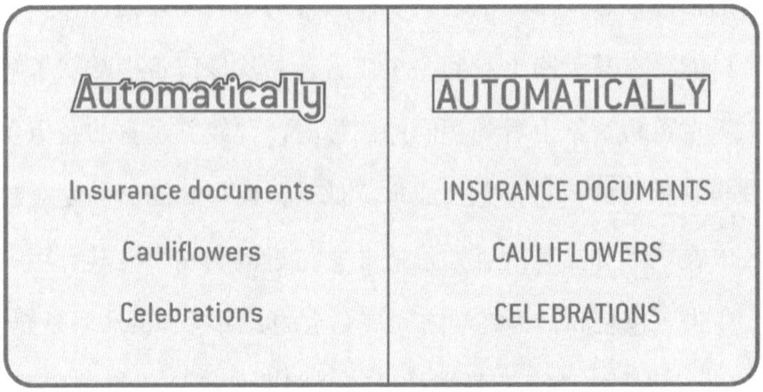

图3.30 大写字母读起来更费劲

原因是，当我们学习阅读时，我们从阅读每个字母开始，然后把它们组合在一起。正如我们从观察或帮助孩子的过程中了解到的那样，这是一个缓慢的过程。和往常一样，通过重复，自动驾驶系统会接管并应用基于经验和记忆的更有效的规则。我们对单词的识别不再是基于对每一个字母的感知，而是基于使用单词的形式或形状作为附加信息。这使我们能够非常快速地阅读。

然而，如果一个单词是用大写字母表示的，那么我们所了解的单词形状就不能使用了。这就迫使我们的大脑表现得就像我们刚刚学会阅读一样：我们必须一个字母接一个字母地阅读。因此，这使我们的阅读速度相对较慢。大写字母可能看起来很漂亮，我们可能认为它们增加了冲击力，但如果我们传达的信息依赖于高效的感知——例如在包装、海报或网络/电视广告上，那么它们就不那么流畅，也因此不那么有效了。

面孔具有很高的价值

在市场营销中，所有广告中最常见的视觉线索之一就是人脸。的确，人脸对人类大脑有着特殊的价值。看到一张（好看的）脸会触发大脑中的奖励中心。不仅如此，大脑中还有一个专门用于人脸识别的区域。每当我们看到人脸时——包括在广告中看到，这个大脑区域（梭状回）都会亮起来。面部识别区域是高度专门化的。然而，它也被用于某些感知领域，因为这些领域具有类似人脸的特征，例如动物、卡通、著名的笑脸符号:-)或途易度假的品牌标识。从大脑的角度来看，所有这些东西都意味着“脸”，即使它们充其量与人脸相似。基于同样的原因，一辆汽车的“脸”——有着作为眼睛的前灯和微笑的散热器格栅，也会激活面部识别区域。

由于人脸能带来回报，我们倾向于不自觉地看向它们。一项研究表明，在前两次聚焦（眼球运动）中，人类有80%的可能性将注意力集中在视觉图像中的一张或多张面孔上。因此，无论何时我们在广告中使用人脸，都可以有把握地认为，消费者的注意力很早就会转移到那里。我们利用这一点来帮助英国电信了解为什么直邮没有得到预期的回复率，以及一个简单的改变如何能够显著提高效果。图3.31显示了原始版本（上）和修改后的版本（下），以及AI预测的视觉显著性。原始版本中的注意力“热点”是页面底部的人脸。虽然脸可以用来引导注意力，但在这个例子中引起了麻烦，因为人脸把消费者的注意力从上面有关行动号召[1]的圆形图案中吸引走了。这就造成了不流畅（难以处理），因为从下往上阅读违背了我们的自然阅读模式。因此，我们建议的短期解决方案是简单地把人脸去掉。有关行动号召的圆形图案随后便成为热点（因为科学告诉我们，对比是一种吸引注意力的方式，圆形图案因其颜色和形状而引人注目）。结

[1] 一种营销策略，指的是在广告、网页或其他营销材料中使用的一种语言或设计元素，旨在促使观众采取行动，例如购买产品、注册服务或填写表格等。

果，回复率上升了31.8%。

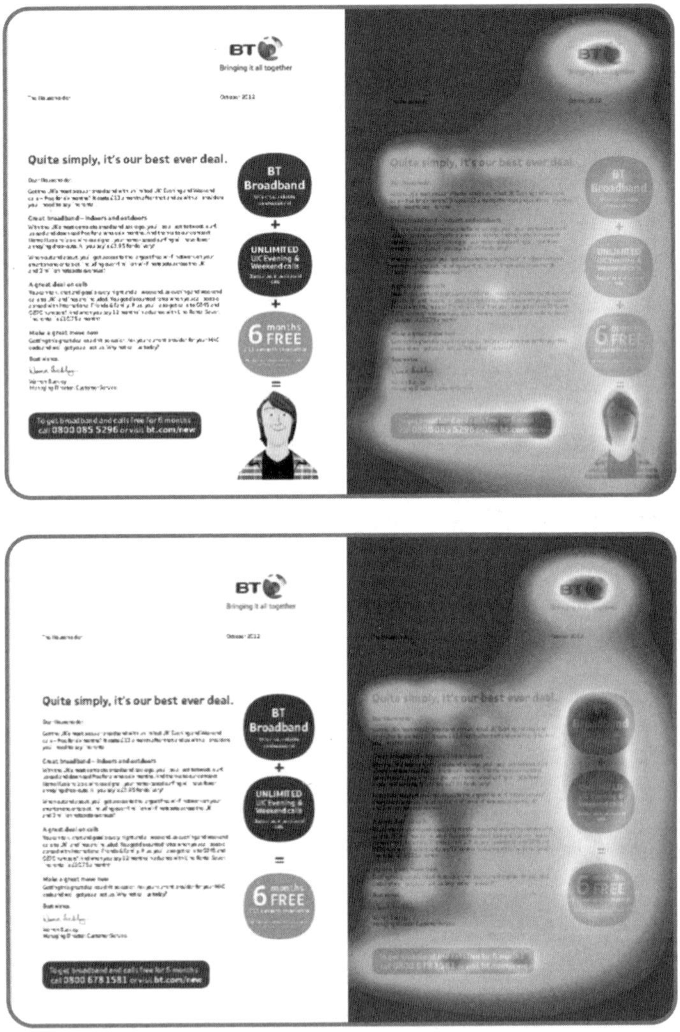

图3.31 人脸转移了人们对行动号召的注意力。去掉它后，回复率上升了31.8%

更有趣的是所谓的“联合注意”效应：我们倾向于朝另一张脸看的方向看去。我们都很熟悉这样一种情况：5个人仰望天空，结果就会有更多的人停下来，朝同一个方向看——即使没有什么特别的东西可看。从进化的角度来看，朝别人看的方向看去的倾向是有道理的：一个人通过注视的方式提醒另一个人注意一个物体（例如狮子）。这种效应可以被用来引导注意力。这一点在一项预测试中得到了证明——如果广告中的女性是看着产品，而不是看着正前方，那么同样的广告会引发更高的购买意愿。在使用名人照片的啤酒促销活动中，如果名人盯着啤酒的方向看，而不是其他地方，则会带来更高的销量。类似地，我们帮助蓝宝石数字重新设计了他们的SmartShopper®医疗保健选择平台的登录页面，相比其他行为科学原则，我们选择了目光注视。这导致在最初的两周内，新登录页面的转化率与之前相比增加了21%。这一比例后来在前6个月内上升至39%。

在我们对品牌属性力量的研究中，我们开发了我们的BPS（品牌力量得分）™，我们还用模型和论证评估了品牌力量得分。我们已经知道，漂亮的面孔对大脑是有回报的，但它们也是有效的品牌触发因素吗？

我们分析了一些面部护理品牌使用的模特（例如欧莱雅、妮维雅、卡尼尔，见图3.32）。结果相当发人深省：各个广告中使用的模特都没有很高的品牌影响力。混淆和错误匹配的比例非常高。

来源：欧莱雅集团

来源：拜尔斯道夫公司

图3.32　一个是妮维雅的广告，另一个是欧莱雅的，但怎么分辨呢？

类似地，布莱德利·库珀（Bradley Cooper）这个名字（如果只显示名字）的品牌力量得分非常低，只有6分。这个名字对于哈根达斯来说更糟糕（哈根达斯曾在一则广告使用了这个名字），却对梦龙品牌的激活作用相当大。有趣的是，取自哈根达斯广告中的布莱德利·库珀照片（见图3.33）大大提升了品牌力量（从6分提升到32分）。不过，这个分数距离标志性的得分还差得远，因为即使是这种视觉效果也无法与品牌唯一地联系在一起，消费者也相当不确定它是否属于该品牌。尽管如此，与布莱德利·库珀的名字相比，这个关键的视觉效果（照片）更能激活品牌。

图3.33 一把勺子配合一个愉悦的姿势获得的品牌力量比布莱德利·库珀这个名字更高
来源：醉尔斯冰激凌公司

有人可能会认为，这是因为受试者认出了广告中特定的关键视觉效果，但我们研究的另一个结果表明了一个不同的、更有趣的答案。我们又使用了一个从未在英国使用过的哈根达斯平面广告（只在德国使用过）。然而，尽管受试者从未见过，这种视觉效果的品牌力量得分也达到了40分。产生这一现象的原因可能是背景颜色。然而，研究结果表明，这种颜色与梦龙的关联更强。原因也可能是愉悦的姿势、摄影风格，或者是对勺子的戏剧化表现。两幅广告都展示了一个勺子，但德国的广告通过将勺子与一个愉悦的姿势联系起来，将勺子放在了视觉的中心。

这个例子表明，数据为识别品牌属性提供了客观的基础，这让营销人员及其广告公司能够更好地了解如何提高效率和品牌力量。

价格传感器——第六感

我们用第六感，即价格感知来结束这一章关于感知的内容。事实证明，我们的大脑处理价格的原理与看、听或触摸非常相似。最重要的是，价格感知就像我们所有的感官一样，受到环境的影响，因此从根本上来说是具有相对性的。在前一章中，我们了解到，感知成本可以通过环境信号（如以折扣价的方式呈现价格）来降低。这一呈现方式会影响消费者对价格的感知，这一点很容易理解。然而，两个价格之间的距离或间距有影响吗？这是定价研究员基思·库尔特（Keith Coulter）在《消费者心理学》（*Journal of Consumer Psychology*）杂志上发表的一项研究所关注的问题。结果呢？原价和折扣价格之间的水平物理距离越大，消费者对两个价格的感知差异就越大（见图3.34）。消费者感知到的价格折扣会随着物理距离的增加而增加，同时，折扣的吸引力会随之增加，因此消费者购买的可能性也会增加。

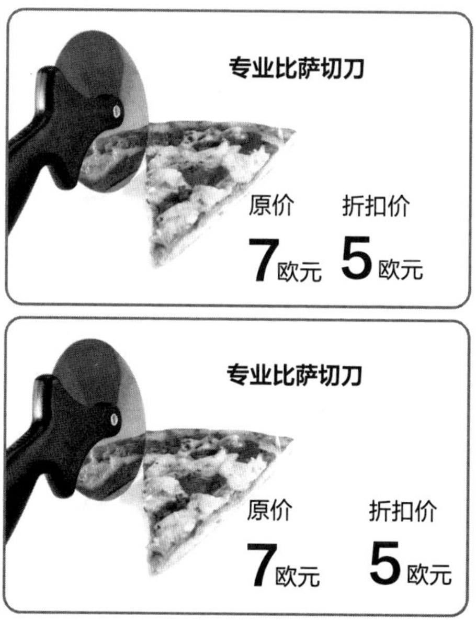

图3.34　消费者所感知到的降价受数字之间距离的影响

我们在水平面上比在垂直面上更容易感知到数字。我们学会了阅读和处理这样的数字，这就是为什么一个表示大小的手势通常由我们双手之间的水平距离表示：如果我们想说明一个巨大的数字，我们就会增加双手之间的距离，似乎我们在拉伸什么东西。

心理学研究表明，数字沿着心理数字线而存在，较大的条目在右边，较小的条目在左边（见图3.35）。随着数轴上两个位置之间的距离减小，在这两个位置之间区分数字变得越来越困难。数字越大，它们就越“靠在一起”。这就是所谓的韦伯–费希纳定律，这条定律在所有量值估计领域都很重要，包括对价格和折扣的评估。

其关键见解是，价格呈现的方式本身就是一种强大的杠杆，甚至不用改变实际价格，更不用改变产品。关于人们如何表示和处理数字，包括价格，我们已经知道了很多，因此我们可以利用这些知识来优化价格感知，而不是降低实际价格。

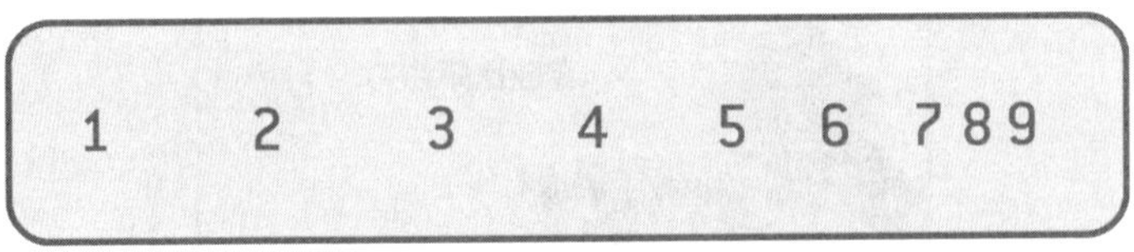

图3.35 韦伯–费希纳定律：数值越大，人们所感知到的差异越小

所以，如果我们面临数百或数千英镑的高成本——比如买一辆车，或建筑商的扩建报价——多花50英镑或少花50英镑并没有太大区别。然而，如果我们以100英镑的价格买一双鞋，那么多花或少花50英镑就有很大的区别了。

比起高价格品类，低价格品类不需要增减太多价格，就能产生感知差异。所以，当我们降低价格时，我们应该仔细考虑计划的折扣是否能真正产生感知差异。如果不能，我们很有可能只会减少收入，从而减少利润。当然，如果我们想最大限度地发挥价格上涨的潜力，同样的逻辑也适用。此外，我们还必须考虑到对比产生的影响。如果市场上不断新出现类似的价格，消费者只会习惯于此。在这种情况下，消费者主观上体验到的折扣对比度就会降低，从而使折扣失去其带来的减痛效果。

我们在这一章中学到了什么

- 感知是大脑中基于过去学习经验的一种活跃过程。
- 周边感知是最大限度提高市场营销效果的关键。
- 我们没有图像记忆。认知是由最重要的判断线索和环境决定的。
- 我们发出的信号——从颜色到形状再到品牌标识——都会根据记忆中习得的联想被重新编码为心理概念。购买决策基于这些心理概念，而不是基于信号本身。
- 品牌资产不仅决定了“品牌塑造”，还传达了品牌意义。

这对我们这些营销人员来说意味着什么

- 我们的品牌和产品主要通过消费者模糊的周边视觉与他们沟通。我们需要使用信号，这种信号即使通过模糊的视觉也能有效地传达我们的信息。
- 当更新或重新推出一个品牌时，我们改变了多少并不重要，关键的问题在于我们需要改变什么。当改变判断线索时我们要非常小心。如果我们想要传达一个心理概念，那么只要这些信号与我们想要传达的心理概念有着直观的联系，我们传达的方式就可以很灵活。这允许我们在执行层面有更多的灵活性和自由度，但同时也保证了概念层面的一致性。
- 品牌资产可以通过触发品牌价值成为品牌的驱动因素。因此，除了衡量品牌力量，衡量品牌资产所传达的意义不仅可以让你评估现有品牌属性的有效性，还可以帮助你制定有效的策略，在营销活动中构建和使用它们。

- 注意力的核心驱动因素是周边信号与消费者目标的匹配。匹配度越高，我们就越能吸引注意力（“拉”）。

第 4 章

优化购买路径：决策界面让决策结果大不同

我们将踏上自动驾驶系统旅程的下一步。营销中普遍持有的观点是，为了改变消费者的行为，我们首先需要改变他们的态度。本章挑战了这一观点，并展示了“决策界面”对行为的深远影响。我们将识别关键的内隐决策规则，并发现如何在营销中使用它们以达到最佳效果。

决策界面影响购买决策：参观食堂

想象一下，我们是一所大学的校长，很关心学生的健康。我们想要改善学生们的饮食习惯，减少他们的卡路里摄入。要达到这个目标，最好的方法是什么？我们可能会想出一个主意，即在学校内部开展一场“广告”活动，让学生们了解健康食品的好处，并让他们更多地了解摄入过多卡路里带来的负面影响。许多健康心理学领域的研究表明，这样的活动确实可能改变人们对高卡路里食物的态度，也有助于提高人们吃得更健康的意愿，但这些研究也表明，这对人们实际行为的最终影响是可以忽略不计的。

我们可能都有过这样的经历。如果我们真的按照自己的意愿行事，那么吸烟的人就会少得多，BMI（身体质量指数）超过25的情况也会很少见。所以，作为校长，我们的下一步可能是在学生食堂采取更直接和更严格的行动，比如只供应健康的餐食，停止提供不健康的食物。但这样做的效果可能非常有限，因为我们不能阻止学生去其他地方吃饭，例如去附近不健康的汉堡店。那么，我们还有其他方法吗？

康奈尔大学的大卫·贾斯特（David Just）教授和他的同事们用一种非常不同的方式来处理这个问题。在他们的实验中，他们没有改变菜单上的任何项目，而只是改变了食堂的布置方式和食品的展示方式。换句话说，他们没有改变提供的东西，而是改变了这些东西的呈现方式——他们改变了决策界面。以下是他们重新安排的一些例子，以及它们对学生选择食物产生的影响（见图4.1）：

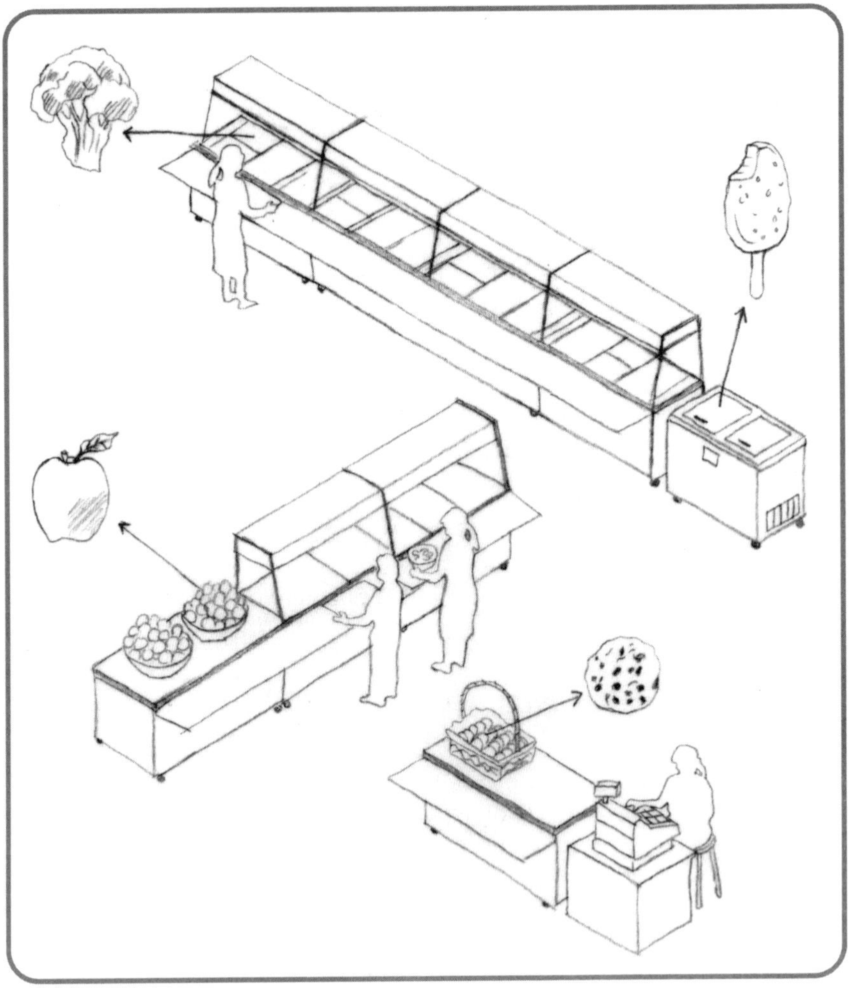

图4.1 该插图呈现了在康奈尔大学的食堂实验中食堂布置的部分变化

- 西蓝花被移到了午餐队列的最前面，这使其销量增加了10%—15%。
- 苹果和橘子被放在一个漂亮的碗里而不是不锈钢锅里，这使其销量增加了一倍多。
- 冰激凌冷冻柜的盖子由透明改为不透明，因此选择冰激凌的学生比例从30%降到14%。
- 健康甜点（水果）被包含在套餐内，但饼干等不健康甜点必须单独购买，这导致水果的销量增加了71%，饼干的销量减少了55%。

- 把巧克力牛奶移到原味牛奶后面，如果不寻求帮助就很难拿到，这导致更多的学生选择原味牛奶。
- 把放沙拉的桌子从墙边挪到收银台前面，这使沙拉的销量几乎翻了3倍。

这些变化共同作用，使学生的卡路里摄入显著减少，并且他们的午餐的整体构成更加健康，尽管事实上学生们并没有意识到有什么变化。然而，一旦这些变化被取消，旧的饮食习惯就又回来了。

在决策界面上，这些看似微不足道的变化——物品放置的位置、物品的可见性、获取物品的行为成本等——怎么会对购买决策产生如此大的影响？为什么学生们会买更多的西蓝花，而当前安排与以往的唯一区别是决策界面的改变，即把它放在午餐队列的最前面？内在的基本原理是什么？

就西蓝花而言，这一变化意味着它出现在学生购买选择过程的早期阶段。所以，学生进入食堂时所处的动机环境很重要。我们可以合理地假设他们饿了，这会成为一个内在触发因素，使他们的自动驾驶系统去寻找能够满足其生理目标（饱腹）的选项。因此，在这种情况下，他们看到的第一件食物就会被赋予极高的价值。从前的食堂布置使学生在盘子里已经装满了肉和炸薯条时才看到西蓝花，而现在学生在手里的盘子还是空的时就看到了西蓝花，这使西蓝花的感知价值增加了很多。如果盘子装满了，学生就已经有了一种心理上的饱腹感，这就会降低在他们随后的决策过程中出现的任何食物的感知价值。如果我们饿了，我们就更有可能在盘子里装满最先出现的、能够解决这个问题的食物，这样留给其他食物的空间就更小了。

把橙子放在一个有吸引力的水果盘里，就是赋予水果不同的框架，因此这会像产品包装一样增加橙子的感知价值。它看起来更美味，价值更高。冰激凌冷冻柜不透明的盖子阻碍了决策过程的第一步：感知。它阻止了“冰激凌”的信号被感知，也因此不会激发学生吃冰激凌的想法（尽管它具有很高的享乐价值）。

我们在收银台排队的时候可能都有过这样的经历：在等待的时候，只要看到一块巧克力，就会激发我们想要一块巧克力的欲望。如果没有这个信号，我们的欲望就不会产生——的确，眼不见，心为静。这也不再仅仅是零售商店里有什么商品的问题了。例如，口香糖制造商一直在努力找出过去几年销量下降的原因，最终，由于一些人种学研究，他们意识到他们正在与智能手机争夺人们在收银台排队时的注意力。现在人们有了别的东西可看！

同样的原理也适用于牛奶被重新摆放的例子。把原味牛奶放在巧克力牛奶前面会阻碍巧克力信号的传递。这还会导致你需要让食堂里的服务员把巧克力牛奶递给你，这会带来令人不快的额外行为成本，尤其是当其他学生在你后面等待的时候，这种情况会带来时间压力。学生选择原味牛奶是因为它更容易获得，也就是说，它的行为成本更低。

在购买饼干时，无论是单独购买还是作为“套餐”的一部分，学生们都需要为饼干支付相同的价格。然而，从感知的角度来看，这两种支付方式是非常不同的。在套餐中，饼干的具体价格在购买的那一刻是无法感知的。学生知道它要花一些钱，但没有可感知的信号来准确地表明具体多少钱。所以，饼干的感知成本很低。而不得不为饼干单独付费使其价格变得突出，这使痛感变得有形，从而增加了饼干的感知成本。其结果是，价值-成本等式的平衡被调整，因此学生购买饼干的可能性降低了。

2012年年初，谷歌公司在他们的食堂布置中采取了类似的方法，从那时起，他们就一直在进行这种“生活实验”。让我们来看看他们的一些做法：

> 最初，零食被放置在距离咖啡机约2米的地方。针对1000多人进行的观察发现，使用零食附近茶歇区的人在喝东西时顺便带走零食的可能性比一般情况下高出50%。所以，他们把零食搬到了离咖啡机更远的地方，之前是2米左右，现在是5米左右。这一距离仅仅是多走了四五步，就使男性和女性吃零食的可能性分别降低了23%和17%。

从那以后，茶歇区被重新设计，现在零食都远离咖啡机，藏在不透明的罐子里或抽屉里。取而代之的是一大碗新鲜水果——它位于台面中央，离咖啡机最近。

茶歇区冰箱的下半扇玻璃门现在是磨砂的了，员工可以看到里面的饮用水、调味水、胡萝卜条和酸奶，而看不到甜茶和苏打水。这一位置的改变使员工的饮水量增加了47%。

由于人们倾向于用他们第一眼看到的东西来填满他们的盘子，谷歌公司使自己的员工进入食堂时最先看到蔬菜条和沙拉。自助餐台上的盘子只有20—25厘米宽，而标准的盘子宽度约为30厘米，这限制了员工的取餐量。

这与康奈尔大学取餐线研究的相似之处显而易见，而这些变化产生的影响也同样惊人。另一项研究表明，行为受决策界面高度影响这一原则甚至适用于营养专家。营养专家们参加了一个庆祝同事成功的“冰激凌社交活动”。他们被随机分配一个小碗或一个大碗，以及一个小冰激凌勺或一个大冰激凌勺。尽管他们是营养学方面的专家，但当给他们一个更大的碗时，他们在没有意识到的情况下多吃了31%的冰激凌。当给他们更大的勺子时，他们多吃了14%。

> 价值感知和决策不仅受到呈现内容的影响，也受到呈现方式的影响。

这些例子所展示的并不仅仅是与食品消费有关。它们说明了决策科学的一个普遍而基本的结论：决策不仅受到呈现内容的强烈影响，而且在很大程度上还受到呈现方式的影响。古典经济学理论无法解释这些影响，因为午餐食品的客观价值和客观成本并没有改变。西蓝花仍然是西蓝花，无论放在取餐线的最前面还是中间。

界面可以在不改变消费者思维的情况下改变他们的行为

通过改变消费者的思维来改变他们的行为，是我们作为营销人员一直在做的核心工作。我们一直被引导相信非用户对我们的产品缺乏了解，因此我们试图通过告诉他们我们认为重要的信息来说服他们购买。我们尝试通过制作有趣的广告来引导消费者产生积极的态度——我们希望观看广告产生的积极情感（他们所体验到的心理感受）会积极地影响他们对该品牌的态度。我们通常采用的预测试提供了强有力的证据，证明了行为只受态度驱动这一观点：我们主要衡量受试者所陈述的意图和态度。我们通过消费者是否对其表现出积极的态度，来评估产品、包装或广告对品牌形象的贡献，并判断刺激因素的有效性。重点始终是在人身上，而不是在那个人做决定时所处的环境上。我们所做的假设是，我们需要为非顾客提供有说服力的论据和信息，以改变他们对我们产品和品牌的态度，从而相应地调整他们的购买行为。

这当然没有错，我们将在第5章从人的角度讨论这种平衡，但它还远远不够完整。例如，美国政府曾开展过一项健康饮食宣传活动，劝说人们多吃水果和蔬菜。在5年的时间里，它在改变人们的态度方面取得了巨大的成功，认为自己应该每天吃5份水果和蔬菜的人的比例增加了3倍。然而，在同一时期内，实际的消费行为没有发生任何变化。我们已经看到了这样一个事实：任何行为都是情境的、外显的、个人的和内隐的因素之间相互作用的结果。午餐队列的例子表明，存在一种决策过程，它不是基于态度和意图，而是基于做出决策的那个时刻和情境背景下的具体的、可感知的经验。出现在周边但切实存在的信号和细微的行为结果会影响购买决策，这一事实引出了另一个更基本的观点：决策不仅仅由态度驱动。因此，改变行为不一定要以改变态度为前提。通过改变“决策界面”，以及决策时的背景环境，可以影响人们的决策。

我们可以在不改变思维的情况下改变行为——这是行为经济学的核心见解

之一。这一见解是如此深刻，以至于英国和美国政府都成立了相关机构，以便在公共政策领域应用这些知识。根据世界银行的一份报告，现在全球已经有200多个所谓的“助推单位”。它们正在利用它更好地理解和影响公民在能源使用、医疗保健、犯罪和道路安全方面的决策。迪拜地方当局原本使用一种能显示驶近者速度的路标，之后又在速度显示的基础上添加了另一种信号：笑脸。因此，每当有车在限速范围内驶近路标时，车主就会看到一张笑脸（见图4.2，迪拜校区附近安装的新路标）；但如果他们开得太快，就会看到一个嘴角向下的不开心表情。这些信号增加了遵守规则的司机数量，从而显著减少了交通事故。这种标志甚至比标准的测速摄像头更有效，成本与之相比却微不足道。

笑脸之所以有效，是因为它为显示的速度提供了含义——没有参考的数字对自动驾驶系统来说很难理解。它也比传统的解决方案效果更好，因为即时反馈比几周或几个月后收到罚单更能激发行为改变。不开心的表情直接与我们的自动驾驶系统联系，在我们需要做出决策的时刻发出我们已经超速的信号。与任何随后而到的罚款相比，不开心的表情信号在我们需要做出决策时就切实可见。

图4.2　信号引发行为改变

> 界面可以影响消费者的决策和购买，即使没有事先改变消费者的态度。这为我们营销人员提供了一种影响消费者行为的额外方法，超越了必须首先改变态度的现有模式。

与决策时点（在时间上）的接近程度是信号影响行为的关键因素。举一个我们熟悉的营销例子——促销机制就很能说明这种效果，因为界面就出现在决策发生的当下。在一项研究中，科学家观察了不同促销方式对士力架销售的影响。第一次促销活动只包含一个行动号召："给你的冰箱买一些吧。"这次促销的结果是平均销量1.4个。然后他们改变了促销方式，增加了一个行为锚："给你的冰箱买18个吧。"这可能看起来很荒谬，但影响是显著的。这次平均售出了2.6个。两种情况下的价格都没有打折。仅仅通过添加更高的数字作为可感知的有形锚点，销量就几乎翻了一番，而无须事先改变消费者的态度。

这些见解特别适用于互动媒体领域。如今，如果不考虑到社交媒体、互动媒体和web 3.0，几乎不可能撰写出一份品牌战略。在许多战略文件中，交互世界是对360度实施的营销活动的一种延伸，出现在脸书、照片墙、抖音和油管上，与其他创意一起被制作出来。从行为经济学的角度来看，我们现在可以更精确地区分接触点的作用，以充分挖掘它们的潜力。

想象一下，消费者一边等待火车到站，一边看着一张海报。我们如何将这种被动的触点转变为交互的触点？韩国的乐购和芝加哥的豆荚公司使用了像虚拟货架一样的交互广告牌，消费者可以在等火车的时候用智能手机下单，这样他们随后就可以在商店里取货了。

如今，互动媒体的普及为营销人员提供了比以往更多的决策界面，从而创造了接近关键时刻的机会。这种"抓住此刻"的能力使互动媒体有资格在购买决策过程中创造感知价值和/或降低感知成本，甚至同时创造新的决策界面。我们在前文提到的来自艾思玛的"阳光设计"应用程序就是一个例子，它在决策过程的某个阶段提供了一个新的触点，这是该品牌之前无法接触到的。另一个例子是西太平洋银行提供的。受到罗里·萨瑟兰的TED（科技、娱乐、设计）演讲的启发，西太平洋银行想鼓励客户多存钱，它的想法是让人们在储蓄时表现出与购买东西时相同的冲动行为。人们总是有良好的储蓄意愿，只是因为行为成本过高而没有这样做——去银行、打电话，甚至在网上进行交易似乎都太费事了。因此，西太平洋银行开发了一款名为“Impulse Saver”的移动应用程序，客户只需按下手机上一个红色的虚拟大按钮，就可以将一定数额的钱从活期账户转移到储蓄账户（见图4.3）。

> **互动媒体提供了强大的界面，在消费者做出决策的那一刻，这些界面就在那里了。这使我们能够与客户建立新的、创新性的决策界面。**

这不仅仅是另一个移动触点——它创造了一个新的决策界面。它通过降低行为成本，使消费者能够直接地、“即时”地按照自己的意图行事。客户既不需要前往或致电某家分行，也不需要等到可以使用网上银行的时候。

图4.3　简单按下就能存钱

此外，你转存的金额可以非常小，其结果是客户在每笔交易中体验到的“痛感”更低。没有人会费心开车去银行，然后填写一份表格，只为了从一个账户向另一个账户转账2英镑，或者花10分钟在网上做同样的事情。所以，在我们想存钱的那一刻，这个界面就出现在那里，从而使我们能够冲动地存钱。

到目前为止的案例表明，在不改变消费者态度的情况下，他们的行为是可以被影响的。但在这个新的机会领域，还有另一个有趣的转折。不仅决策是由界面驱动的，而且由此产生的行动反过来也能改变人们的态度。丹·艾瑞里将此称为“自我羊群效应”：我们基于自己先前的行为推想某件事物是好是坏。在艾瑞里于2010年出版的《怪诞行为学》一书中，他举了以下例子：

> 想象一下，发生了一件让你感到快乐和满足的事情——比如说，你最喜欢的球队赢得了世界职业棒球大赛。那天晚上，你去岳母家吃晚饭，在这个好心情的影响下，你突然冲动地决定给她买些花。一个月后，大获全胜的喜悦已经渐渐消失，钱包里的现金也少了。是时候再去拜访岳母了。你在想一个好女婿应该怎么做。你查了查自己的记忆，想起了上次你买花的精彩举动，于是你重复了一遍。然后你一遍又一遍地重复这个仪式，直到它成为一种习惯（总的来说，这不是一个坏习惯）。即使你最初行为的潜在原因（对胜利的喜悦）不再存在，你也会把过去的行为作为对下一步应该做什么，以及你是什么样的女婿（给岳母买花的那种女婿）的指示。这样一来，最初的情绪最终影响了一长串的决策。

自我羊群效应指的是，我们不是模仿公共场所中一群人正在做的事情，而是参考自己过去的行为来获得内隐的指导。周边情境

> 增加试用（即渗透）是影响消费者对品牌的态度的一种手段，因为行为会导致态度的改变。同样，这为传统思维（改变行为需要先改变态度）提供了一个新的、强有力的替代方案。

因素会影响我们的决策——比如在我们之前看到的例子中，学生增加了对西蓝花的消费是因为西蓝花在食堂的布局中较早出现。这个决定反过来又会影响他们对西蓝花的态度。下次他们选择西蓝花时，会觉得它不错，仅仅因为他们上次选择了它。通过创建一个新的、更简单的决策界面，人们与该品牌或产品的互动频率就会更高，这会导致人们对它的态度有所改善，因为我们使用某件东西的频率越高，我们对它的评价就会越高。特别是对于服务品牌来说——由于它们所传递的价值大多是无形的，互动频率也很低，这些营销工具提供了巨大的机会。

我们也可以在品牌形象调查中发现这种效应：消费者对他们在生活中至少使用过几次的强势品牌表现出更积极的态度。消费者态度的调整是购买决策带来的一个结果。行为不仅揭示了偏好，而且创造了偏好。遵循“态度跟随行动”的观点，行为可以而且确实会创造偏好和有倾向性的记忆，然后还会加强它们。所以，一旦学生们开始吃西蓝花——因为它在午餐队列的靠前位置就可以看到，他们对西蓝花的态度就最终会向积极的方向转变。市场营销的一个必然结果是，创造试用机会对于改变消费者的态度来说至关重要。增加渗透是影响消费者对品牌的态度的一种手段。这为新产品准备试用装提供了一个很好的论据，这也有助于消除购买未经尝试的产品的风险。

决策界面的作用非常强大，但它们往往得不到应有的关注。我们通常不认为特定的界面和情境是购买的驱动因素，因此它们很少被纳入管理范围。如果购买过程的每一步都考虑到了感知价值和感知成本这些内隐的视角，就可以获得增加销售量的新机会。如果能够利用心理学，特别是行为经济学的见解对这些视角进行优化，它们就可能成为一个重要的销售量来源。这种改变行为的方法与关注个人及其目标或态度的方法是互补的。它的主要优点是优化了购买路径：增加感知价值和/或降低感知障碍。那么，让我们来看看可以从行为经济学中获利的营销界面。在这一过程中，我们将考虑消费者直接交互的情况，或者需要在特定时刻做出回应或决定的情况。

渐进式创新带来巨大影响

在市场营销中，我们通过开发新产品和新产品功能，提高产品质量，不断寻找能够获得竞争优势的各种可能性。当然，这是必要的。然而，我们刚刚发现的情况表明，通过较低的成本来做一些细微的改变，由此改善决策界面，就有很大的机会获得竞争优势。只需要少量的投入，就可以产生极大的影响。英国政府研究所和内阁办公厅就政策制定的行为经济学方法撰写了一份MINDSPACE报告，作者们在报告中写道：

> 基于“不断变化的环境”——我们做出决策并对线索做出反应的环境——的方法有可能以相对较低的成本带来行为上的重大变化。如果能更紧密地围绕我们对世界的内在反应来制定政策，就有潜力极大地改善个人福祉和社会福利。

不难看出，同样的结论也适用于营销：如果我们更紧密地围绕消费者对世界的内在反应来塑造我们的营销方法，我们将会更加成功，并带来额外的销售。所以，让我们来更具体地看一下这是如何帮助我们的。科学家们对一家洗车店及其顾客进行了一项实地实验，使用“积分卡”作为决策界面。顾客每次洗车时都可以在卡上盖上印章，并且可以收集印章来获得一次免费洗车服务。有一半的顾客需要10个印章才能获得免费洗车服务。作为一份小礼物，这些卡片已经盖了两个章——因此，只需要再洗车8次就可以获得一次免费洗车。另一半的顾客收到了一张非常类似的卡片，除了一开始没有“免费”印章，且总共只需要8个印章，而不是10个（见图4.4）。因此，客观上，两组顾客都必须购买8次洗车服务，才能得到免费的洗车服务。

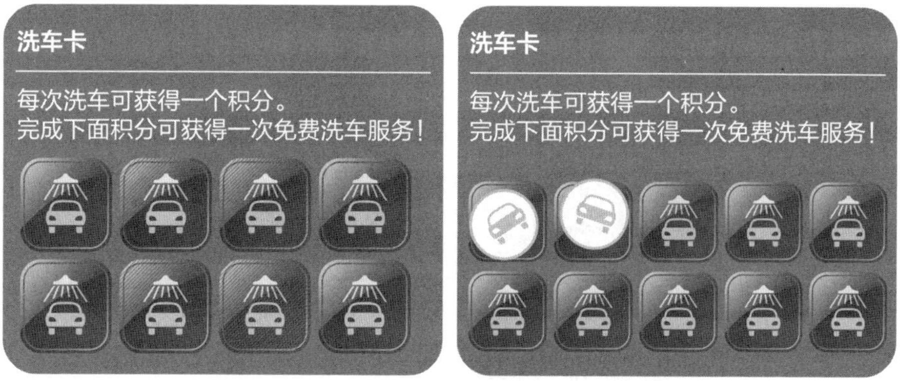

图4.4　预先盖章的卡片带来了两倍的销量

人们可能会认为，这两组卡会产生相同的结果，因为两组人都能获得相同的奖励，而且都必须支付8次洗车费用才能实现。但现实中发生了完全不同的事情。科学家们发现，与没有获得免费盖章的顾客相比，那些收到预先盖章卡片的顾客在那家洗车店购买额外8次洗车服务的可能性是前者的两倍。

这里发生了什么？"两枚印章"的信号触发了所谓的"过程禀赋"：持卡人已经开始填卡，而这个信号激活了他们想要完成这个过程的目标。将任务塑造为已经开始且尚未完成的，而不是尚未开始的，可以让人们更有决心去完成它，而且他们会更快地完成。这种对决策界面的改变是细微的，且不会增减成本，却对销售产生了重大影响。过程禀赋也是我们更愿意在显示进度条时等待下载或安装完成的原因之一。我们已经在路上了，所以我们想走完它。

> **决策界面的微小变化可能会对消费者感知到的净值产生较大的影响，进而影响销售额。**

下面的例子表明，对决策界面看似微不足道的更改可以对收入和销售产生积极的影响。想象一下，在一家提供每日"特色菜"的餐厅，菜单上一个微小但可察觉的变化会带来什么影响。康奈尔大学的研究人员调查了定价的呈现方式会如何影响餐厅的营业额。菜单上的定价以3种不同的方式呈现（见图4.5）：

图4.5 定价的呈现方式对营业收入有显著影响

带欧元符号的数字：10.00€

不带欧元符号的数字：10

书面形式：10欧元

就最高销量而言，科学家们预计“10欧元”的定价呈现方式会是最成功的，因为使用文字而非数字会更难计算，也就更难控制已经点了多少金额。但事实并非如此。不带欧元符号的数字的呈现方式是最成功的。与其他两组相比，如果菜单上的定价没有标明欧元字样，每桌的消费就会多出整整5欧元。价格激活了大脑中的疼痛区域，且这一研究结果表明，当看到“€”符号或“欧元”字样时，痛感会更强烈。如果没有一个有形的、因而可感知的成本信号，价格就会被认为不那么昂贵。这个简单易行、不需要任何成本的小改变对顾客的购买决定产生了巨大的影响，也为餐厅带来了更多的收入。

我们在嘉士伯工作的客户开始复制这项研究，他报告说去掉货币符号带来了非常显著的结果。当数字后面没有货币符号时，超过两倍的顾客选择购买更大的份量。

激发创新和创意的出发点是看我们与消费者有哪些接触点。以能源供应商为例：与许多其他服务公司一样，能源供应商与顾客的接触点是非常少的。正常情况下，如果一切顺利，我们是不会联系能源供应商的。最常见的接触点可能是账单。美国公司欧波威耳展示了如何利用这个通常与成本有着负面关联的接触点来增加价值并改变客户的行为。他们在账单上打印柱状图，将单个顾客的能源使用量与同一条街上其他人的平均使用量进行比较，并附上简单的信息，要么赞扬该顾客比邻居用得少，要么提出节能建议，使客户可以通过减少未来的能源使用量达到与邻居相当的水平（见图4.6）。

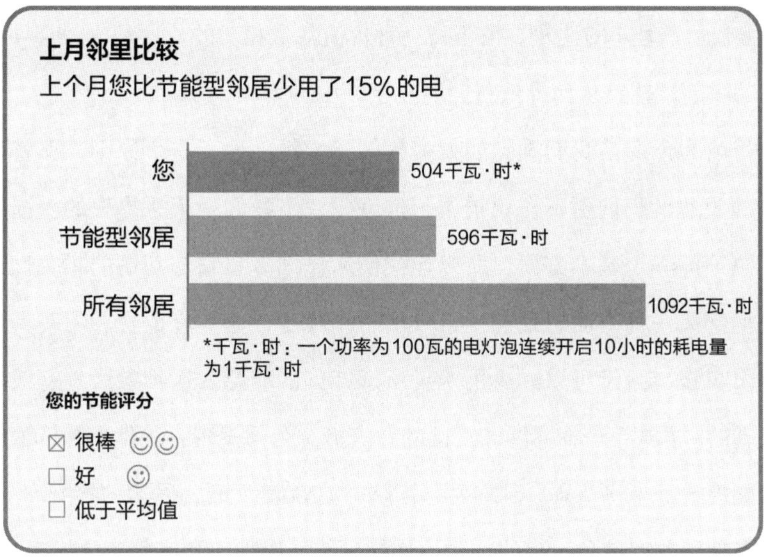

图4.6　展示与邻居的能源消耗量对比情况可以显著影响该顾客未来的行为

这种简单而成本低廉的措施在降低能源消耗方面的效果与价格上涨20%是一样的。长期研究表明，这种行为上的变化也不会随着时间的推移而减少。同样，这个方法不是通过宣传活动和信息来说服人们。相反，在这种情况下所应用的是对人们往往会遵循社会规范的认知。我们倾向于做周围人已经在做的事。我们都从日常生活中了解到社会认同带来的影响。你更有可能光顾哪家酒吧：只有2名顾客在场的酒吧还是有20名顾客的？你更信任亚马逊上的哪个评分：一个是基于2个人的评价，另一个是基于200个人的评价？大量科学研究表明，沟通他人在类似情况下的行为是改变行为的有力方式。当酒店房间带有提示牌，请求客人重复使用毛巾以帮助保护环境时，35%的人会这么做；当牌子上还写着，酒店的大多数客人在入住期间至少重复使用过一次毛巾时，44%的人照做了；当提示牌上说之前入住过该房间的大多数房客在他们入住期间的某些时候重复使用过毛巾时，该房间有49%的客人随后重复使用了毛巾。如果我们尽可能地将社会规范与目标受众联系起来，比如在邻里间比较能源消耗，那么社会规范的力量就会增强。在欧波威耳的案例中，这种“社会认同”激活了顾客与其他相关者（即他们的邻居）的比较。由于每一种价值都是相对的，这种比较会导致对自己行为的重新评估，从而导致行为的改变。

到目前为止，在我们看到的大多数例子中都出现了一个原则，那就是相比于等量的收益，我们更不喜欢损失，也就是说，我们是厌恶损失的。损失规避是人类决策的一个基本方面，所以让我们来仔细看看它与营销的相关性。为了鼓励人们购买一种产品，我们经常发出行动呼吁，通常着重告诉消费者他们可以节省多少钱。由于可以减少消费者所感知到的痛感，这种方法是有效的。然而，节省的“方式”是不同的。美国的一家能源公司发现，当他们告诉顾客，切换到节能模式每年将节省（因此他们将获得）200美元时，顾客的接受率非常低。然而，当他们改变信息，表明如果不切换到节能模式，顾客每年将损失200美元时，则得到了非常积极的回应。这背后的机制就是损失规避：避免损失比获得同等货币价值的东西更有价值。当决定是否接受一场赔钱和赢钱的概率都为50%的赌注时，人们通常只接受那些可能获得的金额至少是可能损失的金额的两倍的赌注（例如，获得100美元和损失50美元的概率都为50%）。大多数对损失规避程度的测量发现，人们对放弃一件物品的估值大约是他们对获得它的估值的两倍。正如俗话说“两鸟在林，不如一鸟在手”，自动驾驶系统中的价值-成本等式是扭曲的，这表明强调人们不采取行动将会损失多少钱比告诉他们可以节省多少钱更能激励他们。

> 界面——即使是像能源账单或带有两枚印章的积分卡那样简单的界面，也会激发隐性的决策规则，从而导致行为的改变。

当想让人们更换品牌或接受创新型事物时，损失规避是一个主要障碍：只有提供两倍的价值才能抵消失去我们所珍视的东西带来的风险。我们有时会在焦点小组遇到这种情况。消费者对新产品或新服务的评价是积极的，但当被问及是否想要用新产品去替换目前使用的产品时，他们突然开始拒绝新产品，转而青睐已使用的产品。通常情况下，这样做的目的不是尽可能地最大化其获得的价值，而是避免遭受损失或失望带来的威胁。

具有说服力的决策界面所采用的原则

决策界面的微小变化会对购买决策和销售产生巨大影响。这些例子中的潜在机制，如过程禀赋、社会认同或损失规避，都是自动化的决策规则，即启发式，它们可以被界面刻意激活，进而影响我们对价值和成本的感知。这些启发式是大脑在应对情境和环境时使用的经验法则。它们是完全自动的，因此可以毫不费力地快速做出自动驾驶系统决策。这些决策规则的好处是，我们可以非常快速地、直观地做出决定，而不需要耗费精力进行反思性思考。

我们可以系统地利用启发式塑造购买过程中的每个决策界面，以影响消费者的选择，从而创造增加销量的机会。对包装消费品[1]来说，它们与顾客有关的主要决策界面是超市的销售点。按照产品类别来划分，有40%—70%的购买决策是在销售点做出的，而几乎没有预先计划，这表明决策在很大程度上受到当前信号的影响。因此，即使我们通常认为消费者在销售点很清楚自己想买什么，

---

[1] 包装消费品是一些快速消费品，如食物、服装、烟草和清洁产品等。

具体的信号也会对他们的购买决策产生影响。这就是罗里·桑泽兰德在下面这段话中所指出的：

> 无论是有意识的还是无意识的，无论是大的还是小的，当我们就自己的生活和要买什么及要做什么做出决策时，背景、框架、决策界面、媒介和途径可能比决策本身的长期后果对我们做出的决策有更大的影响。

然而，挑战仍然存在。科学家已经发现了几十条内隐的决策规则，这有时会让从业者不知所措。因此，为了使这个有趣且有价值的领域更易于管理，让我们看一下最重要的原则，这些原则有助于系统地增加我们提供给顾客的决策界面的说服力。

以下3个元原则有助于我们理解为什么顾客没有表现出我们希望他们表现出来的行为，并可以相应地优化我们的决策界面：

1.有形性：要触发启发式，必须具有有形的和可感知的信号。

2.即时性：与未来的奖励相比，自动驾驶系统更喜欢即时的奖励。

3.确定性：自动驾驶系统更喜欢安全的、确定的选择。

正如我们将在本章的剩余部分看到的，理解这些原则对我们优化购买路径和相应的决策界面非常有帮助。

有形性——没有信号就没有行动

为了说明有形性是什么，让我们来看看一项具有巨大营销潜力的技术：增强现实。乐高设计了一个增强现实系统，只要将乐高盒子在商店里的一块屏幕前举起，就可以看到组装好的产品立在盒子上的模样（见图4.7）。这样做的目的是在父母和孩子购买前，向他们展示他们正在考虑购买的乐高组装完成后是什么样的。研究表明，人们接触产品的时间越长，就越有可能购买该产品，所以

图4.7　虚拟现实让产品更加有形化，从而增加其感知价值

把产品举到屏幕前就能带来好处。通过向消费者展示虚拟成品，可以推动销售，提高销量，因为产品带来的好处和价值变得更加有形了。

瑞士钟表制造商天梭也利用了这一原则，他们使那些“橱窗购物者”[1]在人行道上就可以试戴他们的奢侈手表。2010年，该公司是最早采用这些技术的公司之一，当时它把商店橱窗改造成一种可以带来互动购物体验的场所——通过使用摄像头和触摸屏系统，3D技术可以将纸质腕带变成任意一款天梭手表。消费者不仅可以看到手表戴在自己手腕上的样子，还可以尝试相应的触屏功能，来体验这些手表的指南针、高度计和温度计等设计。此外，那些试用手表的人可以拍一张自己的照片，发布到推特或照片墙上，这样就有机会在每周的活动中赢得自己选择的手表。天梭的活动比它之前在英国的任何活动都要成功。天梭塞尔福里奇精品店的销售额增长了83%。

[1] 指那些在商店门前或橱窗前逛逛、看看，但不一定购买商品的人。

法国奢侈珠宝商宝诗龙允许消费者在家里或通过智能手机“虚拟”试戴它的珠宝，这使得其网站流量增加了50%。类似的机会现在在网上很常见，我们可以试穿衣服、试用彩妆和试戴眼镜，还可以尝试不同的发色。

增强现实技术也很有趣，对所有零售商来说都有潜在的价值。乐购研发部门和乐购创新实验室的创始人，现任乐高集团数字产品主管的安吉拉·穆勒（Angela Maurer）说：“乐购允许顾客在购买前尝试。这是一个很重要的实践元素，因为它让顾客放心，并且能让顾客亲眼看到他们想要购买的物品。”不过，她也提醒道，对于零售商来说，让顾客的这一体验变得简单至关重要。换句话说，这种体验必须适用于我们的自动驾驶系统——只有这样，它才会增加真正的价值。我们不应该仅仅为了赶时髦而采用技术，而是应该利用它给消费者体验增加价值，特别是它还意味着额外的行为成本（例如下载一个应用程序，投入时间去使用它）。

> **为了影响人们对某物净值的感知，我们需要有形的信号。没有信号，就无法触发启发式。**

有形的信号在销售点能够影响人们的购物方式。想象一条出售口腔护理产品的购物走道。通常人们知道自己需要什么：牙膏或牙刷。然而，研究表明，如果商店走道发出的信号激活了一个更广泛的概念，如“牙齿健康”，那么消费者不仅会购买预期的产品，还会购买额外的补充产品。如果消费者带着一个非常具体的想法（例如“我想要牙膏”）接近一个产品，他们就倾向于只买这个产品。当他们有一个更笼统、更宽泛的想法（例如“我想改善我的牙齿健康”）时，他们更有可能购买额外的补充产品，如漱口水和牙线。这种更宽泛的想法可以由环境中的有形信号诱导，例如，在口腔护理产品走道的最开始位置释放与“健康的牙齿”有关的信号，或利用这种更宽泛的想法制定多种关联产品促销计划。

有形性作为一个原则，有助于我们更好地理解感知成本。我们需要防止发送会增加感知成本的信号，前文的例子中所展示的从菜单中删除欧元符号所带来的影响正说明了这一点。另一个恰当的例子是由美国银行实施的“不找零钱”计划。有了这项免费服务，所有的消费都被四舍五入到整数金额，差额会累积到储蓄账户中。通过这样做，储蓄不仅不需要额外的行为成本，它带来的痛感也变得不那么有形。就像午餐队列中饼干的例子一样，我们花（或存）的钱是有形的还是无形的会带来不同的效果。在截至2022年年初的15年里，“不找零钱”计划已帮助该银行的客户将超过150亿美元的多余零钱用于储蓄。

在考虑价目表结构时，成本的有形性是值得考虑的。想象一下，你需要确定一个健身房会员的支付方式。下意识地，我们不太可能认为人们支付会员费的方式会对我们的业务产生影响。即使我们假设它会，我们也可能会认为，提前支付一年的会员费将使痛感在这一年剩下的时间里变得无形。这就会让我们认为这种支付方式可能更好。那么，哪种类型的支付方式可能会让更多的人去健身房？是要求预付600英镑的年费还是要求每月支付50英镑？研究表明，那些按月付款的人会更频繁地被提醒健身房是要花钱的——这让成本变得更加有形——这也促使他们更频繁地去健身房。每次付款后，他们去健身房的次数就会迅速上升，然后才会慢慢回到基线水平。在这种情况下，让成本变得更加有形会产生一个有益的效果：更多的使用意味着更多的健康，从而带来更高的感知价值。忠诚度也就通过月费引发的更频繁的使用得到了提高。

这种效应是基于“沉没成本”启发式，它伴随着成本的有形性而来：我们希望避免花了钱却没有收获。如果我们已经为此支付了费用，那么我们就会想要使用它。因此，在某些情况下，暴露成本而不是隐藏成本，反而是有利的。这取决于我们希望决策界面触发哪种行为，即哪种行为最符合我们的营销目标。

> 想要利用有形性原则来改善决策界面，回答这些问题将有所帮助：在做出购买决策的过程中，哪些信号是有形的？哪些信号使奖励和痛感变得有形？为了改善感知价值-成本关系，应该改变哪些信号？

即时性——我现在就要！

具有说服力的决策界面的另一个关键原则是即时性。自动驾驶系统强烈倾向于接受当前情况和当下感知所带来的影响。因此，目前还无法被感知到的未来后果对我们的决策的影响要小得多。价值和成本会因距离而打折扣。例如，看到远处的老虎与看到靠近我们的老虎会引发不同的反应。来自加州理工学院的神经经济学家安东尼奥·兰赫尔（Antonio Rangel）在其于2010年进行的一项实验中表明，与视觉或文字展示相比，如果一种快餐食品用实物展示，人们会愿意为它多支付60%的费用。该研究还发现，如果食品是放在展示玻璃后面，而不是可以让人直接拿起，那么人们购买的意愿就会降低。距离越短，感知价值越高，获得它的感知障碍越低。

就我们的感知而言，奖励越快越好，成本越晚越好。

这也适用于时间上的距离。20年后生病并不像今天的头痛那么可怕。我们通常更喜欢更小、更直接的回报，而不是更大、更遥远的回报。今天获得100英镑可能比明年获得120英镑的承诺更受欢迎。行为经济学家将其称为“双曲贴现”：与此时此刻的贴现率相比，我们对未来有一个非常高的贴现率。这就是为什么当我们需要现在就做出牺牲——比如需要戒烟或更经常地锻炼时，我们会对未来效果打很大的折扣。我们从亲身经历中就可以认识到这一点：我们都知道，为了预防未来的疾病，我们应该采取更健康的生活方式，但这种后果目前对我们来说是被无法感知到的，这使我们选择了香烟和啤酒，因为它们的价值是我们现在就可以获得的。这种对未来的折扣是我们使用信用卡时倾向于花更多钱的原因——支付的痛苦被推迟到未来的某个时刻。非接触式支付方式甚至使这更容易，因为它减少了购买时的行为成本（努力）。

我们如何在营销中利用这一点？汽车类产品就是一个很好的例子。汽车经销商经常推出特别优惠，其中大多数利用了这种折扣机制。许多制造商通过“现在购买，以后付款”的广告，大大利用了（消费者的）自动驾驶系统的未来折扣。他们强调第一次的低额付款（甚至“x个月不支付任何费用”），从而使有形成本很低。第二笔成本由于时间上的距离，被客户在心理上打了折扣。

哈佛大学的行为经济学家创造了一个类似的新方法，称为“契约”（曾经称为“健身房契约”）。他们正在解决一个众所周知的障碍：定期去健身房。同样，定期去健身房的收益是未来才能获得的，但我们目前就面临行为和金钱成本。“契约”改变了游戏规则。会员承诺每周进行一定次数的锻炼。如果他们履行了这一承诺，他们必须支付一定的费用，但如果他们坚持自己的承诺，也可以把钱赚回来。反之，如果他们没有坚持承诺，就需要支付更多的钱。因此，如果会员没有按照他们的计划行事，就会增加他们眼前的成本，而这样做也会使他们在今天就可以具体感觉到那些早就知道日后会出现的负面结果。通过将“即时性”原则应用于会员机制，增加价值和降低成本的基本原则带来了很好的效果。

如果你正在考虑像免费抽奖这样的促销活动，那么应用这一原则可以解释反应的差异。如果潜在的奖品被推迟到未来的某个时刻，那么价值就会随着时间上的距离打折。当考虑创新型的促销机制时，这种观点是有用的。

确定性——一鸟在手

> 想要根据即时性原则改进决策界面，思考这些问题可能会有所帮助：与价值和成本有关的有形感知在时间和空间上的距离有多大？如何减少这一距离（为了使价值更具即时性），或增加这一距离（把成本推向更远的未来）？

继有形性和直接性之后的第3个原则是确定性。总的来说，确定性是关于获得回报和遭受痛感的预期概率和感知风险。确定性是你觉得有多少机会可以获得价值和/或避开成本。这就是得奖概率高的促销活动更有效的原因——要知道每100个顾客中有1个会得奖比得奖概率为1/10的作用力要弱。

让我们来看一些能够说明确定性原则的例子。想象一下，我们在一个陌生的国家购物，对任何一个品牌都不熟悉。我们会选哪一个？我们可能会选择占货架空间最大的品牌，因为这表明这个品牌被许多其他顾客使用，因此可能会比较靠谱。这大大降低了购买决策的感知风险，从而增加了获得价值的确定性。确定性原则的另一个例子是，我们对已经拥有的东西评价特别高。没有什么是比把东西攥在手里更确定的了。如果想要拿到一个咖啡杯的消费者放弃这个咖啡杯，他们要求的价格会是其他消费者愿意为这个咖啡杯支付的价格的两倍。行为经济学家将这种偏差称为“禀赋效应”。

有个理论从几千年前起就伴随着我们，它就是所谓的“稀缺价值”。我们重视那些看似稀缺的资源，因为我们不知道它们何时会再次出现，因此，我们希望确保我们能够得到它们。虽然稀缺性是我们祖先生活中的一个现实，但几乎不会影响我们今天的生活。不过，这种启发式仍然活跃。因此，代表稀缺性的信号会增加物品的感知价值。这种启发式还在一次研究，即金宝汤罐装汤品的促销活动中得到了应用。该促销活动的第一种形式是直接降价“打8.8折”。其结果是每个消费者平均购买3.3罐。第二种形式是添加稀缺信号：“打8.8折，每人最多购买4罐。”这标志着数量是有限的，并导致销量小幅上升到每个消费者平均购买3.5罐。然而，第三个促销形式是“打8.8折，每人最多购买12罐”。这对平均购买量产生了显著的影响——上升到7罐！很可能是12罐起到了锚定的作用，但除此之外，稀缺性启发式让人们试图利用这次促销。这个信号让金宝汤罐装汤品显得稀缺，从而增加了该商品的价值和拥有它的价值。品牌经常使用“限量版”的产品或包装来引发稀缺性，而奥乐齐和利德尔商店中间的过道展现了“卖完，就再也没有了”的概念，这也是采用了相同的手段。

所以，如果一件东西供不应求，或者我们不知道它什么时候能再次买到，我们就会本能地囤积它（就像几千年前我们在冬季囤积食物一样）。2012年春天，

> 感知到的回报越确定越好，预防损失越确定越好。

由于油罐车司机罢工的威胁迫在眉睫，英国政府建议汽车司机“给油箱加满油”。加油站立即被排起长队的司机包围，并且很快就没油了。也许挺讽刺的是，一个提倡行为经济学的政府没有意识到它发出的信号触发了稀缺效应，而一旦司机看到其他人排队加油，自然就会坐实这个效应。在近几年的新冠疫情期间，人们也感受到了同样的效应，卫生纸等主要商品的明显稀缺引发了恐慌性购买。

另一个基于确定性原则的例子是统一费率偏差。无论是电信、互联网还是外出就餐，我们都倾向于统一费率。人们通常更喜欢统一费率，尽管这未必是最佳选择。例如，从花费的角度来看，电信市场中超过一半的固定资费客户实际上选择按使用量计算的资费标准更合适。那么，为什么他们更喜欢固定资费呢？消费者不知道未来的花费会有多少，因此存在一个花费可能更多并不可预测的风险。研究表明，如果电信公司的发票金额超过了客户的预期，那么预期成本和实际成本之间的差异就会被极大地放大。这种差异导致了更高的感知成本，所以它促使消费者防止这种情况发生。因此，他们选择固定资费，这样他们就可以确定成本。

效仿他人行为的启发式——社会认同——在很大程度上也是基于这一原则。我们遵循他人的行为是为了避免风险，并最大限度地确保我们的钱花得物有所值，例如在亚马逊上购买一本书时或在旅游网站上评估我们下次度假的酒店时查看星级评价。我们看重稳妥的选择这一事实也表现在我们对默认值的偏好上。大多数人从不更改浏览器或手机的默认设置。我们经常使用默认设置，因为在大多数情况下，默认设置还不错，它是稳妥的选择。此外，它允许大脑在自动驾驶模式下运行，认知上的“轻松”会消耗更少的能量。

下面的例子说明了这种默认的启发式能在多大程度上影响我们的决定。每年都有成千上万的人因为（医院）不能及时为他们找到捐献的器官而死亡。许多国家的政治家和医疗机构都在努力提高捐献率。请参考图4.8中的图表，它显示了2003年不同国家的捐献者同意率。有些国家的同意率非常高（如奥地利和法国），而另一些国家的同意率非常低（如英国和德国）。

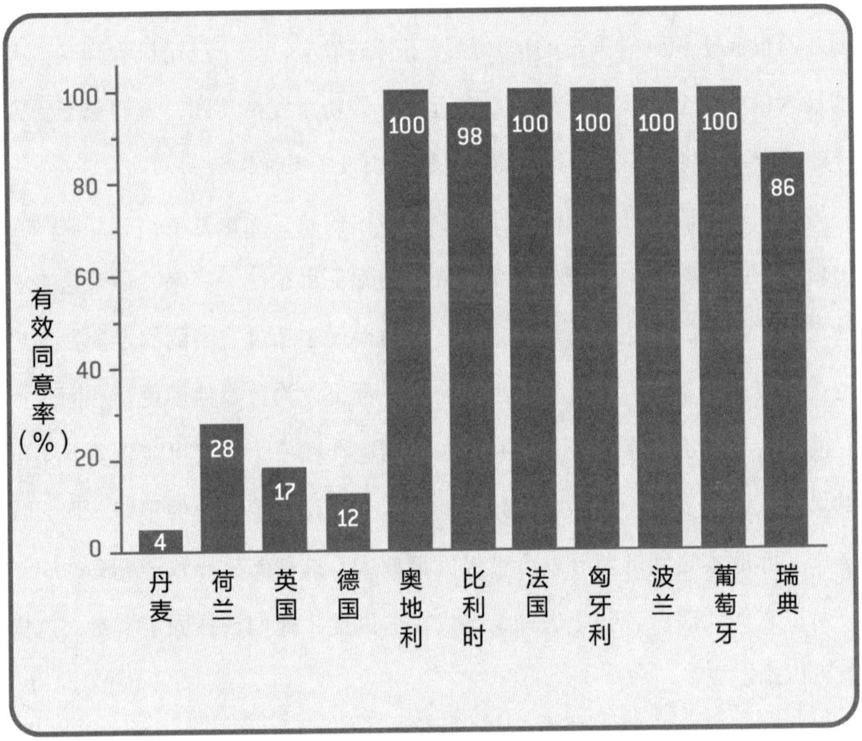

图4.8 捐献者同意率在不同国家差异很大

国家之间的差异不在于公民的道德水平或社会或宗教取向，而仅仅在于表格的设计方式，以及自动驾驶系统接收到的输入内容。在英国，你必须事先主动注册成为捐献者（“选择—加入”）。在奥地利，人们被默认成为捐献者，除非他们决定不这样做（“选择—退出”）（见图4.9）。默认的内容是唯一的区别，但它对决策产生了重大影响。在荷兰，卫生部不仅向每个公民发函，还开展了挨家挨户的宣传活动恳请人们同意捐献。结果只有28%的人同意捐献。在英国，相关法律在2020年5月被修改为“选择—退出”（默认同意，甚至不需要填写表格）。到2021年年初，捐献者比例已上升到68%（2003年为17%）。显然，通过对表格进行简单的更改——用“选择—退出”作为预设选项，或者制定一个默认同意的制度，可以取得好得多的效果。

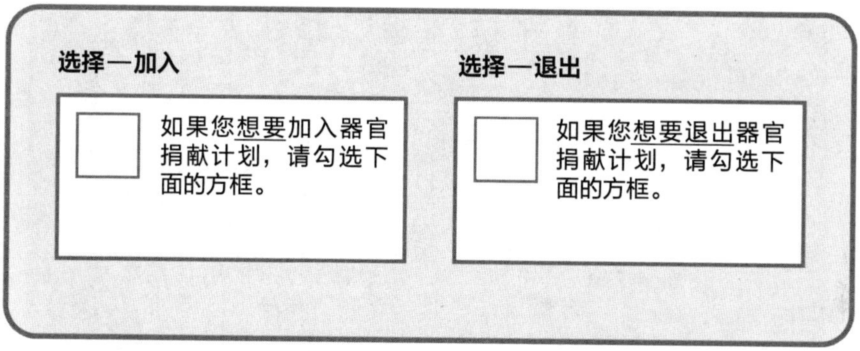

图4.9　“选择—加入”与“选择—退出”器官捐献有巨大的区别

其他研究表明，必须“选择退出”电子邮件列表的消费者留在列表中的可能性是那些可以明确选择接收或不接收电子邮件的消费者的两倍。我们会自动地把在方框上打勾与同意某事联系在一起——不论这在客观上是否属实。此外，根据经验，我们认为默认的是安全的选择。巧妙的默认设计确实可以对销售产生影响。2007年，纽约市强制出租车司机开始接受信用卡付款，其中包括安装触摸屏支付系统。在支付过程中，用户会看到3个关于小费的默认按钮：20%、25%和30%（见图4.10）。当出租车只收现金时，平均小费约为10%。引入这一系统后，小费比例跃升至22%。这3个按钮每年会带来1.44亿美元的额外小费！

为了利用确定性原则来改进决策界面，我们需要回答以下问题。价值和成本的感知确定性有多大？如何提高感知价值，降低感知成本？

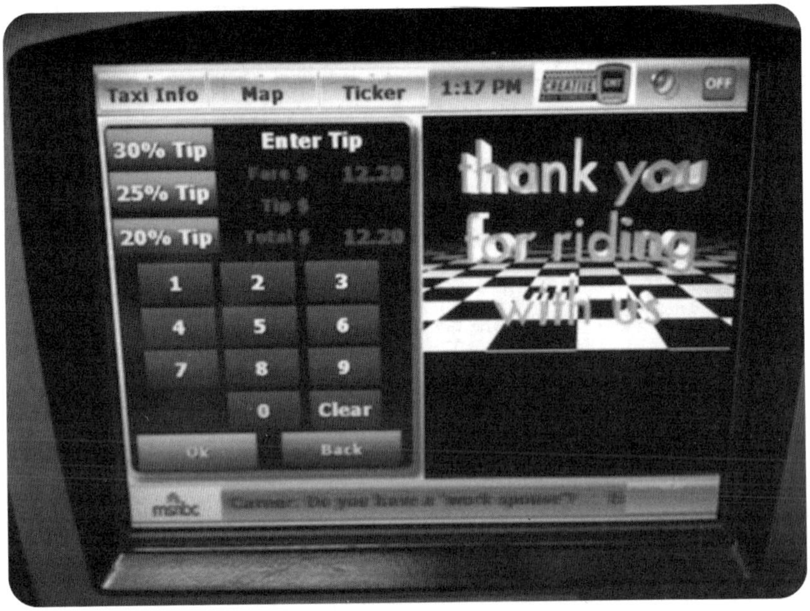

图4.10 默认设置改变了纽约出租车的小费行为
来源：The Jellyvision Lab, Inc.

它们是如何协同工作的呢

我们如何利用行为经济学的知识来优化我们与顾客之间的决策界面？图4.11总结了迄今为止我们所研究的原则。

行为经济学原则得到成功运用的一个领域是养老金储蓄。每个人都知道，为了将来过得更好，我们现在就需要存钱。那么，为什么明知这一点却不这样去做呢？为了解决这个问题，让我们应用一些到目前为止我们已经讨论过的原则。由于这些原则都与可感知的信号有关，我们必须思考当我们为养老金储蓄时，什么价值和什么成本是可感知的。唯一有形的信号是我们每个月必须存的钱（成本）。就在我们必须决定要存多少钱的时候，我们体会到了痛感，因为我们把钱给了别人。为了接受这一点，我们需要看到这样做的价值。然而与此同时，价值是无法被感知到的——虽然我们知道存钱是好的，这么做是对的，但

决策的驱动因素 基本原则	**价值**	**成本**
有形性 什么是可感知的？ （现在或是以后）	使价值变得具体可感知的信号 （相对于宣称的价值）	降低成本的信号 重新设计框架
即时性 价值/成本何时实现？	未来效果贴现 现在＞未来 将奖励延迟最小化 简化奖励过程	未来＞现在 将成本延迟最大化
确定性 什么是价值/成本的确定性？	最大化回报的确定性 禀赋效应、社会认同、稀缺性	将可感知的发生损失的可能性/风险最小化 默认设置、满意度、无损失

图4.11　行为经济学的元原则总结

我们没有体验到任何价值。价值在遥远的未来，这就使自动驾驶系统降低了当前感受到的价值。这于是给我们留下了成本方面的问题，而且成本是真实存在的。那么我们如何才能防止它们变得有形呢？这个问题激发了行为经济学家理查德·塞勒（Richard Thaler）的灵感，他为公司员工设计出一个新颖且成功的方案，方便他们为自己的养老基金提供资金。该方案被称为“明天存款更多”计划。在下次加薪之前，用户无须支付任何费用。一定数量的加薪会自动转入养老基金。客观上，这对员工来说结果是一样的，但体验是截然不同的。第一，没有关于成本的直接信号；相反，被感知到的信号是“更多的钱”，即价值。第二，员工不必放弃他们已经获得的东西（即“自己的”）。这大大减少了他们感知到的痛感。此外，通过推迟未来的额外支付（因为它们只与下一次加薪的时机相关），成本会被这个时间距离打折扣。因此，总的来说，通过使用有形性、即时性和确定性的原则，障碍减少了，从而增加了决策的净值。

提示

使用全部3个原则（有形性、即时性和确定性）优化你的决策界面。

启发式适用于全球

还有一个方面使内隐决策规则对营销人员来说如此有吸引力：它们适用于全球。作为营销人员，我们经常面临这样的挑战：管理国际品牌，在规模效率和区域重点之间找到合适的平衡。决策界面和其中所应用的启发式是否适用于国际？基于这个问题，研究人员在一项研究中试图更好地理解销售是如何受到订单结构的影响的。他们以在美国和意大利订购比萨为例。消费者被要求在基础产品上添加额外的配料（即默认是不添加），或者减少配料来缩减载满配料的原始产品（默认是搭配许多配料），见图4.12。在这两个国家，当被要求从产品中减少配料而不是添加时，消费者最终订购的配料是原来的两倍。当然，这对卖家来说意味着更高的收入和利润。

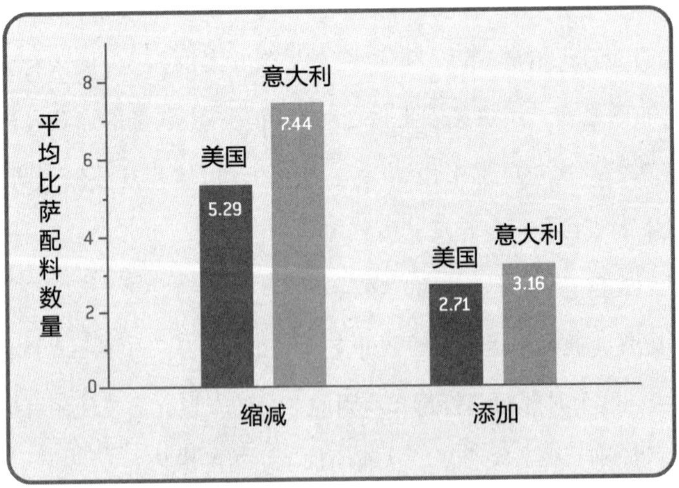

图4.12 决策规则适用于全球

在一项相关研究中，研究人员为消费者提供了一辆“全装备”汽车，并让他们有机会减少可选功能以节省资金。最终，消费者购买的功能配置的价格比那些在基本配置上进行功能添加的贵很多。添加或减少功能或配料都是高度可感知的过程，但产生的效果非常不同。添加把消费者的注意力集中在价格上（即“增加痛感”），而减少是关于缩减成本（即“降低痛感”）。这对营销的意义是显而易见的。比起从一个基本产品开始让消费者逐步添加，从大量的组件或功能开始让消费者在此基础上逐步缩减，更容易让消费者接受价格更高的产品。

比萨研究揭示了另一个几乎符合所有启发式的有趣发现：它们适用于每个国家和每一种文化。我们在本章中看到的自动决策规则是基于人类感知的运作方式，因此对于大多数人群来说，即使不完全相同，也应该是相似的。我们可以有把握地假设，所有的人类都是厌恶损失的——从进化的角度来看，这是有道理的。框架效应在世界各地都有发现。文化学习对解码的真正影响发生在另一个更加语义化的处理层面。在这个层面，自动驾驶系统会问“它代表什么？”，文化的影响变得更加强大，我们发现不同文化之间的差异特别显著。开展国际宣传活动是困难的，因为所使用的信号，如代言、符号或颜色，在不同的文化中可能会有不同的含义。虽然在德国、法国或英国，用紫色的奶牛作为巧克力产品的标志可能会成功，但在印度使用这种视觉效果可能就不是一个好主意了，因为在印度，奶牛是一种宗教象征。然而，由于启发式是高度自动化的，并且深深根植于感知的运作方式，它们确实为我们提供了在不同国家和文化中进行探索的机会。

我们已经完成了对应用于优化接触点的内隐式决策规则和启发式的关键学习之旅。然而，一个关键的问题仍然没有得到回答：是什么驱使了人们进行最初的浏览？潜在的动机是什么？显然，除了奖励的有形性、即时性和确定性，还有其他影响购买决策的因素。这些原则极大地增加了人们访问某个界面时购买的可能性，但最初是什么让他们访问该界面的呢？菲亚特可以通过“两年后再支付另一半费用”的促销活动来提高付费转化率，但是什么让人们把菲亚特视为一个品牌？人们又为什么想要一辆车？要回答这些，我们需要研究购买决策的另一个关键驱动因素：消费者在购买产品和服务时追求的目标。

我们在这一章中学到了什么

- 决策界面可以在不改变思维的情况下改变行为。这种行为上的改变随后会改变态度。
- 由于自动驾驶系统的处理在很大程度上受到感知的影响，它体验到的净值受到消费者通过感官感知到的信号的影响。其他的一切都只是宣称的，不会对自动驾驶系统产生影响。
- 利用3个元原则，即有形性、即时性和确定性，我们可以通过决策界面来影响决策制定。

这对我们这些营销人员来说意味着什么

- 通过我们在决策界面使用的信号，我们可以直接影响行为，进而影响购买，而可以略过改变消费者态度这一中间步骤。这是对非交互型接触点（如广播媒体）一贯使用的方法的补充——那些方法的重点主要放在对态度的改变上。
- 为了最大限度地提高营销的说服力，一个关键问题是：我们如何将接触点转化为决策界面？换句话说，我们如何将消费者从一个接触点（如广告）的被动观察者转变为一个主动决策者？
- 感知和体验就是一切，所以我们的价值主张需要通过感官来感知和体验到，否则其对自动驾驶系统的影响就会严重受损。

第 5 章

目标：购买决策的驱动力

在我的品牌营销生涯中，如果说我希望能从决策科学中了解一件事的话，那就是什么能够激励人们。要完全理解购买行为，我们首先需要了解是什么激励了人们购买产品和品牌。我们为什么买我们所购买的东西？为了回答这个问题，我们将引入目标这个概念。目标是心理学和神经科学的热门话题。基于目标的估值是人类大脑中最复杂的价值层面，也是我们回答“我们为什么买我们所购买的东西”这个问题的过程中的关键概念。本章展示了目标这一概念对于市场营销的影响力和价值有多大。

目标价值——动机型行为的驱动力

我们已经看到了许多在购买过程中优化界面的有效方法。对行为经济学见解的利用能够极佳地带来一些增加价值和降低成本的可能性。我们可以使用启发式来优化价目表结构、传单和促销活动，比如在销售汽车时。但为什么有人一开始就想买车呢？他们会从哪些品牌那里寻求信息？显然，在启发式之外，还有一个额外的层面驱动着价值—成本等式，这个层面就是动机。动机是所有人类行为（因此也包括购买行为）背后的主要驱动力，所以我们将从神经心理学的角度更深入地了解动机是什么。

埃默里大学的格雷戈里·伯恩斯（Gregory Berns）和萨拉·摩尔（Sara Moore）于2012年发表了一篇引人注目的论文，名为“文化受欢迎程度的神经预测因素”，揭示了动机型选择的本质。他们用功能性磁共振成像测量了一组青少年在听相对不知名艺术家的歌曲时的大脑反应。大脑扫描完成后，他们要求受试者对这些歌曲的喜爱程度进行评级。这项研究的目的是确定未来销量的预测因素，所以这些歌曲的销量在大脑扫描后的3年里被拿来进行了统计。在此基础上，研究人员通过将大脑反应与实际销售额相关联，确定了销售的神经预测因素。那么，哪些大脑区域与未来销量的预测最有关联呢？

我们在前文已经看到，布赖恩·科诺森等人的研究表明，在价格引发的一定程度的痛感下，大脑奖励中心的激活可以预测个体的购买行为。伯恩斯和摩尔所探究的问题是，同样的基于奖励的机制是否也能预测大多数人群的购买决策。事实上，他们发现奖励系统（OFC与腹侧纹状体）的激活与未来的销量之间存在显著的相关性——与没有激活该系统的歌曲相比，使奖励系统高度激活的歌曲的销售额要高得多。虽然奖励中枢的活动与售出的歌曲数量显著相关，但歌曲的主观受欢迎程度并不能预测销量。用伯恩斯和摩尔的话来说："这表明，从研究参与者那里收集到的简单主观报告可能并不能成为商业成功的有效预测因素。"

众所周知，"想要"和"喜欢"是由大脑中不同但重叠的神经回路所控制的。我们在自己的生活中也经历过这类情况。我们喜欢街角的老书店，但我们从亚马逊买书。吸毒者反复给自己注射吗啡，尽管注射是痛苦的。这是因为大脑中负责"喜欢"和"想要"的回路不同。"喜欢"描述的是对产品、品牌或广告的情感和情绪上的评估，而"想要"指的是做某事或拥有某物的动机——换句话说，就是真的想要去买某样东西。"想要"是基于对奖励的期望，并受多巴胺的调节。"喜欢"是对已获得或预期奖励的享受，由阿片样物质调节。

因此，如果是"想要"和对奖励的预期驱动了购买行为而不是"喜欢"，我们就可以假设奖励也是我们愿意购买产品的关键驱动因素。事实上，这正是许多神经经济学研究所发现的。支付意愿是神经经济学研究的一个中心参数，因为它解决了经济学的核心问题：为什么人们要购买产品和品牌？2007年，3位著名的神经经济学家安东尼奥·兰赫尔（Antonio Rangel）、约翰·奥多尔蒂（John O 'Doherty）和希尔克·普拉斯曼（Hilke Plassmann）进行了一项研究。他们在一场拍卖中用大脑扫描仪对饥饿的人进行了监测，在这场拍卖中，受试者必须出价（以美元为单位）才能得到物品。拍卖中的一些物品不是食物，而另一些则是糖果棒等食物。研究取得的关键结论是，OFC的奖励中心决定了人们对食物的支付意愿。饥饿的参与者愿意为食物支付更多的钱，因为饥饿的大脑认为食物更有价值，这是基于OFC的激活程度的增加。对于饱腹的参与者来说，食物的奖励性较低，因此他们不太愿意出价，这对应于OFC的激活程度的降低。这似乎是合理的——如果我们饿了，就会以吃东西为目标，就会赋予符合这个切实目标的产品很高的价值，继而增加了我们的支付意愿。这个实验很有趣，因为它揭示了驱动支付意愿的基本原则：一种产品或服务与我们的切实目标越相关，预期的奖励就越多，我们愿意支付的价格就越高。神经科学家称之为目标价值。

基于目标的估值是人类大脑中最复杂的价值层次。多亏了新的脑成像技术和巧妙的心理学实验，这一关键估值的核心原则已经被破译。当产品和品牌符合顾客目标时，它们具有很高的目标价值，因此消费者会有很高的支付意愿。正是由于目标价值这种通用货币，我们的大脑才能够在两个完全不相关的事物中决定把钱投资在哪一个上，比如一辆新车或一次水疗，或者在两个相互竞争的品牌中决定我们更喜欢哪一个。当然，我们并不总是在每种情况下都有一致的目标。在工作中，我们追求成就和认可，而在家里，和谐和陪伴更为重要。我们的唇膏有的是为了“护理”，有的是为了“吸引”。我们在选择汽车时和在购买洗衣粉或牙膏时有不同的目标。大脑得出最终决定的方式是根据选项的相对目标价值对其进行相对排名。然后，大脑针对给定环境，选择总体目标价值最高的那个。这就解释了为什么有些消费者会考虑购买我们的品牌，但最终却没有。在这种情况下，我们的产品提供了很好的目标价值，但不是最高的。这就是神经经济学家所说的“赢家通吃”效应。只有在消费者的目标排名中排第一的品牌才会被选中。仅仅在相关的考虑范围内是不够的，对于一个品牌来说，在特定场合排名第一是很重要的，就像我们在第2章中看到的冰激凌的例子；或者是特别的奖励，比如汽车类产品中的安全性能。

对目标价值和支付意愿的计算——无论是食物、音乐、服务还是汽车——主要是在奖励中心（OFC与腹侧纹状体）中进行的。著名心理学家亚特·狄克斯特霍伊斯（Art Dijksterhuis）——《聪明的潜意识》（*The Smart Unconscious*）一书的作者，将目标称为“对有回报的行为或行为结果的心理表征”。根据经验和预期，我们的大脑会计算出一件产品在多大程度上符合并有助于实现我们的目标。

> **“赢家通吃”效应：消费者在给定情况下会选择最符合其主要目标的产品。**

动机型行为的本质是实现对我们有很高价值的目标。我们上大学是因为我们想要一份事业。作为青少年，我们穿着不同，是因为我们想要打破传统。我们去南非旅行，是因为我们想要刺激。如果我们饿了，食物的目标价值就会很高，这促使我们开车去超市或寻找最近的麦当劳餐厅。如果我们吃饱后离开一家餐厅，那么我们在回家路上经过的下一家餐厅就不再具有任何目标价值了。缺乏目标价值的影响在抑郁症患者身上表现得很明显：他们的大脑无法将任何目标价值应用到任何事物上。他们甚至不吃饭，也不起床。对他们来说，什么都没有动力。

这对市场营销来说意味着什么？目标是理解我们为什么买我们所购买的东西的关键概念。我们买饮料是为了解渴；我们买洗涤剂是为了洗衣服，我们选择欧维洁[1]是因为我们想对环境负责；我们买车是因为我们想从A地开到B地，我们选择沃尔沃这个品牌是因为我们想以尽可能安全的方式做到这一点。另一些人的目标是炫耀他们的财富，因此他们开一辆保时捷或花数千英镑买一块劳力士。无论我们做什么，无论是在生活的哪个领域，我们的目标决定了我们的行为。这一点在已故著名人类学家罗伊·丹德拉德（Roy D' Andrade）的以下引文中得到了强调：

> 要了解人们，就需要了解是什么导致他们这样做，而要了解是什么导致他们这样做，就需要知道他们的目标。

还有斯坦福大学行为科学高级研究中心克劳德·斯蒂尔（Claude Steele）教授的这段话：

> 在清醒的每一刻，我们的行为、思维和情绪都是朝着目标前进的，并且是被目标控制的——不管我们是否意识到这一点。目标是人类运转的系统主机。

产品和品牌是消费者实现目标的工具。用哈佛大学著名教授西奥多·莱

[1] 一家生产生态清洁用品及洗涤用品的厂商，其产品充分体现了生态环保的概念。

维特（Theodore Levitt）的话说："人们不想买一个0.6厘米的钻头——他们想要的是一个0.6厘米的孔！"在《哈佛商业评论》（*Harvard Business Review*）一篇出色的文章中，已故哈佛大学营销学教授克莱顿·M. 克里斯坦森（Clayton M. Christensen）将这一要求称为消费者"雇用"产品来完成的工作，该篇文章的题目也很有说服力，叫"营销失职：原因与补救"。实际上，这个孔指的并不是真正的工作。它只是一种把东西固定在墙上的手段。也许我们想挂一幅画或一台电视，固定一些家具或搭一个架子——而这些反过来又与其他"工作"相联系，我们将在本章后面看到。当人们有一项工作需要做时，当他们有一个想要实现的目标时，他们雇用产品来为他们完成这项工作。因此，作为营销人员，我们需要创造能够实现这些消费者的目标的产品体验。

尽管这看起来很简单，但思考"目标是什么？消费者想要完成的工作是什么？"对我们如何看待市场、如何细分市场以及如何处理产品开发都有着重大影响，正如以下在克莱顿·克里斯坦森的文章中选取的例子所示。

一家快餐店想要通过改进产品来增加奶昔的销量。最初，他们遵循标准的方法：他们使用"奶昔"产品类别定义市场，并根据人口统计数据和个性特征来划分消费者。然后，他们在这些细分市场中进行研究，找出消费者想要的产品特征（例如更厚或更稠），以及消费者愿意在哪个价格点购买。不幸的是，根据这些研究做出的改进并没有对销售产生任何影响。

从目标的视角出发，解决问题的方式改变了。为了找出消费者想要奶昔做什么，该公司分析了购买行为以及购买和消费发生的情境背景。通过研究实际行为，他们发现一杯奶昔能满足不同的目标。其中一个目标是将一杯奶昔作为一种填饱肚子的零食来帮助打发时间（缓解无聊）。基于这一目标的消费者群体通常在早上独自购买奶昔，并在开车去上班的漫长途中饮用奶昔。当被问及在这种情况下可能的替代品时，这些消费者透露，他们有时会用百吉饼或甜甜圈来代替。他们说自己在购买时并不饿，但想在午餐前防止饥饿。奶昔在这方面比替代品做得更好——它很浓稠，需要很长时间才能喝完，因而消费会持续整个过程。用吸管吸奶昔很有趣，在车里喝也很方便。

这项研究还确定了另一个目标消费者群体：将奶昔作为甜点。父母为他们的孩子购买奶昔。但观察发现，这种购买为父母带来了较高的行为成本，因为孩子用细细的吸管吸奶昔需要相当长的时间。这样长的时间并不符合带孩子去快餐店的整体背景环境（初衷）。总之，该公司发现了两个非常不同的目标消费者群体，因此人们“雇用”奶昔从事两种不同的工作。

目标细分为产品改进提供了明确的指导方针，还能够确定与消费者进行沟通时需要触发的黄金点，从而提高销量。为了最好地实现用零食充饥来打发时间的目标，奶昔需要很厚，吸管应该很细。此外，加入一些惊喜的元素（例如一些大块的配料）将有助于缓解无聊。然而，为了最好地实现为儿童购买甜点的目标，奶昔需要能够被快速喝掉。之前的研究缺乏对每位消费者在购买奶昔时所希望奶昔完成的工作的具体分析。这导致了对产品改进的建议综合下来变成“一刀切”的要求（例如，有些人想要更浓的产品，有些人想要更淡的产品）。仅仅使用社会人口统计学和个性特征无法区分两个目标细分市场，结果导致产品开发需求不能充分服务于这两个目标细分市场。

消费者目标——而不是顾客或品类——是定义市场、激励成功的新产品开发和制定营销策略的基础。当产品在特定情况下比任何其他产品都做得更好时，它们就具备了很高的目标价值。

这是创新失败的一个关键原因：它们往往没有专注于提高一个特定的目标价值，即产品把工作完成得有多好。使用在特定情况下占主导地位的目标作为主要参考框架，营销可以激发“想要”（进而激发购买），而不是激发“喜欢”。

这个奶昔案例还有另一个重要的含义：消费者目标——需要完成的工作——定义了市场，以及我们需要在其中获得优势的真正竞争。我们大脑中的基本原则是所谓的“基于目标的分类”。想象一下，我们面前有一个甜甜圈、一个苹果和一个橙子。如果让我们按健康食品归类，我们会把苹果和橙子分在一起。然而，如果以快餐为目标将它们归类，就会产生一个由甜甜圈和苹果组成的分组。消费者如何对产品进行归类将取决于他们当前想要实现的目标。在上述奶昔的例子中，产生竞争的不仅是其他奶昔，还包括香蕉、甜甜圈和百吉饼等。于2021年发表在《认知神经科学》（*Cognitive Neuroscience*）上的一项研究进一步支持了当目标改变时，大脑是如何重塑“价值”，从而使行为更加灵活的。在特定情况下，对消费者需要完成的目标或工作的思考会改变我们对市场和现实竞争的看法，也会释放机会和增长潜力。用克里斯坦森的话来说：

> 由（消费者的）工作定义的市场通常比由产品类别定义的市场要大得多。那些被困在将市场规模等同于产品类别的心理陷阱中的营销人员，无法从客户的角度来理解他们是在与谁竞争。

目标驱动注意力

如果动机型行为是由当前的切实目标驱动的，那么目标是大脑过滤传入信号的核心标准这一点似乎是合乎逻辑的。我们已经举例说明了当我们饥饿时是如何感知世界的——我们更关注与食物有关的信号，比如麦当劳的标志。我们的自动驾驶系统扫描环境，并将传入的信号与我们的目标相匹配。如果我们的目标是买一个活肤清爽的沐浴露，我们的自动驾驶系统就会进行调整，从而在环境中寻找有望实现这一目标的信号。当我们发现一款类似机油的沐浴露包装，上面写着“动感脉冲”（与“活肤清爽”匹配度很高）时，我们就会把注意力转向这个产品。换句话说，目标决定了我们的注意力——如果某些事物发出了高目标价值的信号，我们就会注意这些事物。这本身并不是一个新发现——俄罗斯心理学家阿尔弗雷德·亚尔布斯（Alfred Yarbus）在50多年前（1967年）就研究了目标是如何控制我们的注意力的。在一项经典的心理学研究中，他让心中有着不同目标的人看同一幅画。例如，其中一项任务是确定画中人物的年龄。与此同时，他还测量了人们正在看的地方（通过眼动追踪）。如图5.1所示，目标不同，人们所关注的画中的事物也非常不同。如果目标是了解画中家庭的物质条件，人们会更关注画中墙上的装饰画。然而，如果任务是猜测画中人物的年龄，画中人物的脸就成了焦点。

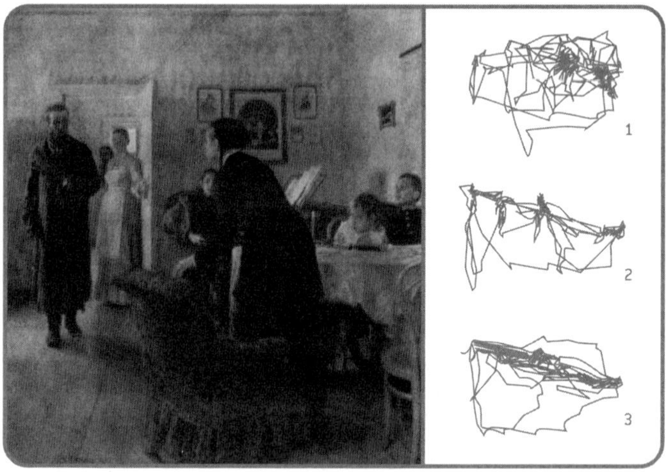

图5.1　俄罗斯心理学家阿尔弗雷德·亚尔布斯进行的经典实验——目标驱动注意力。眼动追踪结果是针对特定任务显示的：（1）“评估画中家庭的物质条件”，（2）“猜测画中所有人的年龄”，（3）“评估来访者与这家人多久没见了”。

图片来源：俄罗斯国立特列季亚科夫画廊 / 维基共享资源 / 公有领域

营销学教授里克·皮特斯（Rik Pieters）和米歇尔·韦德尔（Michel Wedel）的一项研究表明，当我们看媒体广告时，同样是由目标决定了注意力。他们通过各种实验得出的结论如下：

> 研究结果表明，目标对我们观看广告时的注意力具有快速的、系统的影响。此外，此研究还表明，广告的信息内容取决于消费者在观看过程中所持有的目标。尽管消费者观看广告的平均时间只有4秒，但

他们的目标决定了他们对品牌、图片和文案的关注时间。

比利时根特大学的朱莉娅·沃格特（Julia Vogt）的一项研究更详细地展示了基于目标的注意力是如何工作的。这项研究调查了当前目标是否会使注意力偏向那些代表可以实现目标的手段的刺激因素，以及那些具有高目标价值的刺激因素。科学家们让参与者触摸假的令人作呕的物体，比如放在饼干上的塑料蟑螂或塑料粪便，从而诱导他们产生厌恶情绪。控制组的参与者触摸的是不令人作呕的物体。随后的一项测试评估了参与者对一系列图片的注意力，结果显示，那些受到恶心之物刺激的人的注意力集中在代表清洁的图片上，比如拿着肥皂的手，或者水滴落入水中。在诱发了厌恶的条件下，清洁图片对参与者来说有很高的目标价值，因此参与者的自动驾驶系统会将更多的注意力分配到这些图片上。这项研究带来的关键收获是，最有希望完成工作的产品获得了最大份额的注意力。为了让我们的广告脱颖而出，并在货架上产生影响，我们必须了解消费者试图通过我们的产品和品牌实现的目标，因为目标价值将是分配注意力的关键驱动因素。我们在第7章中分享的关于乐高的案例研究展示了这种对消费者目标的理解如何能够为市场营销和广告决策提供信息，从而推动更多的销售。

市场营销中一个常见的关键绩效指标是让品牌成为人们的首选。也就是说，如果消费者被问及当他们想到某一品类时会想到哪个品牌（例如，当你想到汽车时，会想到哪个品牌），本品牌应该是第一位的。基于目标的关注意味着，出现在脑海中的品牌将取决于消费者的切实目标。

> **自动驾驶系统自动地将环境中的信号与当前需要满足的目标进行匹配。这种匹配的结果是，注意力被分配到最符合当前目标的信号上。**

如果我们想要一辆最能够带来快乐驾驶体验的汽车，那么与我们想要一辆象征地位或一辆象征安全的汽车相比，不同的品牌会出现在脑海中。所以目标可以激活我们记忆中的品牌，并且这对定位和策略工作很重要。与其问品牌与哪些属性相关，我们可以（例如在追踪研究中）询问消费者哪些目标激活了品牌。换句话说，在特定的购买情况下，品牌作为实现目标的手段有多突出。

南澳大学营销学院院长拜伦·夏普（Byron Sharp）写道：“态度是关于品牌的评价（你认为它是一个好品牌吗？），而显著性在很大程度上是关于被人想到的机会（在某种购买情景下，你有可能注意到或想起这个品牌吗？）。”

这证明了对于产品定位工作来说，为了达到既具有目标相关性又与众不同，我们需要将我们的品牌与其他品牌尚不具备的相关目标联系起来。

追寻内隐目标：目标可以在自动驾驶模式下被激活和监控

考虑到我们每天要做出大量决策，让我们来更好地了解一下我们的大脑是如何完成所有这些目标管理工作的吧！“目标”这个词最初听起来只像是我们在深思熟虑后才会做出的决定。然而，主观上我们并不觉得自己是经过深思熟虑和反复考虑才做出决定的。我们不会在每天的每一分钟，甚至工作时候的每一刻都在思考我们的职业目标。在大多数情况下，我们在自动驾驶模式下凭直觉行事。事实上，最近的研究表明，目标可以在不经意间被激活和监控，神经心理学家称之为“追寻内隐目标”。

下面的研究展示了自动驾驶系统中这种对内隐目标的追寻是如何工作的。它利用了金钱具有很高的目标价值这一事实——作为消费者，我们知道自己可以用金钱实现许多目标。参与者被要求完成几项任务，并且屏幕上显示了如果他们正确完成每项任务，他们可以赚多少钱。如果完成任务的奖励只有0.05欧元，那么参与者对这个任务的努力程度就不如奖励为1欧元的任务。这并不奇怪。然而，这种对奖励的不同反应也得到了身体内在反应的证实，比如瞳孔变大和其他生理反应。更令人惊讶的是，即使研究人员在屏幕上显示金钱奖励的时间如此之短，以至于参与者无法有意识地感知，实现金钱奖励的目标也被激活了。金钱数额高低的核心信息被自动驾驶系统无意识地记录了下来，这反过来引发的目标追求和相应的生理反应水平与人们在有意识的状态下是相同的。

在另一项研究中，经常骑自行车与不经常骑自行车的参与者被暗示了一趟（环城）旅行的目标。然后，他们完成了一项任务，以测量“自行车”这个词的可及性（即这个词有多容易在他们的脑海中浮现）。结果表明，在那些第一次被暗示旅行目标的人中，与不经常骑自行车的人相比，经常骑自行车的人对“自行车”这个词具有更强烈的可及性。有趣的是，当没有被暗示旅行目标时，经常骑自行车和不经常骑自行车的人在“自行车”这个词的可及性上没有差异。这表明，对于那些反复使用特定手段来实现目标的人，比如为了从A到达B选择骑自行车的人，在被暗示目标后，相应的信息在记忆中变得更容易被获取。这就是为什么我们如何询问哪个品牌是首选非常重要——一旦目标被激活，目标和品牌的联系越强，品牌就越有可能成为首选（即使目标是在内隐层面上被激活的）。

在内隐层面上被激活的目标不仅使产品或品牌变得更受欢迎，还会引发消费者更积极的态度。在一系列实验中，参与者被暗示了与某个目标相关的词汇（如成就、节食、合作），然后完成一项内在态度测试。结果显示，那些被目标暗示过的人，对那些与目标高度相关且有助于实现目标的刺激因素明显表现出更积极的内在态度。例如，那些被“瘦身”目标暗示过的人对“健身房”和“沙拉”明显表现出更积极的内在态度。

在很长一段时间里，人们普遍认为许多使目标追求成为可能的心理过程都需要有意识的认知。但在过去10年左右的时间里，关于目标追求的科学研究发现，这些过程在无意识的情况下也可以进行。在《科学》（*Science*）杂志于2010年发表的一篇论文中，乌得勒支大学的心理学教授鲁德·屈斯泰（Ruud Custers）和亨克·阿尔茨（Henk Aarts）将这项研究总结如下：

大脑的自动驾驶系统会激活和追寻目标。

> 大量研究表明，对目标的追求可以在意识之外被唤醒。当代表期望结果的目标被设定时，人们会更积极地在他们的能力范围内启动和展现他们的行为，即使他们没有意识到设定的目标，或这一目标对他们的动机和行为产生的影响。

我们将在本章后面更深入地研究内隐目标，因为它们在营销中起着至关重要的作用。

相关性——购买是达成目标的一种手段

目标越重要，价值和支付意愿就越高，产品的相关性也因此越大。我们已经通过在美国进行的一项实证研究证明了这一点。在该研究中，我们测量了20多个类别中60多个品牌与10万多名消费者之间的目标关联，发现品牌资产实力与支付意愿之间的相关性为0.86。为了让这一点生动起来，让我们再次以阿迪达斯"动感脉冲"沐浴露为例子。这款沐浴露适合那些希望通过沐浴来给自己补充能量并带给自己重新启动的感觉的消费者。这款产品显然没有展示出其符合放松身心的目标，因此我们在考虑沐浴露时，会最关注也更有可能购买在我们洗澡时最符合我们当下目标的那个。

科罗拉多大学的一项研究显示了这一原则的作用。参与者被要求在两种不同的植物肥料中做出选择。其中一组被要求选择他们认为更方便使用的产品，即以省力为目标。另一组被要求选择他们认为更能促进绿色植物健康生长的产品，即以更好的产出为目标。两组产品的区别仅在于对产品用途的描述。一种描述与省力这一目标相匹配（例如"使用半杯到一杯的肥料"），另一种描述与更好的产出目标相匹配（例如"30厘米以下的植物用半杯，所有大于30厘米的植物用一整杯"）。那

> **目标实现是我们所谓的营销相关性的基础。**

么，如果产品描述与消费者的目标相匹配，会有什么影响吗？答案非常清楚：在目标是“付出更少努力”的人中，有82%选择了被描述为符合这一目标的产品。至于那些以获得更好的产出为目标的人，他们中有90%选择了被描述为符合他们目标的产品——令人惊讶！

在多伦多大学进行的一项研究中，参与者被要求回忆并写下他们被社会排斥的情况，例如他们不被允许参加学校的足球比赛，或者他们是唯一没有被邀请参加聚会的人。实验中的另一组被要求记录下他们与好朋友在一起的情况，例如一起度假。在参与者回忆了他们相关的社交记忆并把它们写下来后，研究人员以茶歇为借口，向他们提供了各种不同的产品供他们选择。他们可以选择可乐、饼干、咖啡或汤。研究人员感兴趣的是，两种不同的社会经历是否会影响产品的选择。

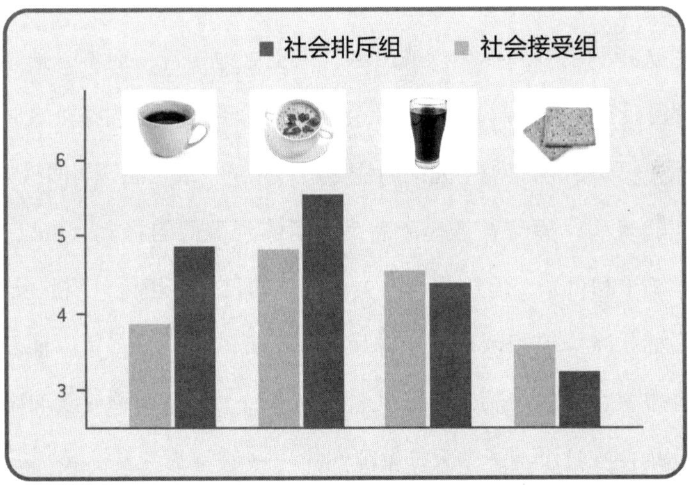

图5.2　钟成博（Chen-Bo Zhong）和杰弗里·莱昂纳德利（Jeffrey Leonardelli）于2008年进行的一项实验表明，社会排斥增加了人们对温暖事物的渴望

从图5.2中可以看出，仅仅是对一种社会情境的回忆就明显影响了人们对产品的选择。为什么？这不是巧合，那么这里究竟发生了什么？让我们来看看汤和咖啡有什么共同之处。这两种产品的一个共同属性是它们的温度：它们都是

> **品牌和产品是达成目标的手段，这种达成目标的工具性是消费者购买的真正动力。我们“雇用”产品作为完成工作的工具。**

温热的，而不像可乐和饼干。这似乎比每种产品的味道更能影响人们的选择。乍一看，这似乎很奇怪——“温暖”这一物理特性和社会排斥之间能有什么联系呢？如果他们感到被社会排斥，他们为什么会选择一杯热饮呢？物理温度会产生情感上的影响，因为婴儿时期被抱在有爱的照顾者怀里可以产生一种身体与温暖的物体（即另一个人）接触的关联。社会包容和温暖之间的联系起源于童年，并通过“同时被激发的神经元紧紧连接”的原理烙印在我们的大脑中。我们在日常生活中也可以看到这种联系，例如，我们会谈到“热心肠”的人，或者有一些其他人，我们不会“热情地”对待他们，因为我们认为他们是“冷漠的”。所以，当参与者回忆起被社会排斥的时候，就会产生一个目标（即补偿他们所感受到的“社会冷漠”），这个目标可以通过选择和消费一杯热汤或热咖啡来更好地实现，而不是通过其他不能提供这种“温暖”的替代产品。“被社会排斥”的参与者在选择茶点时还有一个额外的目标——弥补他们刚刚完成的任务所带来的“缺乏温暖”的感觉。

这个实验表明，参与者选择产品是为了实现他们的目标。可以肯定的是，他们都喜欢饼干和可乐，但这些与占主导地位的目标不相符，因此没有被选择。参与者的目标是减少他们因被社会排斥而体会到的不适感，所以他们选择了最能实现社会包容目标的产品，即提供温暖的产品。产品这种使我们更接近目标的能力——即使在这个例子中只是象征性的——被称为工具性。

品牌服务于消费者的目标

许多品牌定位陈述包含诸如“同情”“可靠”“信任”或“真实”等价值观。然而，如果品牌是达成目标的一种手段，那么我们必须问问自己，人们是否真的打算从品牌那里购买人格特征。“同情”真的是我们想通过品牌达到的目标吗？我们会把不同的品牌视为不同的人吗？我们与品牌的关系能被视为一种人际关系吗？

我们的大脑将品牌视为人还是物？这个问题可以用一种直截了当的方式来回答。我们已经知道当我们看到并判断人时大脑的哪些区域会被激活。我们还知道，物体（如汽车或牙刷）是在大脑中的另一个区域被处理的。因此，在大脑中物体和人是有明显区别的。这似乎也是合理的。那么，大脑对待品牌是像对待物体一样，还是像对待人一样？

密歇根大学营销学教授卡罗琳·尹（Carolyn Yoon）于2006年领导的一项神经科学研究就着眼于这一点。给接受脑部扫描的参与者观看他们知道并使用过的品牌（如苹果、麦当劳），以及其他他们知道但没有使用过的品牌。除此之外，还展示了比尔·克林顿（Bill Clinton）等知名人士的名字以及参与者自己的名字。品牌和人名与来自品牌评价标准测试的大量形容词一起呈现，如“可靠的”“诚实的”“讨人喜欢的”或“快乐的”。参与者被要求通过按下按钮来表明某个形容词是否适合一个品牌或一个人。与此同时，研究人员还对他们的大脑活动进行了测量。

结果非常清楚。当参与者评判人（不论是名人还是他们自己）的时候，大脑额叶的内侧部分被激活了。众所周知，大脑的这个区域会对人做出反应。那评判品牌的时候呢？一个人们已知会对物理物体有反应的区域被激活了。品牌对大脑来说属于物体；毕竟，它们确实属于物理物体和商业。因此，从大脑的角度来看，品牌并不是具有人格特征的人。卡罗琳·尹的研究团队在研究总结中写道：“这些发现挑战了一种观点，即大脑对产品和品牌的处理与对人的处理是相似的。”

当然，我们与品牌形成了某种联系，但仅限于品牌能在多大程度上帮助我们实现目标。目标对我们越重要，我们与所涉及品牌的联系就越紧密。不过，这并不意味着大脑把品牌当作人来看待。我们购买产品和服务只是因为我们想要能够做些什么，或成为什么，或拥有什么。我们购买身体乳并不是因为我们想要变得真实、可靠、有同情心。因此，如果在营销中，我们使用“我们的顾客想要通过购买品牌/产品成为、拥有、做……”这类话，并填写我们的品牌价值，我们就可以很容易地检查我们的定位是否是一种基于目标的价值定位。

提示

看看你的战略文件中的用词，例如品牌价值，其中哪些是消费者想通过产品实现的目标?

毕竟，品牌不是我们的朋友或者熟人，我们不会想和品牌一起喝咖啡。品牌是达成目标的手段，这就是我们与品牌之间的本质关系。即使品牌被用作我们自我的延伸，我们仍然用它们来实现目标——向世界和我们自己发出信号，告诉他们我们是谁，我们拥有什么，我们做什么。如果我们是绿色和平组织的支持者，通过穿一件绿色和平组织的T恤，我们就表明了我们对可持续发展的责任和关注。

解码公司的联合创始人德克·赫尔德（Dirk Held）博士从神经学的角度详细探索了是什么让人们对品牌忠诚。他的研究结果表明，当一个品牌服务于人们在功能方面的目标和心理目标时，它更有可能在顾客中建立起品牌忠诚度。从神经学的角度来看，品牌是实现顾客目标的踏板。如果一个品牌能比竞争对手更好地实现这一功能，人们就会变得忠诚，并愿意为该品牌支付更高的价格。对于新品牌来说，鉴于人们还无法与这些品牌建立起关联和忠诚度，可以利用这种机制触发购买行为。为此，至关重要的是确定不同的相关消费者目标，以便将其与品牌联系起来。在饱和市场中，这是一个重大挑战，因为相关目标已经由知名品牌实现。这也是大量产品发布失败的原因：这些产品关于实现目标的工具性并不明显高于现有提供者。此外，消费者已经与知名品牌和产品建立了更紧密的关联和忠诚度。

> 品牌与消费者之间的关系本质上不是一种人际关系。消费者购买的不是品牌的人格特征，而是它实现某个特定目标的预期工具性。

杜克大学的一项实验表明，品牌确实与目标实现有关，而且目标可以在内隐层面上被激活和监控。以视力测试的名义，参与者被安排坐在显示器前。研究人员向他们展示图片，要求他们判断图片是在左边还是右边，同时让他们进行数字相加运算。这确保了他们（有限的）飞行员系统被完全占用。在展示图片之前，研究人员首先展示了品牌标识，但时间如此之短，只能由自动驾驶系统在不经意之间进行处理。在这项研究中，有两个参与者小组——一组被展示IBM的标识，另一组被展示苹果的标识。

紧接着，参与者被要求进行一项创造力测试。例如，他们被要求自发地说出一块砖的可能用途（除了砌墙的日常用途之外）；例如，一块砖可以当作镇纸，或者当作锤子。令人惊讶的是，看过苹果标识的参与者想出的点子明显多于看过IBM标识的参与者。此外，看过苹果标识的参与者想出的点子被独立评审团评价为更富有创意。因此，如果我们想要购买一台电脑且目标是要有创意（或被视为有创意），那么苹果电脑就是正确的选择。然而，如果我们的目标是高效，那么一台IBM电脑可能更适合我们的目标。此外，这项研究表明，目标可以在自动驾驶系统中被默默地激活，也可以由自动驾驶系统进行内在管理。苹果标识改变了参与者的行为，而参与者并没有意识到这一过程。

我们购买的是实现目标的预期

想象一下，自己是一个喜欢打网球的年轻人，并看到罗杰·费德勒（Roger

Federer）穿着优衣库品牌的白色网球服。打得和费德勒一样好——这对我们来说当然是一个有价值的目标，因此我们会去买这个品牌。然而，当我们穿上这个品牌的衣服的时候，什么也没发生——我们并没有打得更好，我们输掉了和以前一样多的比赛。我们本应非常失望，但事实并非如此。所以，如果购买品牌和产品是为了实现目标，那么如果目标没有实现，为什么优衣库运动服的用户还会继续购买该产品？要回答这个关键问题，我们需要更进一步地观察品牌是如何满足消费者目标的。

假设我们想吃一瓶酸奶。哪一个步骤会最强烈地激活我们的大脑：看到容器，拿起它，打开它，插入勺子搅拌里面的东西，闻一闻，吃第一口，还是吃下一口？我们问过的大多数人会选择插入勺子并搅拌里面的东西。在一项研究中，人们用大脑测量技术测试了喝酸奶的过程。结果是，在整个过程中，抓住并取下覆盖在容器顶部的箔纸对消费者大脑的激活最为强烈。比吃第一口还要强烈！这与许多神经科学研究一致，这些研究表明，预期会特别强烈地激发奖励中心。正是我们期望得到的奖励驱动了估值，从而激发了购买行为。这并不奇怪，因为如果我们在做出选择之前计算了目标价值，我们就必须基于我们的预期来进行估值。穿着优衣库网球服的男青年不一定能赢得所有的比赛，他们最终也不会像罗杰·费德勒那样成功。不过，他们还是会继续购买和使用这个品牌。当产品没有完全达到广告所宣传的效果时，顾客们并不会感到失望。原因在于，通过营销活动，目标受众在产品的使用和获胜这一目标之间建立了一种联系。这种联系使该品牌在实现该目标方面发挥了作用。因此，如果获胜是主要目标，那么这个品牌的目标价值就会高于那些与该目标联系不那么紧密的品牌。

现在让我们看看Bounty的广告（见图5.3）。一个女人孤独地坐在一片相当荒凉的海滩上。她咬了一口Bounty，贫瘠的孤岛开始长出五颜六色的、充满异域风情的奇妙植物，最后一个迷人的男人出现了。

图5.3　广告将产品和逃避现实的目标联系起来

没人相信当你吃了Bounty巧克力棒后真的会发生这种情况。听起来就像个童话，像个故事。事实也正是如此。品牌创造可能性，提供虚拟的、象征性的奖励，让产品产生实际效果。因此，目标实现并不一定要发生在现实中，因为它可以是基于品牌使用和目标实现之间的既定联系而虚构出来的。

营销界有很多类似的例子。哈雷戴维森的前欧洲区董事总经理曾经说过，这个品牌“向43岁的会计师们出售一种能力：穿着皮衣，骑车穿过小镇，让人们害怕他们”。

实际上，我们无法用士力架延续体能，但它确实给人这样的感觉；通过社交软件发送消息并没有使我们与所爱之人之间的实际距离缩短，但感觉上是这样的；烈性酒精饮料的标签总是设计得更传统一些，因为烈性饮料是年轻人的成人礼，这些标签会帮助他们相信自己正在进入下一个阶段——成长为成年人。在象征层面上，通过饮酒，他们就是成年人了。这些都是把我们与产品和品牌联系在一起的想象和可能性。品牌在幕后潜移默化地发挥作用，通过激活消费者的预期，对消费者的判断和行为产生持久的影响，而预期又反过来影响感知和体验价值。

品牌的作用就像安慰剂。一项涉及阿司匹林的研究显示了这些安慰剂或基于预期的效果有多强。研究参与者被告知，他们将测试一种治疗头痛的新药，

> **消费者根据实现目标的预期来判断产品潜在的购买价值。**

看它是否比市场上已有的药物效果更好。一旦参与者出现头痛症状，他们就应该服用两片，然后在一小时后记录他们的病情是否有所改善，以及改善了多少。一些参与者拿到的是真正的阿司匹林药片，而另一些参与者在不知情的情况下拿到的是安慰剂。安慰剂组服用的是无效药片，但采用了阿司匹林原包装。因此，他们相信自己服用的是真正的阿司匹林。结果呢？仅仅因为安慰剂药片（不含有效成分）的包装便显著缓解了头痛——研究参与者不仅报告了其疼痛得到缓解，还产生了实际的生理反应。带有阿司匹林标志的包装激活了他们对减轻疼痛的预期，这反过来又改变了他们的神经活动模式，就像吃了真正的阿司匹林一样。这最终说明了强烈的期望是如何影响人类的生理反应的。该领域的一位专家——哥伦比亚大学的托尔·瓦格（Tor Wager）总结道："安慰剂是一个活跃的大脑过程，包含了大量的认知和评估成分，而不仅仅是报告偏差或被动适应。"

同一种物质如果通过注射而不是片剂给药，效果会好一倍——不是因为医学上的，而是因为采用注射的方式，人们会提高对疗效的预期。药片的颜色也会改变其引发的生理反应。红色药片——即使并无实际药效——会提高人们的血压，而蓝色药片则会降低血压。两片无效的红色药片比一片更有效，这是因为人们认为"多多益善"。从癌症研究中，我们还得知安慰剂不仅会产生矫正效果，还会产生副作用。在一项临床研究中，患者被分为安慰剂组和接受真正的化疗药物组。医生和患者都不知道谁是安慰剂组的（所谓的双盲实验）。尽管只注射了生理盐水，约30%的安慰剂组患者还是出现了典型的（即预期的）化疗副作用，从恶心到生病以及脱发。

这些预期心理机制的原则也适用于市场营销。在研究中，那些认为自己喝的是真正咖啡的参与者，即使实际上喝的是不含咖啡因的咖啡，他们的心率也会加快。另一项研究表明，当能量饮料以折扣价推出时，其引发的生理效应显著降低——当产品被认为更便宜时，人们对该饮料性能的期望就会降低，这就导致了功效的降低。这也适用于相反的情况——如果人们看到展现能量饮料功效的广告，该饮料带给他们的生理影响就会加强，尽管客观上，它并不含有有效成分（测试中的产品只是一种安慰剂能量饮料）。品牌塑造、定价策略和其他营销活动会使消费者产生一种期望，即对于这种产品有多好的期望。这些活动不仅会影响人们对消费体验的感知，还会影响与之相关的大脑过程。对于营销管理来说，这意味着一定水平的产品质量对于确保顾客满意是重要的，但除此之外，品牌能够引发的期望可能也同样重要。

市场营销的一个关键任务是在产品、产品的使用和实现相关目标之间建立联系。通过这一点，消费者了解到产品有能力完成这项工作，以及为什么。

既然人类拥有在精神上和象征意义上实现目标的能力，我们就不再需要为了弄清谁是领袖而相互争斗——我们可以买一块劳力士手表或一辆象征地位的奔驰汽车来证明这一点，并象征性地竞争。这样危险更小，危害更小！如果我们需要一个温暖的拥抱，那么我们可以喝一杯热巧克力来帮助实现这个目标。在上述每一种情况下，我们期望相关的品牌和选择的产品能够最好地帮助我们实现主要目标——这就足够了。我们根据对产品或品牌的了解和经验做出这些关于期望的判断。

伦敦大学学院的英国科学家杰伊·戈特弗里德（Jay Gottfried）的一项研究表明了这是如何起作用的。戈特弗里德首先让他的研究对象在脑部扫描仪中体验一种令人愉悦的气味，比如玫瑰水，持续10秒。几秒钟后，研究人员向每个参与者展示一个符号：有时是头盔、有时是球、有时是木箱子。在接下来的几秒内，参与者的任务是创造性地想出一个短故事，例如将玫瑰的香味与头盔联系起来。然后是下一个气味，一个新的符号和另一个虚构的短故事。在经历了大约130个不同符号和9种不同气味的学习阶段后，真正的记忆测试才开始。为此，戈特弗里德将旧符号和新符号混合在了一起。实验对象被要求回忆他们看过的符号。

结果令人惊讶。每当参与者识别出他们之前见过的符号时，实际上对气味做出反应的大脑区域在扫描仪中也会亮起来，尽管在这个测试阶段没有气味被释放。基于之前建立的联想，一种“虚拟”气味出现了。就像一个自证预言一样，学习过的关联创造了预期的体验。因此，消费者因为巧克力布丁的棕色而“品尝出”巧克力布丁（尽管它实际上是香草布丁），在这个例子中我们遇到的原则同样也适用于目标价值：我们体验了我们所预期的。

在我们的营销实践中，我们经常会遇到这些基于预期的机制起作用的情况。例如，在广告追踪中，有多少受访者会回忆起一个多年甚至几十年都没有播放的某品牌的某个广告？消费者之所以相信自己“看过”，是因为他们期待看到它。我们的期待是基于记忆，基于我们所学到的一切。因此，当被问起（因此也是被提示）时，我们很容易根据我们的期望做出回应，而不是根据我们的实际经验。

目标价值的两个层次

我们现在已经看到，价值—成本等式中价值一侧的主要驱动因素是品牌的目标价值。在此基础上，再来看看阿迪达斯的“动感脉冲”沐浴露。要让这款产品具有相关性，它需要符合消费者的目标。在这种情况下，相关的目标包括气味、保湿、皮肤护理及其他。满足这些目标的产品才有资格在市场上竞争。但它们很难区分——每个成功的沐浴露品牌都在某种程度上有这些关联。然而，通过使用与男子气概和能量相关的信号（包装设计成类似机油），这款产品增加了它的感知价值。

现在我们可以更好地理解这其中的原因了。通过发送这些信号，产品告诉自动驾驶系统，除了该品类产品都能达到的目标，我们还可以实现额外的、更偏向心理层面的目标，即获得能量。这种象征意义层面的目标价值增加了那些以获得能量为主要目标的消费者感受到的净值。当然，这可能是变化的，而且不仅仅是在不同的消费者之间——即使是同一个消费者，根据情况的不同也会有不同的主要目标。对于早上淋浴的人来说，充满活力是一个常见的主要目标，但在晚上，一款放松的、更温和的沐浴露具有更高的目标价值，因为我们想在辛苦工作了一天之后放松一下自己。

让我们再看一个例子。当你问消费者为什么会选择丰田汽车时，许多人会说，可靠性是一个关键原因。然而，如果你问同样的这些消费者关于其他品牌的汽车的看法，他们很可能也会这么说。除了满足可靠性和质量等必要（基本）因素外，还需要有其他差异化目标来促使消费者选择特定的品牌。

图5.4中丰田花冠的广告告诉了我们更多有关丰田的差异化目标可能是什么的信息。两个朋友开着一辆车行驶在乡间小路上。他们看见一个衣着迷人的女人俯身在一辆敞开的汽车引擎盖上。两个人满怀期待地对视了一眼。他们靠近那辆车，就在打算停车之前，开车的那个人加速并继续行驶。另一个人看起来很震惊，开车的那个人带着自信的微笑说："那是个陷阱，因为花冠车是不会抛锚的。" 接着，我们看到那个迷人的女人实际上是一个丑陋的秃顶男子，正生气地摘下假发。

图5.4　广告明确传达了可靠性，并含蓄地将丰田品牌与机智和理性联系起来

当然，可靠性的目标在广告中已经提到了，但在这则广告中还带有另一个更含蓄的方面。这则广告的故事情节包括司机抵制诱惑，表现出自我控制能力，

并理性行事的概念。他抵制住了错觉。他是理性的、聪慧的、机智的。丰田服务于这个心理上的内隐目标。买车显然不仅仅是为了实现从A地开到B地的目标，否则我们都会开最便宜的车！汽车是我们身份的延伸，是象征着对我们很重要的事物——主要是因为我们买什么样的车别人是可以看见的。因此，通过驾驶丰田汽车，一个人可以象征性地实现成为或被视为机智和理性的人的目标。其他品牌在客观上也很可靠，但这个品牌最能实现额外的心理目标：保持理性且拒绝其他汽车品牌的华而不实。但是，这只对那些视理性为主要目标的人有比较高的目标价值。那些想要通过购买汽车来达到获得乐趣或自由这一目标的人在这个广告和丰田这个品牌中其实看不到什么价值——他们会在迷你或吉普中看到更多的价值。

这些例子表明，当谈到目标和目标价值时，有两个层次：外显目标是针对特定产品类别的（例如滋润我们的皮肤、汽车的可靠性、去除污渍）；内隐目标是更加概括性的，在心理层面上起作用（例如充满力量、理性、有趣，或彰显地位）。在市场营销中，我们倾向于大量关注针对特定产品类别的外显目标。但哪款身体乳不是自称滋养润肤的呢？哪家保险公司或公用事业公司不是可靠的、称职的、信誉良好的？外显的目标是一个产品类别出现的原因，所以所有想要在市场上生存的竞争者都必须达到这些目标。

当我们向消费者询问品牌和产品时，他们会把注意力集中在外显目标的层面上，谈论质量、可靠性或价格（即使是高端手表也是如此）。当然，原因在于内隐目标的层面是在潜移默化中运作的，当我们向消费者提出如此直白的问题时，内隐目标不会就此凸显出来。但是，在外显目标的层面上，竞争对手之间几乎没有什么差别，尤其是在成熟市场。为了传递尽可能高的目标价值，并提供相关的差异化，我们必须利用我们的品牌、产品和传播来强调相关的内隐目标。凯洛格管理学院的教授斯蒂芬·布朗（Stephen Brown）说："一味顺从消费者的愿望，只会导致可替代的产品、盲目跟风的广告和停滞的市场。"内隐目标比外显的消费者愿望更深刻，因此它有助于以一种既有意义又相关的方式来实现产品差异化。

再举一个例子，让我们看看多芬的“自然美”宣传（见图5.5）。自然美是一个相关的主张，但它并不独特。美体小铺这个品牌也提倡自然美。那么，这个宣传传达的独特目标价值是什么呢？让我们更仔细地观察该品牌传递的信号。

图5.5　多芬的“自然美”宣传将品牌与解脱这一内隐目标联系起来

这些女性通常是成群出现的，所以她们并不孤单。该网站包含了类似睡衣派对的场景，让女人想起了她生活中更无忧无虑的时光。多芬帮助女性达到“解脱”的心理目标——不是忏悔或赦免所带来的解脱，而是从被迫不断被控制或自我优化中解脱。知道自己并不是唯一一个面临问题的人，这也是一种解脱。因此，这个宣传获得成功的原因不单单是展示普通女性和真实性。

这一做法后来被复制了很多次，但通常都没有这么成功。真实性本身并不是一个目标。它可能会让品牌受欢迎，但仅凭这一点并不能让人购买。当这个宣传发起时，这种解脱主张在身体护理品类中具有差异化和相关性。然而，对于化妆品或护发等主要目标是转变和优化的品类，解脱作为目标的相关性要小得多，这有助于解释为什么多芬在这些品类中并不那么成功。

外显目标和内隐目标之间的联系很重要。在Bounty的案例中，产品体验是将逃避现实作为内隐目标的基础：椰子巧克力。我们与椰子已有的联系让我们

> 有两个层面的“需要完成的工作”，我们可以雇用品牌和产品来完成：针对特定产品类别的外显目标，以及更具一般性的、于潜在的心理层面起作用的内隐目标。外显目标和内隐目标之间的联系不是随意的：产品体验决定了哪些内隐目标可以可靠地与外显目标联系在一起。

想到棕榈树和荒岛，这构建了一个可靠的桥梁，通向逃避现实这个内隐目标。同样，该产品独特而奢华的质地和相关的口感也提供了与内隐目标的可靠联系。例如，拿这一点与士力架相比，吃士力架你必须要用力咬穿坚果——这与逃避现实这一内隐目标的联系远不如与增强体力这一目标的联系更紧密。

解码内隐的目标

为了增加相关性，进而增加支付意愿，关键是要在两个层面上增加目标价值：一个是外显的层面，这是针对具体的产品类别的，另一个是内隐的心理层面，这在产品存在很久之前就出现了。我们可以把内隐层面看作社会/情感/心理上的“待完成的工作”。这一目标的心理层面是发展能够超越外显目标价值的差异化主张的关键，但系统地捕捉它更具挑战性。首先，我们不能简单地问消费者它是什么。幸运的是，情感神经科学和人类动机心理学的进展为系统地管理内隐动机层面提供了一个强大而有效的基础，从而发展出既差异化又具有相关性的主张。让我们来看看最重要的研究成果，以及我们如何将它们用于营销。

我们大脑中最基本的两种动机（仅次于繁殖等基本动机）是：

1.提升：接近、前进、战斗、提升、收获等。

2.预防：躲避、保护、避免损失等。

这两种动机的力量在我们心中根深蒂固。它们可以追溯到远古时代，当时我们的生存选择要么是战斗（接近），要么是逃跑（躲避）。它们是同一枚硬币的两面。如果我们想要吸引染发的顾客使用我们的洗发水，我们可以通过宣称这种洗发水可以让头发展现明亮的颜色来强调提升的动机。或者我们主张预防，即这种洗发水有助于避免头发褪色。这两种说法都是可能的。为了最大化相关性，我们必须知道哪一个关注点对大多数顾客来说是最主要的。

提示

想一想自己和竞争对手的价值主张，这些主张的重点是预防还是提升？

让我们以电钻为例。我们用它钻孔；这是我们基本的外显目标。然而，电钻也服务于其他更加内隐的目标：它节省体力和精力，最重要的是它提高了使用者的力量和自我效能（提升的目标）。力量是劳力工作者的主要内隐驱动力：他可以击败坚硬的混凝土。机器性能越好、功率越大，对使用者的价值就越大。所以，电钻服务的内隐核心是提升的目标。这一主张在图5.6所示的麦太保电动工具广告中得到了很好的体现。

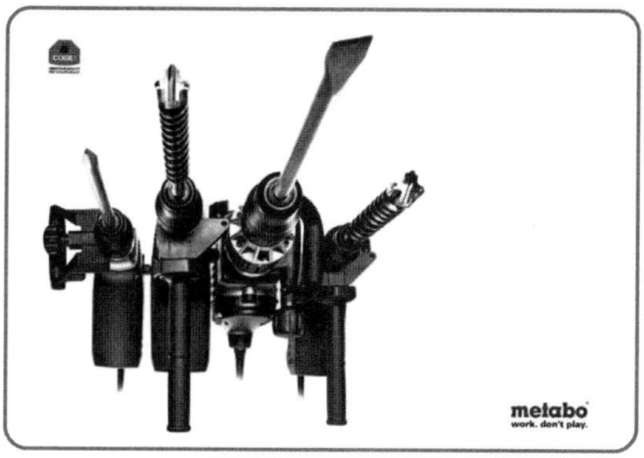

图5.6　这则广告强调了力量和自我效能的内隐目标

这则广告的标题是德语的，但我们可以毫不费力地解读其传达出来的提升目标：电钻以武器的形式被呈现出来。标题确实支持了这个主张："混凝土需要的是对手，而不是受害者。"而一个以预防为重点的广告看起来显然会有所不同。了解我们的消费者关注的是提升还是预防，对有效沟通有着直接的影响。研究两个最基本的动机驱动因素是提升和预防。

表明，如果消费者是受提升驱动的，那么以提升为重点的广告显然更有说服力——反之亦然。

当然，人类的动机要比提升和预防复杂得多。包括情感神经科学和动机心理学在内的各种科学学科都表明，从预防和提升的基本动机中，人们发展出了所谓的“三大人类动机”，它们根植于生理过程，在我们内心深处运作，并具有普遍性：

- 安全：在情感神经科学中称为恐慌和恐惧系统，该系统的目标是避免恐惧，努力得到照顾和社交（依恋、信任、团结、关爱、传统等）。大脑进化提供了保障措施以确保父母（原型为母亲）照顾后代，而后代有强大的情感系统来表明他们需要被照顾（这反映在哭泣中，或科学家更喜欢称其为“分离呼叫”）。这个系统是我们在前一章中看到的许多启发式的动机基础：损失厌恶、社会认同、现状偏差、默认。这个系统的主要目标是避免危险、避免变化、保持现状、避免不确定性、争取稳定，以及不浪费精力。
- 自治：愤怒系统旨在通过凌驾于他人（如地位、成绩）来避免失败和愤怒。最终的目标是在等级中处于高位，克服阻力（如权力、成绩、战斗等）。电钻就满足了这个目标，承诺改变和保持美丽的抗衰老面霜也是如此。瑞士神经科学家沃尔特·赫斯（Walter Hess）详细分析了这一系统，并证明通过刺激动物的某些皮层下大脑区域，愤怒可以被触发，他也因此获得了诺贝尔奖。驱动愤怒系统的一种关键激素是睾酮。研究表明，当我们赢得一场比赛，比如网球比赛时，睾酮激素水平会上升。这个系统的主要目标是超越他人，维护自己，增加你的权力和影响力，扩大你的地盘，获得并保持控制权。
- 兴奋：寻求系统的目标是通过寻找刺激、改变、创新等来避免无聊。玩游戏的动机与此密切相关。从进化的角度来看，寻求系统的进化是为了激励我们离开家园，最终寻找新的基因来混合。因此，这个系统在青少年时期非常活跃，强烈推动消费目标（从毒品到时尚）。寻求系统的基础是多巴胺，多巴胺是学习的关键激素基础。如果给动物一个杠杆，用来控制该系统中大脑刺激的启动，它就会很容易地学会推动这个杠杆，并会在很长一段时间内急切地继续“自我刺激”，直到出现身体疲惫和崩溃。寻求系统的主要目标是寻找新的和不熟悉的刺激，摆脱熟悉的环境，发现和探索你的环境，寻找变化，避免无聊，使你变得与众不同。

不同的科学流派各自证实，这3点是人类行为的关键驱动因素。每一种都由一个复杂的神经网络组成，其中包括皮层下（即非常古老的）神经结构。从第一天起，它们就驱动着我们的行为。依次说来，在生命最初的几个月里，与父母亲近、获得安全感和防范危险是对宝宝最重要的事情（安全目标），结果就是对父母产生信任感和依恋感。再过一段时间，当孩子会爬的时候，特别是当他会走的时候，他就开始用自己的两只脚探索环境了。他想要获得经验，尝试不同的事物。这是由好奇心（兴奋目标）驱动的。在这样做的过程中，孩子离自己的父母越来越远。此时，孩子已经开始探索自己的边界，增加了自己脱离父母的独立性（自治性）。最迟在学前班，孩子们就会开始争夺群体内的等级；然后，就被权力和获胜所驱动。兴奋和自治系统在20—30岁左右达到顶峰，而安全系统在生命开始和接近结束时都达到顶峰。

图5.7展示了迄今为止我们对人类基本动机系统的了解。两个最基本的动机驱动因素是提升和预防，随着我们的进化，我们在原有基础上建立了更复杂的“三大人类动机”。

产品和品牌是如何服务于这些内隐目标的？让我们一起来看看。麦太保的电钻通过赋予劳力工作者力量，使他们实现了一个自治目标。一个不同的品牌可能会通过专注于创新功能和创造力的目标，为它的电钻设定兴奋目标。而另一个品牌可能会强调它的电钻的寿命和耐用性，以及生产产品时所使用的坚固材料，从而更多以安全目标来满足消费者的需求。沃尔沃通过其安全框架服务于安全目标，宝马则是关于驾驶的乐趣（兴奋），而奔驰则强调优越性和主权（自治）。在啤酒类别中，喜力啤酒等国际上成功的品牌传达的是自治性，美国本土啤酒挖掘的是安全性（归属感、传统），而精酿啤酒则将重心放在了兴奋领域（例如，它们是新的、不同的，并引发人们的独立感）。

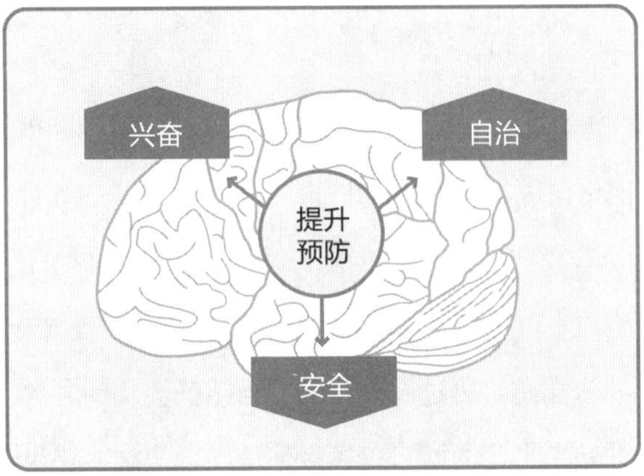

图5.7 人脑中基本的内隐目标系统

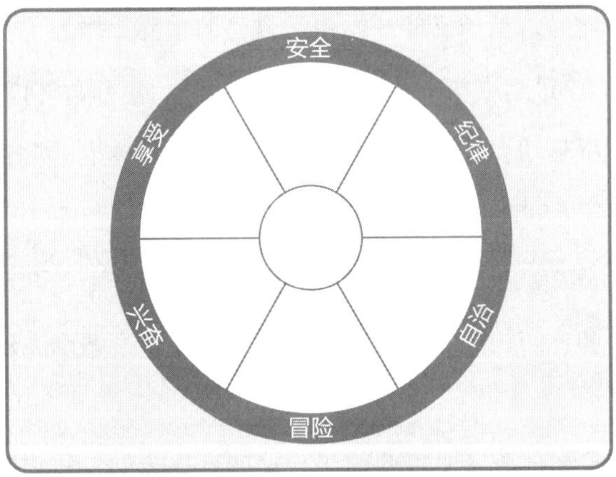

图5.8 解码目标地图™ 捕获了与营销相关的内隐目标

在实践中，通过添加混合形式来补充这3种基本目标类型是有意义的。例如，攀岩是自治目标（登顶、取得成绩等）和兴奋目标（活力、乐趣、发现）的混合。与此同时，健康是安全目标（梳洗、护理等）和兴奋目标（精油、按摩等刺激）的混合。这就形成了一个有理有据的、易于管理的内隐目标系统，并且它由6种动机机制组成，使我们能够系统地思考内隐目标（见图5.8）：

- 安全：关爱，信任，亲密，安全，温暖……
- 享受：放松、轻松、开放、愉悦……
- 兴奋：活力、乐趣、好奇心、创造力、变化……
- 冒险：自由、勇气、反叛、发现、风险……
- 自治：骄傲、成功、权力、优越、认可……
- 纪律：精确、秩序、逻辑、理性……

即便使用的是同一类别的产品，人们想要实现的目标也各不相同。丰田司机用丰田这个品牌来实现纪律目标，但可以用劳力士手表来彰显自己的地位（自治目标）。另一些人则相反——比如开奔驰，但拥有并使用思达运动手表。这些内隐目标是普遍的，在我们心中根深蒂固，因此它们可以通过多种方式实现。我们在实现内隐目标的方式上非常灵活，因为它们与功能性目标不同，它们不是以产品类别为基础，而是以人类动机为基础。我们可以用手表、汽车、鞋子或椅子来实现一个自治目标，比如地位。当我们想要放松（享受目标）时，我们可以来一次短途旅行，去做瑜伽，去做水疗，或者使用号称具有芳香疗法功效的沐浴露。因此，同一个产品类别可以满足不同的目标。冰激凌可以作为甜点里的实用选择（纪律）。而独家精致的冰激凌可以与自治挂钩；它可以帮助实现提神（刺激）或享受或逃避现实（冒险）的目标。

回想一下莱维特提出的“0.6厘米的孔”——可以通过挂一幅画、一台电视或搭一个架子来实现的外显目标都是功能性的，但与这些行为相关的内隐目标则是心理层面上的——挂一幅画可能是为了实现“公共的消费”，动机是让我们有成就感、地位感或优越感。在墙上安装一台电视可以满足享受和社交的目标，而放置一个书架是被纪律和秩序的目标所激励。

提示

与你的产品类别或品牌相关的主要内隐目标是什么？还有哪些产品类别被用来实现这个目标？

在我们的咨询工作中，我们在数千个跨国项目中使用了解码目标地图™，包括B2B和B2C类别，从洗涤剂到化妆品、从电信到工业黏合剂，甚至涉及新冠疫情期间的行为。在第7章的新冠疫情案例研究中就有一个这样的例子。这项研究的一个关键所得是，每个人都不知不觉地理解这6个维度，因为它们反映了我们的核心动机，无论我们是生活在墨西哥、印度、英国还是其他地方。另一个关键所得是，在分析产品类别、品牌和传播的动机驱动因素时，这张地图是完整的，没有遗漏任何重要的东西。第3个所得是，该地图对分析、定位和管理品牌非常有帮助，因为除其他外，它还可以与产品类别的具体外显目标联系起来。

最后，重要的是要注意，当我们从现实世界转移到数字世界时，动机并不会改变。即使媒介发生了变化，大脑也不会改变。数字化之所以成功，是因为它采取人类一贯的做法，却让它变得更容易。例如，我们通过及时了解最新消息来实现自治目标。在现实世界中，这意味着在新闻节目播放时打开电视或收音机。而在网络上，新闻就在我们的指尖，实时更新。或者，我们发现归属于一个群体是有益的。在现实世界中，这可能意味着我们必须努力去花时间旅行，去见朋友或与我们有共同兴趣的人。而在网络上，这只需要点击一两下鼠标。在现实世界中，乐趣和兴奋都是有益的，而我们通过访问抖音和照片墙实现了这两者。我们自己对这些网站和社交媒体的贡献是由认可、归属和享受的目标驱动的，而我们的再次访问

科学已经解开了人类最基本的动机驱动因素。这些知识使营销人员能够系统地管理那些深层次的、内隐的决策制定。

是由好奇心目标推动的（“我得到了多少个赞/粉丝？”“人们对我的帖子有什么反应？”）。这永远不会让人厌烦，因为内容是不断变化和发展的，所以我们需要反复访问来查看发生了什么。这提高了我们对这些网站的忠诚度，反过来又提高了我们再次访问的可能性。目标没有改变，只是我们实现目标的方式已经改变了。

最大化相关性和差异化：基于目标的品牌主张

外显目标很多，内隐目标也很多。我们应该从哪里开始呢？我们必须从外显目标开始。这是相关性的基础。没有满足这些目标，我们将会破产。而且，最重要的是，“称霸”最关键的外显目标的品牌就会是市场领导者。在除臭剂市场中，如果一个品牌在防汗除臭这一外显目标上被认为更胜一筹，那么它就是市场领导者。在织物柔顺剂类别中，掌控柔软度的品牌将成为市场领导者。在市场营销中，我们经常关注如何实现差异化，结果有时会忘记本产品类别中基本的外显目标。这种方法的危险在于，我们有可能完全忘记基本目标，从而面临缺乏相关性的风险。

玛氏公司的产品Balisto，一种“健康的巧克力棒”，证明了没有达到外显目标水平的风险。20世纪80年代是“绿色浪潮”的第一阶段。一切都必须是环保的（节约能源、减少污水排放等）和健康的。Balisto正好符合了这一趋势：它是一种含有健康天然成分并由巧克力覆盖的产品。相应的，广告宣传示意其是“来自自然的健康食品”。这则电视广告展示了一个农民驾着一辆装满小麦的马车。广告的结尾是“口感酥脆的自然”和“自然与众不同”。但一段时间后，该公司注意到，它所选择的定位只触及了有限的目标群体，结果，这限制了产品和品牌的成功。

因此，出于这个原因，玛氏公司寻找了一个新的定位，并提出了一个看似显而易见的问题，从而找到了一个非常简单的解决方案：人们最初为什么要买巧克力棒？驱动因素是什么？有了这个问题的答案，公司很快就找到了巧克力品类的驱动目标：好味道带来的享受。宣传从“巧克力的健康天然”变成了“带有健康天然成分的巧克力”。玛氏公司已经明白，人们购买巧克力不是为了获得健康的营养；他们买巧克力是为了享受。这是消费者需要巧克力去满足的基本目标——因此将其作为优先事项是关键。

当时的趋势是为了享受而吃巧克力，但同时希望巧克力也是健康的。Balisto的新定位首要服务于享受的目标，但也重点补充了健康方面的目标。Balisto的销售额直线上升，几年后，它成为德国巧克力棒的市场领导者。巧克力必须首先是巧克力，在追求其他目标之前，需要保证它的口感好。然而，只关注外显目标往往不能留下足够的差异化空间。比白色更白？比清洁更干净？如果在外显目标的层面很难传达可感知的差异，那么内隐层面不仅可以提高相关性（通过实现内在目标），还可以提供以相关方式差异化我们的品牌和产品的潜力。

因此，为了给我们的客户提供尽可能好的价值主张——相关的和差异化的，我们必须将外显目标和内隐目标紧密联系在一起。为了了解如何做到这一点，让我们想象一下，我们需要为一种新的汽车刹车系统塑造一个价值主张。它的主要功能是，在需要的时候，它会提醒司机并停车。此功能的外显目标是显而易见的：让汽车更快地停下，从而预防事故的发生。那么为了增加目标价值，这与哪些内隐目标有潜在的联系呢？安全是一个明显的选项——我们想要通过防止事故来保护自己和家人。兴奋领域也可以与这个功能和外显目标联系在一起——我们可以更快地驾驶，享受更具活力的疾驰，因为系统使我们能够更快地做出反应。自治也可以与此联系起来，因为拥有这种先进的科技产品会带来优越感。由此产生的价值主张将外显功能性目标与内隐心理目标交织在一起（见图5.9）。

信号	⇄	外显目标	⇄	内隐目标
自动刹车系统	⇄	更短的刹车距离	⇄	优越性
自动刹车系统	⇄	更短的刹车距离	⇄	驾驶的快乐
自动刹车系统	⇄	更短的刹车距离	⇄	安全感

图5.9　基于价值的主张：将产品特征与外显目标和内隐目标交织在一起

但现在我们已经提出了3种潜在的价值主张。我们如何选择正确的那个？这时候品牌就开始发挥作用了。为了可信度，价值主张需要与品牌相契合。对沃尔沃来说，安全主张是可信的，事实上，沃尔沃有一个电视广告将产品与安全目标联系起来。在广告中，沃尔沃汽车正在一个实验室的测试轨道上。顾客坐在孩子们通常坐的后排座位上（这是安全/安保的有效信号）。坐在驾驶座上的工程师解释了他们现在要做的事情：他们将径直开向另一辆车，然后他们的车会自动停下来。顾客们看起来有点害怕，手紧紧地拉在一起。测试开始了，由于刹车系统，汽车自动停止了，而顾客明显松了一口气，感到很安全。

相比之下，对奔驰来说，价值主张的优势就是走自己的路，这一点在其名为“时间老人”的电视广告中得到了很好的诠释（见图5.10）。一个男人开车穿过树林。突然，死神坐在他身边。男人看向死神。死神开始大笑，并说：“对不起。”就在这时，刹车系统开始刹车，使汽车刚好停在一辆挡住道路的卡车前面。经过几秒钟的震惊后，司机转向死神说：“对不起。”该广告暗喻了刹车系统战胜死亡。

图5.10 奔驰的一则广告，将刹车系统与该品牌的优越性这个内隐目标联系起来

奔驰又制作了一则后续广告。一个男人开车穿过树林，突然看到一只鹿站在路中间（见图5.11）。多亏了刹车系统，他才得以停下来。结果，鹿和其他森林动物开始像约翰·特拉沃尔塔（John Travolta）一样边跳舞边唱比吉斯乐队的歌曲《活着》（Staying Alive）。

这则广告明显将外显目标戏剧化了。然而，它缺乏内隐层次。刹车系统和由此产生的更短的刹车距离并没有实现一个内隐目标。有人可能会说，这则广告颇具娱乐性，娱乐也是人们的一个目标。当然，娱乐是一个潜在的目标。这就是我们看电视的原因：我们想要娱乐。然而，消费者感知到的目标价值是基于产品、品牌和消费者目标之间的联系。因此，如果与品牌相关的目标是娱乐，大脑就会学习到刹车系统和娱乐之间的联系。在这个例子中，两者几乎没有关联。从这个角度来看，这则后续广告仅仅播出两周就被撤下，也就不足为奇了。我们将在第7章的奥迪案例研究中看到信号与外显目标和内隐目

> **当品牌主张将外显目标与内隐目标交织在一起时，就为消费者提供了最高的价值。**

标之间相联系的成功案例。

图5.11　奔驰的另一个自动刹车系统广告——没有连接到内隐目标

找到激励性的价值主张正是解码公司和我为T-Mobile所做的事情。这些信号是基于T-Mobile的数据/呼叫质量和覆盖率的服务特征。这些主张与“始终保持连接”的外显目标相关联，反过来，通过“生活是为了分享”的广告信息，团聚、参与以及与那些对我们重要的人分享特殊时刻的内隐目标被激活了。

我们在这一章中学到了什么

- 基于目标的估值是人类大脑中最复杂的价值层次，它是我们回答“为什么买我们所购买的东西”时的一个关键概念。
- 品牌和产品是达到目标的一种手段，这种实现目标的工具性是消费者购买的真正动力。
- 品牌在帮助实现目标方面的工具性是基于消费者了解到的品牌和目标之间的关联。这些关联引起了消费者的期望，而正是这些期望决定了品牌的预期目标价值。购买决策是基于这个目标价值的。这些关联是什么，每个关联的强度以及与品牌的契合度都可以量化测量。
- 目标价值分为两个层次：外显的和内隐的。它们也可以被认为是“有待完成的工作”。为了实现目标价值的最大化，品牌需要与外显和内隐两个层面建立联系。当品牌主张将外显目标与内隐目标交织在一起时，就为消费者提供了最高的价值。

这对我们这些营销人员来说意味着什么

- 一个战略——从定义市场、定位、研发到细分——想要对销售产生强大的影响，就应该源自相关的消费者目标。识别和理解市场中的相关目标使我们能够评估一个产品定位的潜力：有多少消费者将某个特定目标当作购买我们这一类产品的主要驱动因素？
- 摆脱人与品牌之间的关系类似于人际关系这一观念，不仅可以确保产品定位的相关性，还可以为营销组合的设计提供明确的指导方针。

这一转变将告诉我们如何才能做到利用营销组合来影响人们的行为，从而提高他们对品牌的忠诚度。

- 相关性的基础是至少要像竞争对手那样，服务于市场中占主导地位的外显目标。与外显目标的强烈关联赋予了产品在某一品类中进行竞争的权利。经验法则：在同类产品中，“称霸”外显目标的品牌就是市场领导者。
- 如果在外显目标上不可能存在优势，那么内隐目标层面就提供了差异化的方法。在这样做的过程中，所选择的具体内隐目标必须提高相关性，并确保相关的差异化。
- 价值主张包含外显目标和内隐目标之间的联系（例如，自动刹车系统使汽车更快地停下来，从而使驾驶员体会到优越感）。外显目标和内隐目标之间的联系不是随意的：整个产品体验决定了哪些内隐目标可以可靠地与外显目标联系起来。这种联系可以通过内隐层面的研究和用于加强品牌的期望关联的结果来衡量。例如，“我们需要推动自豪感这一目标，我们知道特征x和y与此相关”。这给我们提供了一个行动计划。

第 6 章

如何成功执行品牌战略：从定位到接触点

到目前为止，我们已经看到了营销的许多内隐层面，从感知到行为动机。在这一章中，我们将专注于如何有效率、有效果地执行基于目标的战略，以创造产品体验和沟通。我们还将探讨如何判断实际执行是否可靠地符合了战略。

缩小执行落差

当我们总结从第5章中所学到的内容时，会觉得市场营销表面上看起来很简单：我们必须创造一个包含外显目标和内隐目标的价值主张，将外显目标和内隐目标联系起来，将价值主张转化为信号，激活消费者的心理概念，然后，如果这些心理概念比竞争对手激活的心理概念更符合消费者的切实目标，他们就会购买我们的品牌或产品（见图6.1）。

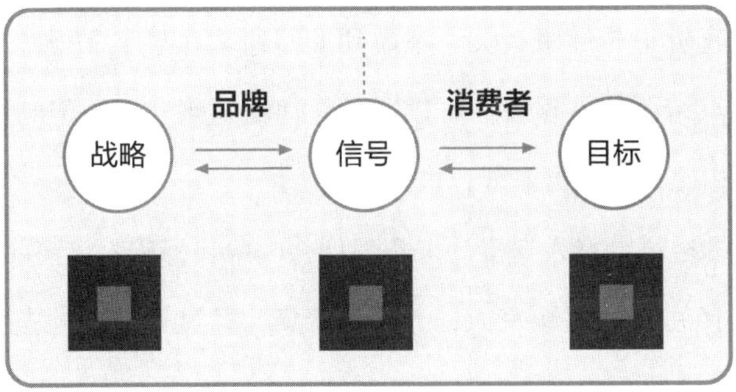

图6.1　执行：将战略转化为满足消费者目标的信号

> 要想使营销更成功，我们主要面临两个障碍：第一，战略没有基于消费者的目标；第二，所使用的信号传达的价值主张没有激活消费者心中预期的心理概念和目标。

这似乎相当简单，但我们都知道，制定一个引人注目的战略并在所有接触点上执行它是非常具有挑战性的。光是讨论战略就可能需要几个月、几十次会议、几百个小时。当涉及战略的执行时，讨论变得越来越激烈。哪一个创造性的想法最有效？我们如何以最佳方式传达产品的核心利益？我们应该选择哪种音乐或哪位代言人？哪种信号最好地执行了战略——这经常是一个激烈而漫长的讨论和辩论过程。通常情况下，当我们收到市场调查反馈时，情况会变得更糟。有些元素很有效，有些则不然。一种方法在一个国家很有效，但在另一个国家却失败了。

那么，在执行战略时，挑战究竟在哪里？是什么让这一任务如此困难？陷阱在哪里，以及我们如何预防它们？让我们来看看决策的外显和内隐层面，以及我们目前学到的知识在这里能有什么帮助。

我们再来看看纯果乐包装设计的重新推出——其在短短两个月内就导致了3000万欧元的亏损，展现了一些比较典型的陷阱。就“橙汁”这一品类来说，其外显目标就是让消费者得到一款新鲜可口的饮料。这正是原始包装所完美表达的：还有什么能比直接喝橙汁更美味、更新鲜呢？它是一种直接从水果中提取出来的果汁，直觉上与健康有关。考虑到人们通常在早上喝橙汁，这一点尤其重要。早上喝点东西的外显目标可以通过任何饮料来实现，但与水或软饮料等可能的替代品相比，橙汁更新鲜，也更健康。

那么，父母通过给家人喝橙汁来实现什么内隐目标呢？该产品与“安全”方面的内隐目标有关——照顾家人，为他们着想，通过给他们补充维生素来保护他们。同时，这个目标也以一种简单务实的方式实现——因为它可以快速实现，行为成本也很低（相比于自己切橙子榨汁）。橙汁基于目标的价值主张可以这样表述：“通过给家人提供美味、新鲜的橙汁（外显目标）这一简单的方法来照顾家人（内隐目标）。”如果我们现在看看新的包装设计，很明显，它降低了与这些目标的契合度，因为它发出的信号很不同。杯子不再代表新鲜，因此，与这一外显目标的契合程度要小得多。由于设计简洁、简约，符合“酷、现代设计”的惯例，它服务于高端品牌的设计原型，反过来又代表着排他性。然而，在内隐层面上，排他性代表距离和分离，这是与安全目标正好相反的。图6.2显示，这一设计变化将品牌定位在一个（相对于该产品类别和品牌来说）非常不同的、不太相关的目标领域。

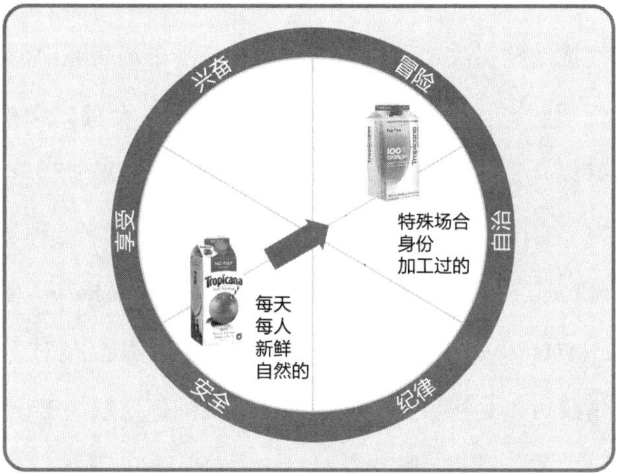

图6.2　纯果乐的新包装表达了不同的消费者目标

当然，将这种失败仅仅归咎于特定的品牌和人员是错误的，因为许多公司每天都在发生类似的错误。那么，我们能从这个案例中学到什么呢？负责新设计的设计师彼得·阿内尔（Peter Arnell）表示，重新设计的目的是“重生再造、重新思考、重新参与流行文化”，并“在情感上与消费者建立联系”。这说明了有效执行的一个关键障碍：我们的战略文件，特别是我们的简报文档，往往包括我们自己内心想要实现的目标，却没有关注消费者及其外显目标和内隐目标。另一个主要障碍是，与消费者建立情感联系的目标非常模糊，为主观解释提供了很大的空间。

为什么“情感”没有功效

我们都采用并听到过这样的目标：我们需要“在情感上与消费者建立连接”，我们需要与他们建立联系，我们需要将我们的品牌和产品“情感化”。“情感”这个词在市场营销中是一个非常重要的概念，让我们来仔细研究一下。它实际上是高效营销的一大障碍，尤其是在针对各接触点执行战略的时候。

情感是关于什么的？在市场营销中，我们对神经或心理生理学方面不太感兴趣，而是关注推动购买决定的情感利益。这是受市场研究中消费者反应的启发：当消费者试图解释为什么购买东西时，他们通常会提到幸福或感觉良好。因此，感觉良好以及积极的情绪似乎是购买行为的合理驱动因素。但是，关于情绪在动机行为中的作用，科学研究是怎么解读的呢？著名心理学家查尔斯·S.卡弗（Charles S. Carver）和迈克尔·F.谢耶（Michael F. Scheier）在《牛津人类行为手册》（*Oxford Handbook of Human Action*）中有如下阐述："对于任何以目标为导向的行为，情感可以是积极的、中性的或消极的，这取决于该行为实现目标的效果是好是坏。"换句话说，情绪会对目标的实现做出反馈。

比方说，我们想赢得一场网球比赛（表现上的目标），当我们输了几场比赛时，就会引发愤怒或沮丧。这些情绪是反馈信号，告诉我们在实现目标方面的进展如何。目标的实现是触发"幸福"和"感觉良好"的原因，因为消费者对他们的内隐目标的了解有限，当他们被问及购买原因时，他们谈论的是他们所做的购买决定产生的结果，而不是真正的潜在动力。积极的情感来自目标的实现。无论是开保时捷，吃美味的巧克力，还是洗掉心爱衬衫上的污渍，我们都能感受到幸福。这是我们对自动驾驶系统中内隐的估值过程唯一有意识的体验。

如果我们看一下当前的广告宣传，就会发现观看广告产生的积极情感往往被视为宣传的一个关键目标。只要广告有趣、有娱乐性，人们就会喜欢看广告，而这反过来又有助于说服消费者。这就导致了我们要求广告公司想出突破性的、娱乐性的、吸引人的广告。观看广告时引发积极情绪当然不是坏事——这种享受将成为该品牌联想网络的一部分——但没有顾客仅仅因为广告具有娱乐性而购买产品。我们都分享过这样的痛苦故事："他们（顾客）喜欢广告，但就是销量不好。"百威英博美国市场部副总裁就提供了一个很好的例子。他在美国消费者新闻与商业频道上称赞了在2015年超级碗（美国橄榄球超级杯大赛）中播放的百威啤酒“小狗之爱”广告，称“我们基本上赢得了超级碗。‘小狗之爱’在各方面基本上都是第一。我们赢得了《今日美国》（*USA Today*）的广告评比，‘小狗之爱’是有史以来转发次数最多的酒精饮料推文，以及有史以来广告商获得的在脸书上点赞最多的帖子。”然而，同一位副总裁，在同一年晚些时候的《广告时代》（*Ad Age*）的报告中表示，虽然每个人都喜欢小狗，但“它们对啤酒销量没有任何影响。那些广告我不会再播放，因为它们没有办法促进啤酒的销售”。几乎没有品牌会传达负面情绪，那么我们如何基于积极情绪进行差异化？通过比我们的竞争对手更有趣或更有娱乐性？

抛开科学上的细微差别，“情感”这个词在实际应用中存在严重的问题。人们经常讨论什么更重要：到底是价格和产品利益更重要，还是情感利益更重要？我们是要投资于形象宣传还是强力推销活动？是品牌还是产品推动购买决策？这些讨论的基本假设是，“硬性”事实（价格、产品特点等）是“理性的”，而“软性”元素（品牌、形象）更具“情感色彩”。产品和品牌被视为一种取舍权衡，因为我们使用了情感对战理性的决策模型。

为什么我们会有这么多讨论呢？为什么我们要争论广告应该有多么情感化或理性化？因为这两个方面会产生完全不同的信号。一个“理性化”的电视广告看起来完全不同于一个“情感化”的广告。一个情感化的报纸广告或包装设计与一个理性的、信息化的广告或设计完全不同。我们并不是在争论情感利益和理性利益是否都重要——在营销领域，我们经常争论的是这两个方面哪个更重要，以及哪个才是顾客优先考虑的。最终，这往往归结为我们个人的信仰：一个人可能相信情感的力量，而另一个人可能相信事实的、理性的信息的说服力。所有这些讨论都必须面临的唯一问题是，我们必须在某个时刻做出决定。

图6.3中的广告是对这种讨论的一个例证，它呈现了通常会产生的折中方案：广告中既展示了一张图片（情感），又包含文案以传递信息（理性）。

图6.3 这个广告展示了情感和理性思维的折中方案

然而，这两个层次之间的联系是缺失的。它们之间根本没有联系。情感vs.理性的模式往往会导致妥协，以及关于产品需要在电视广告中展示多少秒的长时间讨论。为什么将“情感”和“理性”结合在一起如此困难呢？为什么我们如此纠结于此？让我们来简单看一下这种想法的来源，从而更好地理解这一挑战。情感与理性是对立的，这一观点可以追溯到古希腊哲学家柏拉图（Plato）。柏拉图曾说过，情感是一匹黑马，需要被象征理性的白马所控制。这种二元论在历史上得到了发展，包括笛卡尔（Descartes）和康德（Kant）。

今天，这种思维在我们的简报中得到了体现：我们往往会有一个部分用于情感利益的表达，另一个部分用于功能利益的表达。通常情况下，这两者并没有联系或交织在一起。

> **情感的概念太模糊，无法指导战略的执行。情感也太过笼统，无法在市场中实现相关的差异化。**

然而，目标的概念并不包含这种二元论。如果我们认为产品是为外显目标服务的，品牌是为内隐目标服务的，那么创造一个将外显目标层面和内隐目标层面交织在一起的价值主张就没有问题。

让我们现在来看看如何将广告中的情感与消费者目标联系起来。在2018年英国广告从业者协会效果奖的28个获奖作品中，有21个将“情感”作为其主要创意策略。好消息是，这进一步证实了比内（Binet）和菲尔德（Field）在《广告效果的概述》（The Long and the Short of it）中得出的结论：“情感化的广告，尤其是那些高度具有创造性且带来强大名声/话题效应的活动，比采用理性说服的广告产生了更强大的长期商业效果。”

然而，不太好的消息是，尽管情感化的沟通与商业影响之间的相关性令人兴奋，但我们应注意不要混淆相关性与因果关系。

在我为WARC公司写的一篇文章中，我讨论了为什么“情感”广告不一定是成功的广告。在科学的帮助下，让我们来分析一下情感沟通如何有助于销售，以及情感与实际购买决策之间的真正关系。接下来，让我们利用这一点，更好地理解为什么其中3部作品获得了英国广告从业者协会的大奖。首先，我们来简要总结一下情感在广告中到底是如何发挥作用的。

- 触发情感反应的沟通能够吸引消费者的注意力，使他们的感知更加敏锐，加深他们对沟通内容的处理和记忆编码，从而提高沟通的有效性。

- 科学清楚地表明，在情感化的广告和真正选择一个品牌之间有一个看门人：动机。动机，而非观看广告时的情感反应，才是促使人们去做某件事的原因。而动机与情感有很大的不同。

- 动机——我们的欲望、需求、目标和“要做的工作”——决定着我们的行为和选择。事实上，实际的行为不是由情感引起的——情感是一种反馈机制，它告诉我们自己所做的决定是否让我们更接近想要的状态或结果。

- 如果广告传达的是产品是完成某项“工作”的有效手段（如我们在第5章中学到的），那么消费者购买产品的动机就会形成。工作可以是功能上的、心理上的或社交上的。改变心情也可以是产品帮助我们完成的一项工作。

• 由广告引发的情感反应可以使广告成为传达动机信息的更有效载体，但观看广告时的情感反应只是一种反应——它并不是信息本身。

• 为了提高销量，广告需要以一种激发情感反应的方式（“如何做”）传达正确的动机信息（“做什么”）。成功的广告在这两方面都能做到。

成功的广告通过图6.4和图6.5所示的关键点来实现这一结合，这可以用来帮助我们使传播带来的影响最大化。

“如何做” 激发情感反应	是否实现？ √ ×
沟通是否唤起了情感反应？	
品牌/产品在广告中是否起到了工具性的作用？	
品牌是否以一种可信的方式在唤起情感方面起着工具性的作用？	
广告是否利用了品牌的标志性资产来确保正确的品牌定位？	

图6.4 “如何做”

“做什么” 动机	是否实现？ √ ×
简报是否包含品牌和相关目标之间的工具性联系？	
这个信息对你的品牌来说是独特的吗？	
广告所传达的是否是品牌是达到这一目的的手段？（有了这个品牌，你可以做/拥有/变得/成为……）	

图6.5 “做什么”

因此，我们需要一个有效的沟通和相关的信息。现在让我们看看英国广告从业者协会效果奖的几个获奖作品是否具备这两个条件。我们对事故协助公司的“唱歌的宝贝”、英国军队的“归属感”以及大奖得主奥迪的“小丑”进行了测试。我们使用了一种内隐的方法来量化情感影响以及与神经心理学的动机目标之间的关联，并加入了一些“系统2”的认知层面。测试对象是由英国成年人组成的代表样本，且测试控制了他们之前与这些广告的接触情况。这些广告是否激发了情感反应？是的，总体上它们远远超过了我们的基准分数（见图6.6）

“唱歌的宝贝”和“小丑”这两个作品在幸福、快乐和惊喜方面表现得尤为突出，而“归属感”在参与性、趣味性和独特性方面得分很高。毫不奇怪，“唱歌的宝贝”和“小丑”被认为比更严肃的“归属感”更具娱乐性和趣味性。这3个作品在“是否愿意与他人分享”等认知标准上都得分很高。在它们当中，事故协助公司的广告在诸如易于理解、展现品牌优势、相关性和令人难忘等认知指标上得分最高，“归属感”则最具可信度，这得益于“真实”故事的传递。“小丑”在传达品牌的新差异化优势方面得分很高。

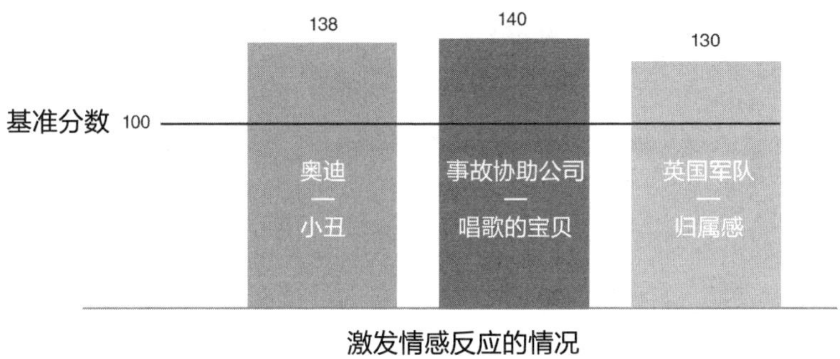

图6.6　英国广告从业者协会效果奖获得者的激发情感反应的情况

了解哪些关联不是通过广告传达的，这与了解哪些关联是通过广告传达的同样重要。就低激活而言，这些广告有一个共同点，那就是明显不包含具有负性价值的情感属性。正面属性的指数高达201，但负面属性的指数都不超过64。

这是一个很好的结果，清楚地表明这些广告受益于效果的提升，因为它们在“如何做”方面做对了。

那么动机呢？所有的广告都触发了高于我们基准平均值的神经心理学目标（见图6.7）。然而，正如你在图6.8中看到的，每一个广告都触发了不同方面的动机。

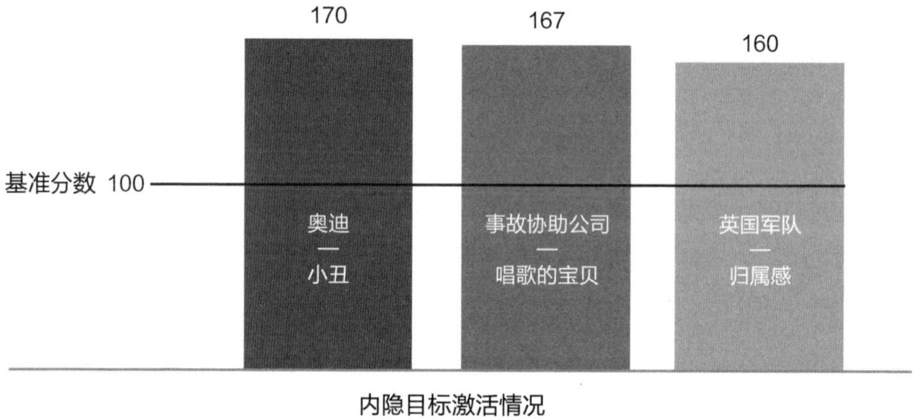

图6.7 英国广告从业者协会效果奖获得者的内隐目标激活情况

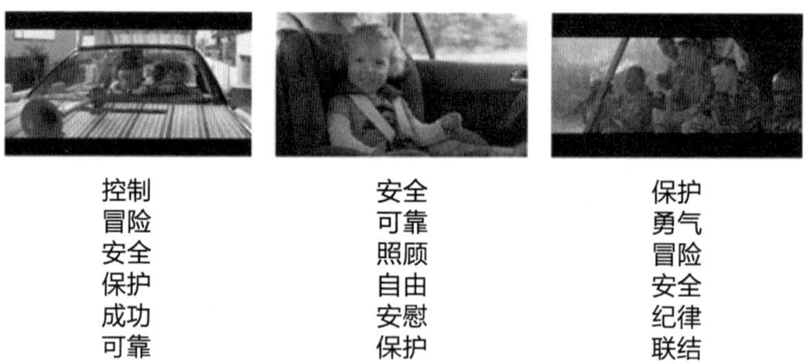

图6.8 每个广告的前6个内隐目标

在看大奖得主，即奥迪的“小丑”之前，让我们想想人们为什么选择奥迪品牌。考虑到奥迪“领先科技”的广告传统，再加上它的德国工艺、产品系列和创新，我们可以假设，与奥迪相关的激励目标将基于专业知识、效率、逻辑、精准和纪律，这些目标主要集中在“预防”和风险规避上。事实上，这些都完全符合该广告所激发的目标——该广告用小丑来比喻你周围愚蠢的人，他们在路上做蠢事，制造风险，而奥迪的技术可以帮助你避免这些风险。

这则广告最强烈激活的内隐目标是控制（指数值137）——在你周围所有的疯狂中，奥迪作为一种保持控制的有效手段出现。这当然与汽车这一产品类别有关，但人们可能会联想到一个以控制为中心的创意简报，从表面上看，汽车的控制性能可能会被描述为功能性的，甚至是无聊的。但保持控制是我们生活中一个非常重要的激励因素。

这则广告的聪明之处在于，相关人类动机以一种激发情感反应的方式被戏剧化；小丑们的创意戏耍与剧情相结合，为激励性信息创造了完美的舞台。控制无疑是此类别中的一个相关且重要的驱动因素，也是奥迪品牌资产的传统。通过进一步加强相关关联，该广告有助于进一步建立品牌资产（本质上，这就是神经品牌网络）。

同样的逻辑也适用于另外两个有效的广告：它们以一种激发情感反应的方式戏剧化地展示了激励信息。英国军队的广告强调战友关系是部队生活的核心，而与此相关的内隐目标（保护、安全、联结）也确实都排在该广告前6名激活的目标中。

有人可能会认为，汽车故障服务的动机主要是功能性的，当然，如果不能完成“要做的工作”，将会带来商业上的灾难，但就像任何产品或服务一样，它们帮助我们实现的目标从来都不仅仅是功能性/理性或情感上的；它们在我们的记忆结构中以一种直观的方式交织在一起。因此，看到事故协助公司的广告强烈地引发了有关安全和可靠的联想，以及关心、保护和安慰，也就不足为奇了。这些无疑是在该产品类别中相关的，从而也是有激励性质的目标。

有很多测量情感的工具。重要的是要记住，它们测量的是由沟通（“如何做”）引发的“情感”，但它们并不能捕捉传达的信息（“做什么”）是否具有激励性，从而驱动行为。我们对情感影响、动机（内隐目标）以及传达它们的代码的分析解释了为什么这些广告不仅是“情感上的”，而且在销售方面也是有效的：它们以一种激发情感反应的方式戏剧化地传递了相关的、可以激励消费者的信息。

创造出完美的“如何做”和“做什么”组合并不容易，但这些广告赢得英国广告从业者协会效果奖证明了这不仅是可能的，还对商业成功至关重要——应避免像百威啤酒的“小狗之爱”广告那样只关注“如何做”。为了影响消费者行为，我们需要同时正确把握这两个成功的驱动因素，正如图6.9所示。

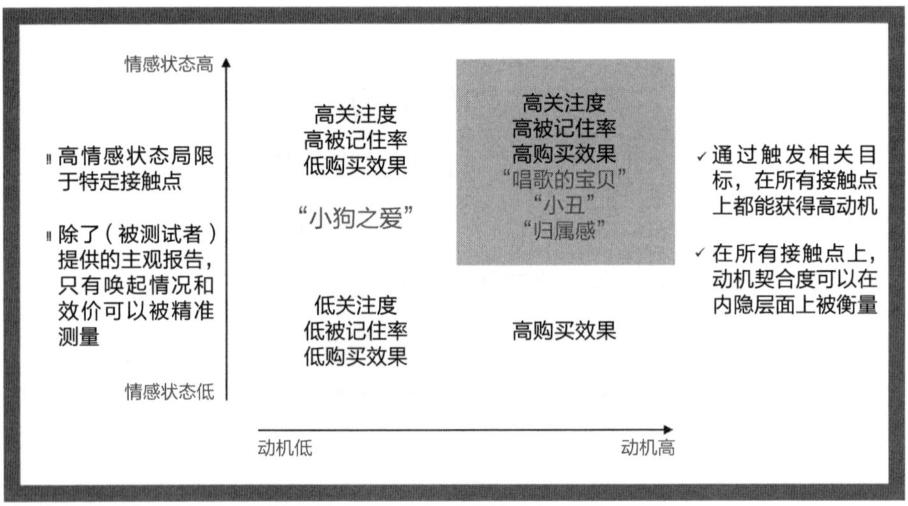

图6.9 平衡动机和情感

从这些例子中你可以看到，消费者的内隐目标对于创造采取行动（购买或考虑一个品牌）的动机至关重要。当你的情感表达中没有任何目标来驱动动机时，你的营销和广告很可能会失败，无法达到预期的效果。

目标指导执行，因为它们与信号相关联

如果目标是传达“轻脆的饼干”，在图6.10中的两种包装设计中，哪一种更合适？

图6.10　哪种设计更能传达“轻脆的饼干”？

我们的大脑在与“轻的物体”相关的概念上学到了什么？轻的物体会去哪里？答案自然是“它们向上浮动”。显然，即使是轻的物体，实际上也会因为重力而向下掉落；然而，我们通过日常经验了解到，重的物体会推或拉着我们向下——例如当我们提着一个重包时，轻的物体则相反。大脑通过无数“轻”和“顶部”一起出现的情境了解到，这两个信号是相互关联的。因此，在我们的联想记忆中，“轻”和“顶部”之间存在联系。换句话说，“顶部”变成了“轻”的代码。在市场营销中，当我们想要传达饼干的轻盈对于消费者健康或节食的目标必不可少时，可以“借用”这个记忆。因此，不足为奇的是，根据俄亥俄州立大学研究人员的一项研究，大多数受试者认为将饼干放在包装底部展示的设计更重。那么，这是否意味着另一种包装设计更“好”呢？答案取决于消费者希望通过产品实现的目标。对于“厚重”可能被视为积极属性的产品（例如巧克力饼干），受试者更喜欢将产品展示在底部的设计。然而，对于“轻”食产品，受试者更喜欢将产品展示在靠近顶部的包装。这似乎与外观更美观、让消费者觉得更顺眼无关，而是与消费者希望通过产品实现的目标有关。

这个例子说明了诉诸消费者目标的另一个实际好处：它们直接与信号相关，因此有助于执行品牌战略，只要这些战略是以消费者目标为基础的。为了更好地理解这一点，让我们再次回到情感。情感领域的一位领先科学家是保罗·艾克曼（Paul Ekman）。他的“普遍理论”最近受到了重大挑战，但仍然是众所周知的。他的研究表明，世界各地都可以表达和理解6种基本情绪：愤怒、厌恶、恐惧、快乐、悲伤和惊讶。通过这个列表，我们很明显能看出只有两种积极的情绪：快乐和惊讶。因此，广告公司“对品牌进行情感化”的广告往往呈现的是快乐情绪——无论是银行、零售商、汽车还是其他任何东西。或者，将电视广告的重点放在娱乐性上，以使消费者在观看时有愉快的体验。

“情感”这个词引发了激烈的争论。新的纯果乐包装是否具有情感？为什么是？为什么不是？如果一个人体验到了情感上的益处，看上去应该是什么样的？很难说，对吧？“情感”这个词太过模糊，无法有效地指导执行，而目标则非常明确。由于我们的大脑使用目标作为过滤器来检测哪些产品与它们匹配，我们的联想网络已经包含了许多目标和信号之间的关联。为了实现目标并自动监控目标是否实现，我们需要知道自己应寻找什么，因此我们学习了哪些信号与特定目标相关联。

通过目标定位我们的品牌和产品，我们就可以获得执行战略时的清晰指导路线，因为消费者的关联记忆会将目标与产品发出的信号相关联（参见图6.11）。

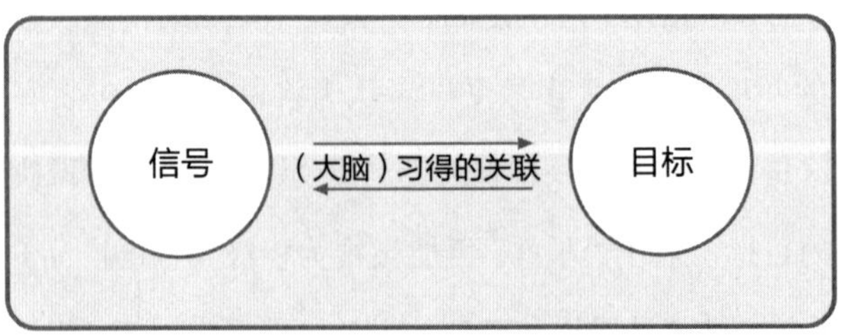

图6.11 信号和目标通过（大脑）习得的关联相互连接

产品信号，如颜色、形状和大小，会告诉消费者他们可以通过这些产品实现哪些目标。并且就切实目标来说，消费者会不知不觉地寻找与实现自己的特定目标相关联的信号。我们看到了眼动追踪的例子，饥饿状态下的人们会专注于麦当劳的标志。更通俗地说，我们看到我们想要的东西。寻找一罐可乐会增强我们对视觉输入中红色区域的处理，因为这增加了神经元对这种特定颜色的敏感度。换句话说，目标直接而立即地与信号相关联。这对我们的营销实践非常有帮助，因为这样可以清楚指引我们该选择什么样的信念传达给消费者。

采用基于目标的战略不仅可以确保相关性，还可以就如何将战略转化为信号提供明确的指导。其原因在于大脑中存在信号和目标之间的习得关联。

因此，“情感”这个词会分散购买的真正驱动力——它对于指导我们的战略几乎没有帮助，并且不能让我们在各个接触点上系统地管理我们的品牌。

但是，“情感vs.理性”的模型在我们心中根深蒂固，所以要在短期内替代它似乎是不现实的。因此，如果我们继续使用“情感”这个词，从而也继续使用这个关于品牌与产品的二元模型，我们应该确保将情感利益视为目标。

人们首先购买的是产品类别

制定和执行品牌战略的一个主要挑战是在竞争中实现差异化。我们知道，差异化是品牌战略获得成功的关键。一个通常来说合理的假设是，我们无法在外显目标层面上区分我们的产品和品牌，因此我们需要优先在其他方面寻求差异化。这种方法的危险在于，它可能会完全忽视外显目标，从而面临缺乏相关性的风险。我们在第5章中看到了健康巧克力棒Balisto的例子。人们首先购买的是产品类别，这从他们的购物清单上就能看出来——消费者很少会写下品牌。大多数时候，他们会注明产品类别：他们会写咖啡、汤或人造黄油，而不是雀巢、亨氏或弗洛拉。B2B也是一样，买家可能没有实际的购物清单，但会考虑解决方案和类别，例如黏合剂。

因此，服务于基本的外显目标是至关重要的。有趣的是，“称霸”外显目标的品牌是市场领导者。在我们自己的工作中，我们看到这一原则在我们分析的所有产品类别中都发挥了作用，无论是洗涤剂、化妆品还是电信。因此，在不成熟的市场，关键是要专注于外显目标，努力“称霸”它。在成为市场上的第二名后，将品牌与外显目标的联系提高到市场领导者的水平，这有助于提高渗透率。

提示

要确定你的产品类别的基本外显目标，请试着回答以下问题：如果这个产品类别中只有一个品牌，那么它必须实现什么目标？如果这种产品或服务不存在，人们会做什么或购买什么来代替？

在实施针对基本目标的宣传活动时，我们需要识别出哪些信号是适当的。图6.12所示的兰诺的广告就是一个很好的例子。我们看到一家人在早上穿衣服。这些场景营造了柔软的主题氛围，这正是柔顺剂类产品的核心目标。产品演示

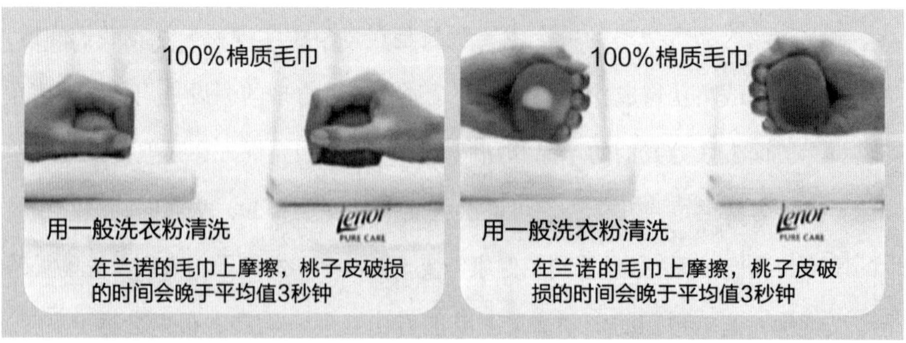

图6.12 兰诺的广告建立了该品牌与柔顺剂类产品的外显目标之间的联系

中展示了两条毛巾，每条毛巾上都有一个桃子被摩擦。在用兰诺产品洗过的毛巾上，桃子的外皮并没有受损。

有人可能会说，这是不现实的，因为没有人会把桃子放在毛巾上摩擦。还有人可能会说，这则广告并不是非常有创造性或娱乐性，消费者不会倾向于看第二次或第三次。然而，这则广告非常成功。从大脑的角度来看，这则广告做了它应该做的事情，而且做得很有效，很高效：它在该产品和其所属产品类别的外显目标（柔软）之间建立了联系。而如果我们的追求是进行有效的沟通宣传，那么这正是我们应该做的：利用信号和目标之间现有的联系，而不是试图建立新的联系。现有的联系已经被验证了数千次，这提供了一种力量，即使是相当高昂的媒体支出也无法比拟。

兰诺广告中的信号传达了柔软的价值主张，并在这样做的过程中加强了品牌与目标之间的联系。这利用了一种已有的联想，因为我们已经知道桃子皮是敏感和脆弱的。因此，柔软的概念被触发，并与品牌联系在一起。用桃子皮作为敏感皮肤的象征很有创意，也很有特色，因为之前该类产品的广告中从来没有使用过桃子。它是有创意的，尽管它利用了桃子皮和柔软之间已有的联想。

幸运的是，我们的大脑是灵活的，所以我们不仅可以像兰诺广告那样以一种直接的方式传播概念，还可以在一个更隐晦的层面上传播概念。健力士著名的“冲浪者”电视广告就是一个很好的例子（见图6.13）。

该电视广告戏剧化地展示了产品体验的独特之处——倒出啤酒的时间和啤酒的强度。当它被倒出时，最初会产生大量的泡沫。这就是延迟享受啤酒的原因——我们需要时间让它沉淀下来，然后才能喝。这一产品属性通过“好东西属于等待的人”的广告理念被戏剧化地隐喻了出来。而这一理念，即使是隐喻意义上的，也与产品体验紧密相连，被健力士成功地运用在了很多广告中。如果我们在焦点小组中展示这个想法，我们可能会听到这样的反应：“这是不可信的”“这和啤酒有什么关系？”“我无法认同冲浪者”或者“这些马不真实”。事实上，一家市场研究机构建议去掉马的设计，因为消费者会认为不真实。不过，如果我们从更内隐的角度来看，这样的评论不太中肯。马以及它们被描绘的方式表明，海浪强烈且狂野。毫无疑问，这与强度和力量的概念有关。而这也与人们喝健力士的原因相契合。

图6.13 使用马作为力量的信号是有创意的，也是可信的，因为这种联系已经深深地存在于我们的联想记忆中

超越形式主义的指导

将我们的营销策略转化为执行，涉及太多的讨论和不安全感。因此，我们经常被确保一致性的想法所吸引，并通过风格指南、关键视觉效果和形式主义的信号检查清单来指导执行，以判断对与错。然而，当在第3章看到关于哈莉·贝瑞的案例研究时，我们了解到我们的大脑比这更灵活。对于大脑来说，哈莉·贝瑞品牌是如何被编码的并不重要，无论是作为图像还是仅仅作为文本——只要“哈莉·贝瑞”的意思被识别出来，神经元就会

> **只要我们利用信号和消费者目标之间的既定联系，我们就可以在执行营销策略时非常有创造力。**

兴奋。因此，在大脑中，有一些神经元会根据内容的相似性来解码品牌——在这里是哈莉·贝瑞，不管这些内容是如何被包装的。现在让我们来更详细地看看如何管理一致性，以及如何防止伴随形式主义而来的陷阱。

Du darfst是来自德国的一个联合利华公司的品牌，该名字的意思是“你可以”或“你被允许”。最初，该品牌以低脂食品起家，但现在已成为出售一系列低热量食品的伞形品牌[1]。让我们先从20世纪90年代的一则广告说起（见图6.14），这则广告成功推出了这个品牌。

图6.14　作为Du darfst品牌诞生标志的广告

让我们来看一下大脑在处理这些信号时会回答的关键问题：它是什么？它代表什么？我们可以看到一个30岁出头、穿着红色连衣裙的女人走在外面。她拿着一个文件夹，说明她要去上班了。她微笑着，走起路来很敏捷。她经过一家餐厅的窗户，偶然间，她看到了自己的倒影，欣赏着眼前的一切，继续前行。这条故事线传达了什么目标？穿着一件贴身的红色连衣裙出现在公众面前是一大推销点，其显示的目标领域是自治，因为这种行为需要自信。她对着镜子的目光是偶然的，这意味着她没有检查自己（这是以预防目标为导向的）。她对自己所看到的感到高兴，这与她为自己感到自豪的内隐目标有关。有趣的是，她是一个人，身边没有其他人，这意味着她的自信是建立在自己的判断之上的，

[1] 在同一品牌之下包含一系列产品。

是独立于他人的。这再次服务于自治目标。她走起路来的敏捷让她充满了活力，而振奋人心的音乐进一步增强了她的这种活力。

该品牌上市后，市场上出现了越来越多的“轻”系列和产品，竞争变得激烈，于是该品牌开始改变其广告。随后的广告并不成功，因此，随着市场份额的下降，该品牌将红色连衣裙重新纳入其广告（见图6.15）。

图6.15 尽管形式上有相似之处，但这则广告的目标却不同

乍一看，这则新广告似乎也很有效。一个有魅力的女人穿着一条红裙子去上班。她偶然间在镜子里看到了自己，并喜欢自己看到的样子。画外音声称“再次爱上自己”，支持了这一观点。然而，尽管在外显层面上有相似之处，整体的内隐信息却与原广告有很大的不同。首先，女人不一样。她更年轻——她的发型表明了她的年龄，也不像之前广告中的女人那样成熟和优雅。裙子也不一样：无袖、低胸、下摆开叉。款式和剪裁都不那么古典。她拿的是一个手提包，而不是与工作有关的东西。正如自动驾驶系统对它接收到的1100万比特数据所做的那样，把所有这些都解释到一起，红色的裙子在这次（大脑的）数据处理中并不能代表自信。同样值得注意的是，此次她对着镜子欣赏自己的场景不是发生在公共场合，而是发生在封闭的电梯里，并且只有她一个人。这也违背了自信这一预期目标。在她离开电梯之前，她又检查了一下自己的头发，以确保自己看起来没问题。这看起来很自然，也能得到认同，但这些对于传达期望的目

标并没有帮助：她的行为不符合自信的目标。然后，她受到了男接待员的赞美，这似乎让她很高兴。然而，来自他人的认可削弱了她自治独立的机会。而且，来自接待员这样的人的赞美真的能取悦自信的女性吗？过去10年，我在世界各地的研讨会上用过这个例子，观众的反应都是一样的。

使用基于目标的主张不仅确保了相关性，还能够精确地引导实施。

这个案例研究表明，虽然在形式上（如红裙子等“广告必要元素”）有很多相似之处，而且针对相同的外显目标（低卡路里食品），但这两个电视广告显然是基于不同的内隐目标。如果第一则广告表达了交织在一起的外显目标和内隐目标，即“传达你有了Du darfst，你会变得自信、独立，并为你所看到的自己感到自豪”，第二则广告就不应该被制作出来（果然，这则广告在播出后不久就被撤下了）。

另一个显示内隐目标如何有助于确保广告一致性的例子是吉百利。在这本书的开始，我们谈到了“猩猩鼓手”广告，以及客户如何不认为续集（见图6.16）是成功的——它们很快就被撤下了。

我们先来看看“猩猩鼓手”广告。背景音乐《今晚夜空中》营造了一种平静、祥和的氛围，室内环境是典型的女性场所。接下来我们看到了一只大猩猩的特写。在巧克力产品和音乐的背景下，这是不协调的。大猩猩是一种危险又强大的野兽。它闭上眼睛，鼻孔张开，表明它似乎在听音乐，所以它没有产生直接的威胁。它似乎在享受音乐。当音乐接近一段众所周知的鼓点间歇时，大猩猩弯曲了它的脖子和肩膀，表明它正在放松并期待着什么。大猩猩是独自出现在画面中的，与这些动作一起表明了独特个性和“我的时刻”。影片的配乐达到高潮，大猩猩坐在一个架子鼓前，爆发力十足地像人类一样打鼓。大猩猩几次向后仰着头，仿佛沉浸在狂喜之中。这种意象和行为被认为是奇异的、有魅力的和有趣的。音乐退去，大猩猩的形象被一包加了“一杯半欢乐”的吉百利牛奶巧克力取代。

图6.16 吉百利“大猩猩”广告及其续集“卡车”

在“猩猩鼓手”引起的热度和讨论的激励下，吉百利趁热推出了一则名为“卡车”的后续广告。该广告采用了“重新发现快乐”的主旨，与“猩猩鼓手”相同。“卡车”以一架飞机从跑道上起飞的画面开场。现在是户外和夜间，这代表着男性场所。随着皇后乐队（一个摇滚乐队）所演唱的《现在不要阻止我》（Don' t stop me now）响起，画面中各式机场卡车启动并准备执行任务。排气管和赛车手制服的画面再次显示出男性的特征。卡车在跑道上排队，开始比赛（自动驾驶）。该广告通过快速的镜头动作和剪辑，展示出卡车的速度和求胜伎俩，其中一些让人想起动作电影（冒险片）中的追逐场面。每一辆卡车都有自己的方法来跑到前面和/或阻止其他卡车超车。如果我们在解码目标地图™上定量地测试这两则广告对于内隐目标的实现情况，会有什么收获呢？

图6.17清楚地表明，这两则广告所引发的关联是非常不同的。这两则广告所涉及的目标领域不同。“卡车”激发了男子气概、竞争和侵略性等目标，从而在自治目标和冒险目标方面获得更高的分数。而“大猩猩”比“卡车”更能激发人们的享受感和安全感。所以怎么能说这两则广告的主旨是相同的呢？“重新发现快乐”在描述消费者的期望目标方面不够精确。它不能指导执行，因为“快乐”这个词有多种解释。这两则广告都与“快乐”相匹配，但它们传达的快乐的含义不同。使用内隐目标地图，我们不仅可以非常精确地衡量这两则广告与6个内隐目标之间的关联，还可以区分具有不同内涵的快乐，如发现、乐趣或冒险的喜悦和竞争的喜悦。

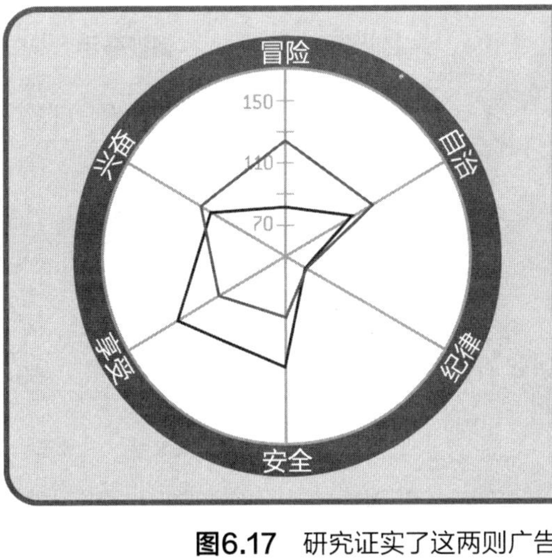

目标领域	猩猩鼓手	卡车
自治	100	114
冒险	83	126
兴奋	106	113
享受	131	97
安全	118	87
纪律	62	63

— 猩猩鼓手 — 卡车

图6.17　研究证实了这两则广告的目标轮廓不同

我们如何知道哪一种内隐层面的轮廓对于品牌来说是正确的（见图6.18）？我们先来看看品类：块状的牛奶巧克力。它的特点是奶脂含量高，口感柔滑，入口即化。如果我们考虑一下什么时候吃牛奶巧克力、为什么要吃，就会毫不奇怪地发现它的核心目标在享受和安全领域。毕竟，巧克力通常被认为是一种安慰食物。在一项研究中，我们测量了吉百利的内隐品牌轮廓。结果之一是，吉百利能够实现消费者享用牛奶巧克力的基本目标，并能引发关键的内隐联想——传统、信任、温暖、放松、享受和社交。吉百利提供了块状巧克力能够带来的核心奖励，这就是为什么它在英国市场上排名第一。将品牌轮廓与两则广告进行对比可以发现，“猩猩鼓手”比“卡车”与该品牌有更高的重叠度。因为广告的主旨“重新发现快乐”并不意味着品牌被重新定位，所以需要一个符合品牌形象的创意广告。如果该品牌想要进入冒险和自治的领域，那么“卡车”这则广告会更合适。使用内隐目标作为一种参考，以锁定我们想要走向的领域——这有助于确保广告主张的一致性，同时还可以在信号水平上实现灵活性，从而保持无限的创造空间。

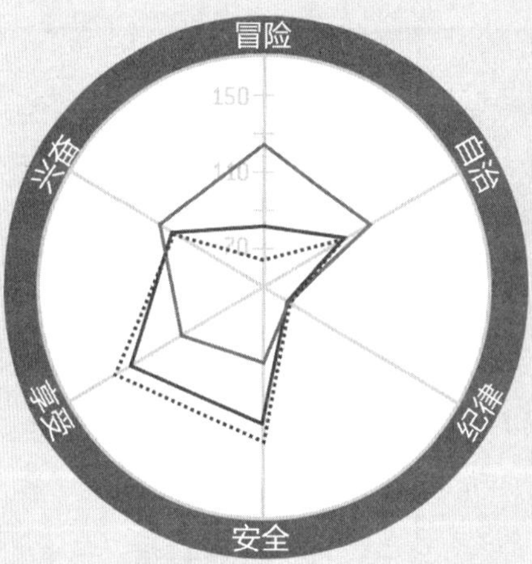

目标领域	品牌	猩猩鼓手	卡车
自治	97	100	114
冒险	65	83	126
兴奋	106	106	113
享受	140	131	97
安全	129	118	87
纪律	64	62	63

······ 品牌　— 猩猩鼓手　— 卡车

图6.18　比较品牌轮廓和这两则广告

如何避免目标稀释

营销的任务显然比简单地确保电视广告的一致性要复杂得多，整个营销组合需要精心策划。多产品品牌面临的挑战是将每个品种有区别地定位在同一个伞形品牌旗下。目标这个观点在这里有什么帮助呢？现在，有人可能会说，整体的目标价值增加了，因为有不同的接触点，例如广告和包装设计，或不同的品种覆盖了两个不同的目标领域，而不是一个。这是一个合理的观点，那么科学提供了什么见解来验证这一假设呢？关键的见解叫做“目标稀释”。有人可能会说，如果一个品牌或产品被定位在消费者可能想要实现的几个不相关的目标上，那么它的价值就是最高的。然而，目标稀释模型表明，情况实际上恰恰相反。

> **内隐层面的目标为决定如何执行以最好地符合战略提供了重要的指导。**

心理学家张、菲什巴赫（Fishbach）和克鲁格兰斯基（Kruglanski）认为，品牌和目标之间关联的强度取决于目标的独特性。换句话说，如果一个品牌与几个目标联系在一起，那么这些联系中的每一个都会被削弱。谷歌代表搜索目标，而雅虎则与门户网站及搜索引擎联系在一起。人们认为谷歌是更好的搜索引擎，因为雅虎试图达成的额外目标稀释了搜索目标。因此，我们应该专注于一个单一的目标价值主张，这是我们在该产品类别中被视为最佳品牌的唯一机会。当我们只管理一种产品时，这是很难坚持的，因为我们总是担心，如果我们不把所有的好处都包含在我们的主张中，我们可能会失去一些东西。概念测试结果当然支持这种方法，因为概念包含的好处越多，测试结果就越好。然而，由于不同的目标需要不同的信号，这样的方法将导致无效的执行。

这是当我们只有一个品牌要管理时的情况，那么当我们有一个伞形品牌要管理的时候，我们该怎么办呢？在多产品品牌的情况下，目标稀释模型意味着，为了将伞形品牌和单个品种的目标价值保持在最大水平，我们必须使用各具特色但关联强烈的目标。它们需要各具特色，才能在品牌组合中提供边际效用。如果一个品种没有一个明确的目标，那么它获得的销售只能来自更大

> **内隐目标可以有效地指导跨接触点、国家和产品范围的实施，因为它们是超越特定接触点、产品或品牌的普遍和基本的动机驱动因素。**

图6.19 跨接触点一致地实现安全目标

的整体货架空间。

可口可乐在2012年的“拥抱我”活动就是一个很好的例子，说明了相同的目标可以在不同的接触点上进行一致地应用（见图6.19）。这可以帮助指导媒体策划，甚至为其他接触点提供跳板。可口可乐品牌与安全这个目标领域有着紧密的联系——“拥抱我”的活动完全符合这一领域。

从图中可以看出，这次广告宣传主要是户外广告。因此，广告中的信号不仅符合安全的目标，而且与这次广告宣传的联系发生在这个目标很活跃的情况下——我们在外面四处走动，发现自己站在一群陌生人中间。我们和他们没有联系，因此即使有这么多人站在我们身边，我们也会感到孤独。图片的右上角显示了这则户外广告是如何利用这一洞察力进行部署的。拥抱的想法进一步发展，创造了一种自动售货机，该机器只有在被拥抱的情况下才会滚出一瓶可口可乐。基于消费者的目标可以确保我们迎合消费者的潮流——主要好处在于营销活动有了更精确的实施指导。这样做可以使市场营销人员得到清晰的执行方向，并能够更好地判断对错。

借来的记忆——客观性的来源

所以，目标可以通过提高精确度来指导营销策略的执行。然而，即使有最深刻的策略基础，市场营销仍然面临一个问题：我们如何判断一个信号是否传达了我们想要传达的价值主张？当广告公司提出方案时——无论是故事板、处理方法、户外宣传，还是社交媒体，我们对方案的评估往往会涉及很多主观判断、意见、喜好和信念，导致有争议的讨论，甚至更糟的是，折中让步后的决定，不能充分发挥广告提案的潜力。我们缺少的是一种客观的方法，以此来判断这个信号是否正确传达了产品的价值主张。

大多数时候，我们通过对广告或包装的预先问卷测试，将这种讨论委托给消费者。但如果它没有通过测试，我们往往不清楚原因，更重要的是，不清楚如何修改提案。人们经常听到研究机构的建议，比如“让广告更独特、更难忘、更情绪化”等。然而这种建议仍然未回答如何做到这一点的问题。怎样才能使广告更有特色或更令人难忘呢？总的来说，这种情况阻碍了营销团队和广告公司的学习和改进，因为学习和改进需要精确的反馈和指导。当然，有很多成功的产品和活动已经产生，但大多数时候它们来自相关专家的直觉。直觉是伟大的，但很难明确地表达出来，因此很难与他人分享，也很难在受到挑战时解释清楚。直觉取决于过程中的具体个人，这对于长期保持一致性是一项障碍（由于人员变动），对于跨越国家和运营单位的一致性来说也如此。

那么，我们如何才能在总体上更加客观地评估广告商的提案和信号？大脑将信号转化为心理概念，我们用“X = Y”公式总结了这一点。有人可能会说，每个人都有自己的方程式，将信号转化为概念的过程以及这对于相关目标的实现程度完全是主观的，基于个人的品位和偏好。好消息是，事实并非如此。这种转化是有规则的，在本质上绝不武断或主观。

心理学家塞缪尔·戈斯林（Samuel Gosling）的研究以一种令人着迷的方式说明了这一事实。他向受试者展示了他们不认识的学生的公寓照片，并要求他们通过填写一份标准化的、经过验证的心理学清单来判断公寓主人的性格（见图6.20）。研究人员将受试者提供的结果与学生自己完成的人格档案，以及学生朋友完成的人格档案进行了比较。结果是惊人的。陌生人（受试者）仅仅从公寓的照片就能准确地解读出学生的性格，在测试的5个维度中，甚至比学生的朋友们对其中3个维度的评分还要准确。他们无法准确地表达出照片中的哪个元素或信号形成了他们对学生的印象，但他们仍然能够对其性格类型进行解码。

图6.20 陌生人可以根据公寓的照片准确地解码学生的性格

资料来源：塞缪尔·戈斯林，经阿歇特出版集团许可转载

这个令人着迷的结果表明，我们对信号的含义有着深刻的且基本上是内隐的理解。如果信号的意义是任意的、主观的，那么以上研究的结果是不可能出现的。不仅如此，我们也将无法进行有效的沟通。如果有人为同事开门，我们就知道这代表着友好和善良。我们甚至不仅对手势、符号或语言有共同的理解，对我们以前从未见过的信号也有着共同的理解？看看图6.21，哪个形状是

“Buba”，哪个是“Kiki”？

我们都没有见过这些特殊的形状，也没有听过这些词（因为它们不存在）。但几乎没有人会猜测，那个又圆又软的形状就是“Kiki”。原因是，字母“k”以及这个词的断音与右边的“锯齿状”和“切割状”形状相似，而字母“b”和“u”以及这个词的发音更多地与左边柔软的球形相匹配。因此，人们几乎无一例外地把“Buba”和左边的形状联系在一起，把“Kiki”和右边的形状联系在一起。你也这么做了吗？这是你的主观想法吗？或者说这种判断是武断的吗？都不是。这是你的大脑遵循X = Y的基本原则：圆形形状和“Buba”的发音在概念层面上相匹配。这个例子来自德国著名心理学家沃尔夫冈·科勒（Wolfgang Köhler）在1933年进行的一项实验。他的实验结果总是显示出同样的效果：“Buba”被分配给了更圆的形状，而“Kiki”则与锯齿状联系在一起。

图6.21　两种形状中哪个是“Buba”，哪个是“Kiki”？

随着我们逐渐长大，我们的大脑吸收到的东西类似于有关我们经历和环境的一系列统计数据——我们的“环境统计数据”。通过这种方式，我们使用“同时被激发的神经元紧紧连接”的学习规则来引导我们的联想记忆。我们学习这些模式的过程完全是内隐式的。耶鲁大学的斯科特·考夫曼在（Scott Kaufman）学术期刊《认知》（*Cognition*）上发表的一篇综述中介绍了这种惊人的能力：

> 自动、内隐地识别我们环境中的模式和规则的能力是人类认知的一个基本方面。

作为营销人员，我们有机会通过借用这些内隐记忆来确保高效沟通，以便将我们的品牌与我们想要联系的消费者目标联系起来。建立全新的联系是非常困难的，因为从统计学上讲，我们传达的信息只占消费者体验的很小一部分，不足以影响他们的“环境统计数据”。这就像试图让消费者从根本上重新学习一样——要花多少努力才能让自动驾驶系统相信玫瑰代表的是乐趣而不是爱？

护发品牌丝蕴给我们上了一课，让我们知道如何借用大脑记忆进行成功的创新。它推出了一款新产品，其理念是消费者现在可以在超市以合理的价格买到通常只在发型师那里有的护发产品。这款产品的推出获得了巨大成功。我们来看看它的包装（见图6.22）。

图6.22 丝蕴（Syoss）产品系列借用了美发沙龙里常见的专业护发产品的原型

包装设计由判断代码组成，这些代码与人们从美发沙龙那里目睹和学习到的专业产品概念紧密相关。它与专业产品的原型设计相符。这些信号使用了一条惯常的途径来传达“专业护理”的概念。因为这个基于目标的主张是高度相关且独特的，所以一经发布就成功了。

如果我们有（通过信号激活的）心理概念和相应的客户目标作为评估的参

考，那么用客观的战略性决策取代冗长的主观辩论的机会可能就会变得更加清晰。多亏环境统计数据的存在，我们拥有着清晰而客观的决策原则，即包装、广告或任何其他接触点是否比它的旧版或其他替代方案更好地传达了预期的目标。这表明，信号的意义不是任意的，也不只是受个人喜好或品位的影响。你能回忆起这个行业的人们说过这样的话吗，比如，“我就喜欢她做的XYZ部分，但我不喜欢ABC”或“我真的喜欢这部分以及这种设计元素，但我不喜欢这个颜色”？但是，我们是否喜欢某样东西显然不是判断信号的客观方式。“是否喜欢”是一个错误的问题。关键的问题在于一个信号原型是否典型地代表了我们品牌文化中预期的价值主张。关键在于“原型”这个词，因为如果我们将沟通建立在信号和价值主张之间的弱关联上，那么它的有效性就会受到影响——特别是因为自动驾驶系统会使用其学习到的关联自动处理信息。

在一个特定的文化中，由于我们经历了相同的社会化过程，我们会共享信号、心理概念和目标之间的联系。因此，信号触发什么概念并不是任意的。环境统计数据为信号是否达到预期目标提供了明确和客观的原则。

借来的记忆具有文化特异性

既然我们的记忆根植于我们成长和生活的文化中，那么在我们的营销活动中借用的记忆也必然（至少部分）具有文化特异性。品牌管理的趋势是，跨国宣传活动在不同国家之间高度相似，甚至完全相同。自动驾驶系统内隐地从我们的日常经验中获得信号和心理概念之间的连接规则。这既包括我们成长的环境，也包括我们成长的文化。看看图6.23中众所周知的视觉错觉，看起来一条线比另一条线长，但实际上它们的长度完全相同。

这里有趣的是，南非的祖鲁人并不会被这种错觉所迷惑。为什么呢？因为他们住在圆形的茅屋里，在曲线上犁地，他们的物品很少有直边。与此同时，我们的房间和房子则是有棱角的。因此，我们不自觉地认为，根据视角的不同，一栋房子感觉“近”，另一栋感觉“远”（见图6.24）。

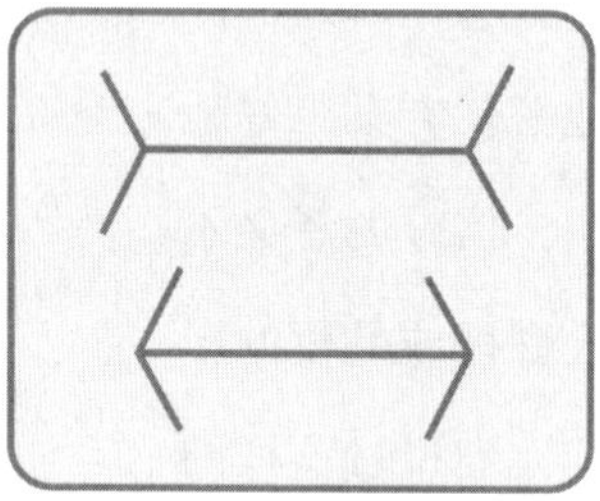

图6.23 著名的缪勒-莱尔错觉

图6.24 环境统计数据塑造了我们对信号的感知

资料来源：卢西恩·科曼（Lucian Coman）/ Shutterstock

我们成长的文化和环境在制定我们的自动驾驶系统解码信号的规则方面发挥着决定性作用——了解这一点，我们在日常营销活动中的决策就有了更大的发挥空间。那些在同一个国家或文化中长大的人，都有着相同的环境统计数据。所以，我们从环境中了解联系；它们就在那里，我们通过自动驾驶系统内隐地学习。如果我们没有接触过一个特定的环境，比如青年文化或外国文化，那么沟通鸿沟就会存在，因为我们没有像那些受这些文化影响的人那样学习到相同的X = Y联系。由此，这对跨国公司来说是一个明确的隐藏逻辑，即信号是否与概念相联系的判断不应该由缺乏当地环境统计数据的人做出。

很有可能的是，为了与品牌想要传达的概念连接起来，在特定的文化中需要不同的信号。在很多情况下，同样的信号在不同的文化中具有完全不同的关联。例如，巧克力品牌妙卡在包装上使用了一头奶牛。虽然在某些文化中，牛奶和巧克力之间的联系是显而易见的，是完全可以接受的，但在印度，使用同样的信号是不可能的，因为牛是一种神圣的动物。另一个例子是使用绿色，这在伊斯兰文化中是受尊敬的。清洁是用不同的气味表示的，在英国和德国是柑橘味，而在西班牙是氯气味。

然而，这并不意味着每个国家都需要不同的广告设计，只要在不同环境之间存在足够的共通点，就可以进行跨国营销活动。我们所需要做的是检查在相关的环境统计数据中有哪些相似之处，即信号和概念之间是否存在相同的联系。有一个经验法则可以帮助我们判断某个信号在不同的文化之间是否会有不同的理解或一致的理解：信号越有形，它在不同文化之间具有一致含义的概率就越高。因此，与气味相比，形状和颜色在含义上的可变性更小。气味是完全无形的，因此很容易被赋予新意来类比很多事物。这就是为什么美国军队还没能研发出一种适用于全球的臭气弹，因为即使是判断一种气味是否令人厌恶这样的基本问题也有文化特殊性。如果信号是不那么有形的，比如气味，那么它们会更容易被其他信号影响。如果我们用不同的瓶子以及不同的颜色或名称来测试一种产品的相同气味，人们对这种气味的感知就会不同（还记得食物颜色对人们感知食物味道的影响吗？）。

信号可以跨文化使用，只要它们在不同的文化中触发了相同的心理概念。

因此，利用环境统计数据和“同时被激发的神经元紧紧连接”这一学习规则的方法有助于我们建立对营销活动和广告公司进行客观评价和讨论的基础。无论我们作为人有多么的不同，我们都学到了相同的规则，至少是我们共同文化中的规则。我们也都学会了信号和心理概念之间同样的联系。如果我们不知道同样的规则，那么共处的难度就会大得多。然而，如果仍然存在任何疑问，我们总可以通过内隐启动测试来衡量关联强度，以证明一个关键的视觉、形状、故事或证词是否触发了相关市场上预期的概念。虽然可能需要进行本土化调整，但关键的挑战是确保在表达价值主张时的一致性。品牌应该跨越接触点和市场，在目标层面上保持一致。只有在特定市场中更好地传达预期的主张，本土化调整或重新设计以及新推出的产品才有效。这就是我们在T-mobile的产品重新发布时所做的；英语广告词“生活是为了分享”关注的是分享方面；德语广告词“去体验和交往”将重点转移到效果或结果上，即人与人之间的联系。然而，它们的共同点是消费者能够获得和参与一种分享重要事物的体验，并因此感到彼此亲近。

信号决定了可信度

能够更客观地管理和讨论——这为更高效的内部流程和更有效的消费者沟通提供了条件。客观地判断各种宣传沟通效果的成功依据除了相关性和差异化，还有第三个，也是最后一个：可信度。

我们的价值主张和执行方式都需要可信，这样才能有说服力。在市场营销中，我们总是会问一个信息是否可信，但仔细观察就会发现可信度是有不同层次的。第一个层次是基于消费者对品牌的积极态度和信任，即“我相信他们告诉我的，因为这是一个值得信赖的品牌”。这并没有针对具体的价值主张或信号，它更多的是一种总体上积极的态度。第二个层次是论证的逻辑。如果有关价值主张的论证足够直观，消费者就会认为产品传达的概念可信。但还有第三个更内隐的可信度层次，即“是否有任何可感知的信号使价值主张切实可见”。

丝蕴护发产品的案例表明，使用专业护发的原型信号可以让价值主张变得有形，从而变得可信。如果没有一个能有形地证明这个价值主张的信号，就不会激活任何心理概念，因此也就不会达到任何目标。这个价值主张会显得空洞，对于消费者的自动驾驶系统来说可信度要低得多。这是创新的主要障碍之一：产品的任何改进都能带来明显不同的产品体验吗？科学上对这种关键差异使用的术语是最小可辨差异（Just Noticeable Difference，JND）。如果我们将手放在一杯水中且水的温度逐渐升高，那么直到水温达到我们会觉得过热的点，我们才会察觉到水温在升高，因为之前的每一次升高都低于JND。

这对市场营销有着深远的影响。我们以定价为例。在什么情况下，价格差异才会真正产生影响？什么时候会超过JND？我们的目标一定是把价格提高到刚好低于JND的水平。说到产品功能，关键的问题是：在什么情况下，改进才能真正产生影响，从而通过服务于额外的消费者目标或更好地满足现有目标来提高产品的感知价值？荧光笔制造商思笔乐致力于将“脱盖”时间从100小时延长到120小时。“脱盖”时间是指一支记号笔在去掉笔盖后多久才会变得干燥。但是，这种差异对顾客有影响吗？增加了感知价值吗？

如果改进是不可感知的，如果它在有形的产品体验上没有什么不同，那么它就很难增加感知价值。这也是很多创新失败的原因之一。如果我们能够衡量产品改进的JND，那么我们就能够更有效地分配我们在创新上的支出，将重点放在那些可以进行的、将被视为有所不同的改进上。有时候，改进的驱动力是人为的，例如通过一些“新消息”来告知消费者。但我们应该注意到，对于自动驾驶系统来说，唯一重要的差异是那些我们可以察觉到的和体验的差异。在饱和的市场中，我们主要可以通过与众不同来实现创新，而不是通过变得更好。

付费电视很好地说明了这一点。除了独家内容，它们还很难将“更好的看电视方式”的主张具体化。消费者使用电视做同样的事情，且电视大多数看起来相像，使用方式也大致相同。一个例子是法国Canal+公司的“Le Cube”，它使品牌宣称的产品体验的独特性切实可见。它看起来就与其他品牌明显不同，使用体验也非常不同，但仍然符合人体工程学和人类直觉（见图6.25）。

啤酒品牌银子弹声称，它能提供“像落基山脉一样冷的清凉饮料”。这种定位是通过包装实现的（见图6.26）——当啤酒凉到一定温度时，标签、易拉罐和玻璃瓶上的山脉会变成蓝色，从而表示冷、新鲜和提神。总的来说，是包装——而不是啤酒本身——对这种定位的可信度负责，因为任何啤酒在冷却后都能提神。因此，包装提供了一个差异化的信号，这直接与“提神”的目标相结合。

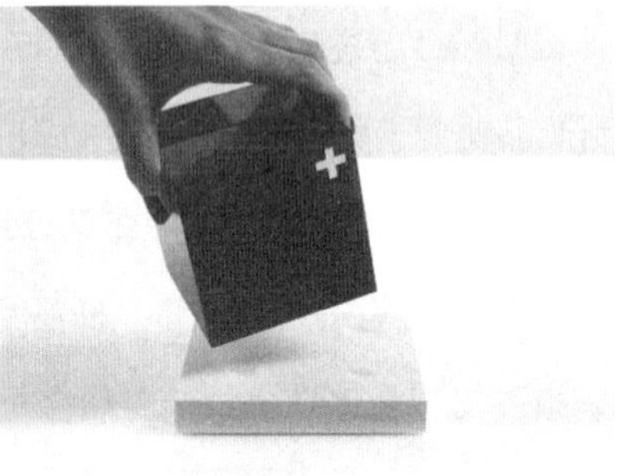

图6.25 来自Canal+公司的“Le Cube”接收器使不同的使用体验变得具体

图6.26 使用热敏油墨增加了可感知的差异化，从而支持了提神这一价值主张

从这个意义上来说，可信度不是明确地相信或信任某样东西，而是消费者能否通过他们的感官体验和感知到某样东西。银子弹啤酒的这种创新并不是实

体上的改进，而是一种象征性的创新，它使用具体的信号来激活或加强与之相关的目标的心理联系。

如果产品体验提供了具体的信号，使价值主张可以被消费者体验到，那么这个价值主张就是可信的。

我们已经讨论过，这种使用来自大脑内部的环境统计数据和指导方针的新方法并不会限制创造力。创造力很重要，但它必须是可信的。这就是对环境统计数据的洞察所起的作用，因为这是我们日常经验的基础所在，也是可信度的唯一来源。

来自澳大利亚雀巢的黑咖啡（见图6.27）是一个很好的例子，说明环境统计数据可以提供帮助。图中所描绘的是区别浓缩咖啡和普通咖啡的关键属性。

图6.27　黑咖啡提供了浓缩咖啡的典型判断代码，可以可靠地将其与普通咖啡区分开来

根据环境统计数据，浓缩咖啡又短又浓（“短的那种”）。通过使用黑色作为主体颜色，并直接印上“短”的字样，包装信号准确地传达了我们想要从浓缩咖啡中获得的东西（尽管由于高度的降低，可能会有体积感知的问题——消费者或许会低估咖啡的含量）。

通过自下而上的方法建立可信的价值主张

作为营销人员，我们有两种选择来获得可信的价值主张：我们可以根据基于目标的价值主张（自上而下的方法）创建由具体信号组成的产品体验；或者我们可以识别心理概念进而将其嵌入到产品体验中，并在此基础上建立基于目标的价值主张（自下而上的方法）。这两种方法都可以确保可信度。

到目前为止，我们一直专注于自上而下的方法。然而，我们经常面临这样的情况：我们已经有了一个产品，我们的任务是为它开发一个独特的、差异化的、可信的价值主张，即我们必须从产品开始自下而上地工作。想象一下，我们打算为一款速溶咖啡创造一个价值主张。要做到这一点，我们必须看看具体的产品体验，以及它与哪些目标有关。为了实现独特性，我们必须将其与我们的主要竞争对手烘焙咖啡进行比较。我们的自动驾驶系统得到了我们所有感官的输入，所以让我们来从各个感官方面进行分析，因为它们决定了产品体验。

首先，产品看起来不一样。两者都是棕色的，但速溶的颜色不那么饱和，液体不那么醇厚，颜色也不那么深。这些特征在心理上有直接的对应。这是人们期望烘焙咖啡味道不同的第一个线索：烘焙咖啡更饱满、更醇厚，这与它更浓郁的香气相吻合。其次，触觉（触摸）体验是不同的。速溶咖啡是颗粒状的、坚硬的、有棱角的，而烘焙咖啡摸起来像细沙一样柔软光滑（见图6.28）。除了感官体验，我们冲泡和上桌的方式也不一样。烘焙咖啡是在壶里煮的，每个人得到的都是一样的咖啡。而饮用速溶咖啡时，每个人都可以在自己的杯子里冲泡咖啡。

> **将产品体验解构为可感知的实体，可以为开发相关的、独特的、可信的价值主张提供一个强大的跳板。**

人们通过提供咖啡实现的核心目标是和睦及聚在一起，这两个目标都位于安全领域。因此，从产品类别来看，将速溶咖啡与这个目标联系起来将是一个好主意。然而，这是不可信的，因为该产品带来的体验与个人的联系更紧密。

没有人会在正式的家庭聚会上提供速溶咖啡。因此，速溶咖啡与和睦之间的联系是不可信的，因为这种关联和产品体验格格不入，自然也就与产品格格不入。

图6.28　产品体验上的差异将这两种产品与不同的目标联系起来

当我们研究产品体验时，有时会低估消费者在实际使用或消费过程中所体验到的细节。图6.29显示，感官为可信度提供了机会，同时也造成了潜在的障碍。

在购买时，视觉体验至关重要。然而，其他感官不应该被忽视，因为它们构成了产品体验的整体，所以它们是落实价值主张并使其具有可信度的重要触发因素。此外，关注整体的使用体验对于发现差异化和相关性的机会至关重要。

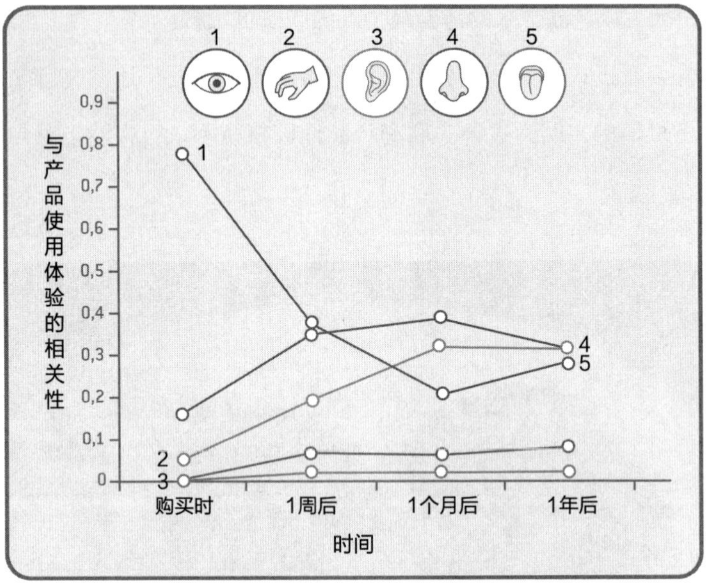

图6.29 感官带来的影响随着使用时间的推移而变化

具身认知——我们的身体也会思考

到目前为止，我们已经看到了来自我们的感官，特别是视觉输入是如何有助于提高可信度的。在速溶咖啡的例子中，我们已经将消费者的行为，也就是他们处理产品的方式列入考量。具身认知这一迷人的领域表明，我们做什么以及我们如何做事情——例如，我们如何打开包装，我们如何准备咖啡，我们如何使用产品——也能够激活心理概念。在某种程度上，我们的身体是第六感，意义也在第六感中形成。

举个例子，图6.30展示了一种除臭喷雾剂的瓶盖。这款除臭剂是专门为男士设计的。它是银色的，包装上有“力量”“活力”等字，这是产品想要表达的心理概念。神经心理学家研究发现，手握这一动作与这些概念有主要的联系。

图6.31显示了一些典型的手握方式、它们的意义以及它们传递给自动驾驶系统的信息。首先就是抓握和捏握的区别。在除臭剂的例子中，瓶盖是用捏握法

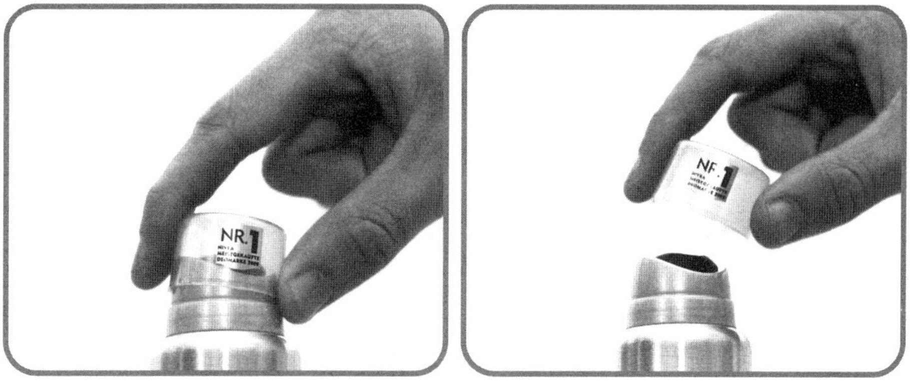

图6.30　除臭剂的打开方式是否符合男性气质?

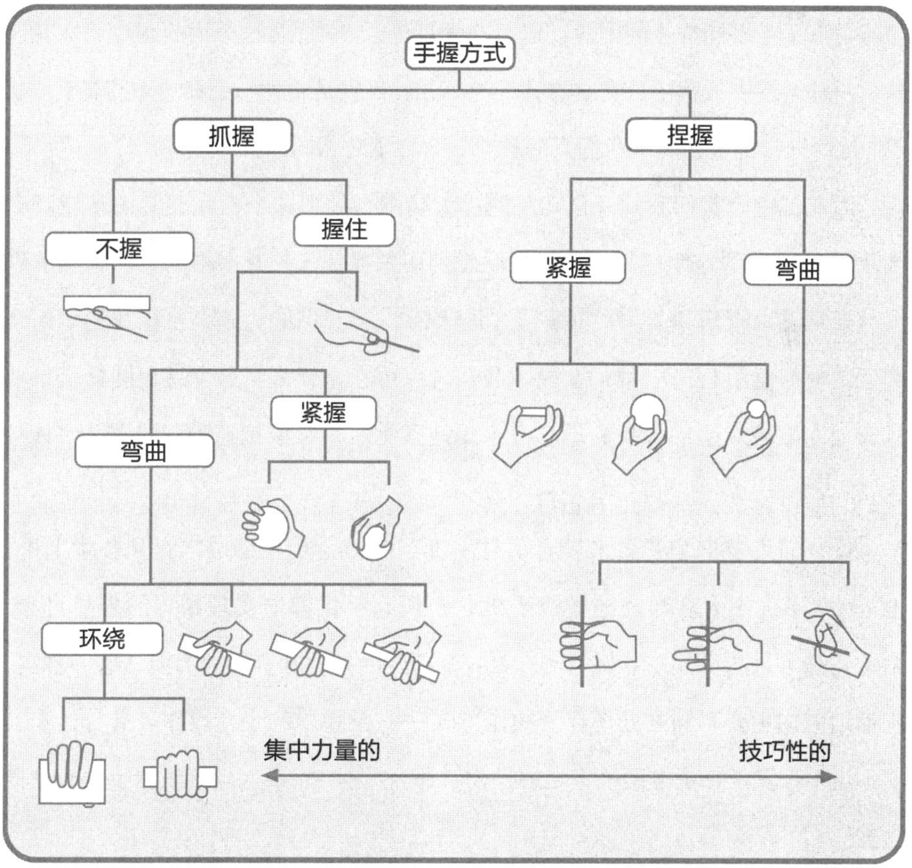

图6.31　不同手握方式所传达的心理概念

心理概念和目标不仅可以通过感官来激活，还可以通过具身化来激活：我们用产品做什么，以及我们如何处理它们。

打开的，这与男性气质、权力或活力没有典型的联系。为了让包装传达男性的概念，就需要一个抓握。因此，图6.30中的包装特征对于男性除臭剂来说是错误的。

美国国家心理健康研究所的科学家们向参与者展示了一张杯子的图片，这些参与者正在接受大脑扫描仪的监测。正如预期的那样，这激活了视觉皮层，即大脑中负责处理视觉信号的部分。然而，令人惊讶的是，运动皮层也会对杯子的图片做出反应。运动皮层是我们大脑中负责手臂和腿运动的部位。研究人员接着向参与者展示了不同杯子的图片，以及一张只包含“杯子”这个词的图片。所有这些图片都激活了大脑中负责拿着杯子的部分。仅仅是看到一个杯子，甚至是“杯子”这个词，都会引起和我们真的拿着一个杯子时相同的神经反应。

因此，每当我们看到一件产品时，大脑中与处理这个产品相关的区域就会被激活——看到这个产品会让我们联想到用手抓住、打开或推动它。大脑的理解与处理过程密切相关。要回答“这是什么？”，我们的大脑会模拟我们如何拿着、处理和使用它——我们会模拟我们可以用它做什么。这个过程同样是自动且完全内隐地发生的，我们不会有意识地察觉。科学家把这种现象称为“具身认知”。

让我们带着这个视角来看看苹果手机（iPhone）（见图6.32）。从技术上讲，iPhone并不优于大多数其他智能手机——所有手机都能实现相关的外显目标。除了它是苹果的产品（增加了创造力、复杂性和排他性等内隐目标）这一事实，它推出时的主要不同之处还在于操作方式——触摸屏和手指操作。具身认知表明，这不仅仅带来了方便或直观的操作。那么，与iPhone互动会激活哪些心理概念呢？

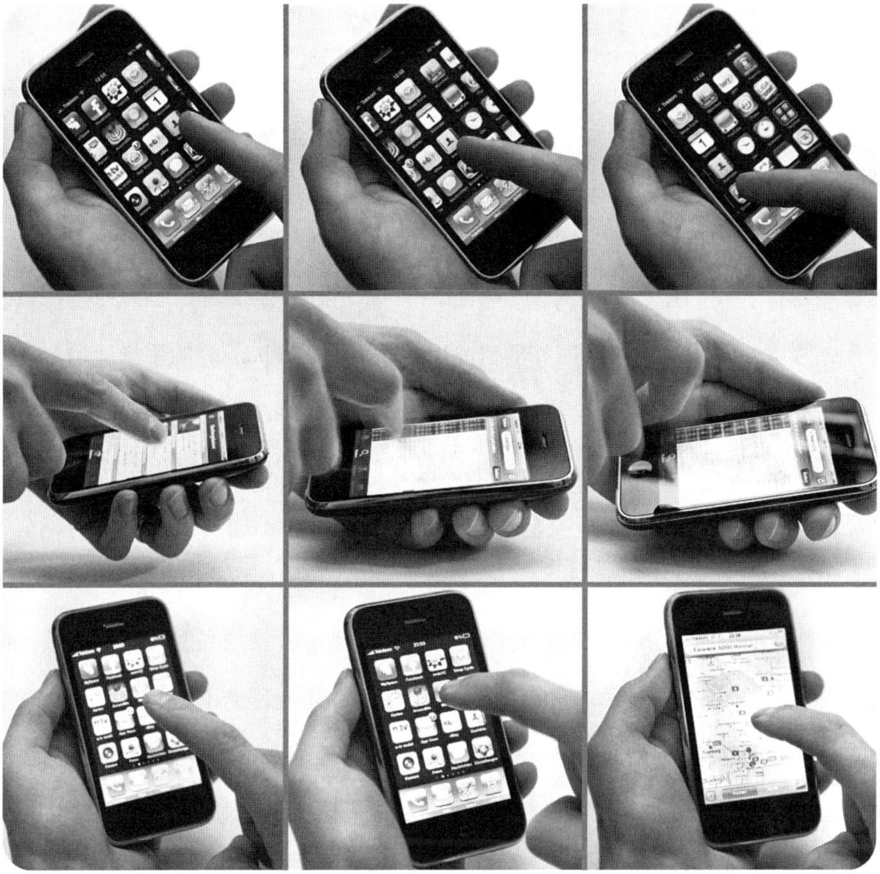

图6.32　苹果的iPhone引发了一个心理概念

提示

在你继续阅读之前，仔细看看图片中手指的移动。把它们复制到你自己的手机上，然后问自己以下几个问题："我通常在什么时候进行这些手指运动？""在其他什么情况下我做过或者曾经做过类似的事情？"

在操作iPhone时，手指的第一个典型动作是轻弹——食指的动作就像我们将卡片弹过桌面一样。至少大多数iPhone用户都是这样"翻页"的。这是什么类型的轻弹？还有什么是这样被轻弹的？我们的联想记忆是从哪里知道的？我们再来看看这类手指运动。它更像是翻阅一本书还是一本杂志？大多数人把翻更薄、更轻、更灵活的页面与它联系在一起，因为翻动较厚的页面时，我们还会倾向于用到大拇指。因此，它一定更像是在翻阅一本杂志。这就激活了我们所知道的关于杂志的一切，激活了我们阅读杂志的场合，激活了我们阅读杂志时的那些目标。我们什么时候阅读《热浪》（*Heat*）杂志或《精彩》（*OK*）杂志以及为什么阅读？阅读杂志与休闲和消遣高度相关。操作iPhone时的手指运动会让我们联想到什么？集中的工作吗？不，它更多是关于“放松”和“娱乐”。它可能在我们没有意识到的情况下悄然发生，但我们已经了解到，像用眼睛看到一个产品这样简单的事情其实涉及自动驾驶系统中的许多不同步骤，而我们完全没有意识到这些步骤。

使用iPhone时的第二个典型动作是用食指滚动。食指放在触摸屏上，然后向后拉。拉过一小段距离后，食指缩回，稍稍从触摸屏上移开。哪个心理概念会通过这个动作被激活？为了解码，我们必须问自己同样的问题，就像我们头脑中的自动驾驶系统一样：“我从哪里经历这些？”我们需要找到与这个动作相关的典型事物。我们通常会在转动东西时做这种手指运动，比如转动一个小轮盘。当我们转动的动作再大一点的时候，轮盘的转动或旋转就会比我们预期的要稍微快一些（iPhone也是如此）。如果我们想要控制轮盘停止的位置，我们不会把食指收得那么远，因为我们想要能够快速停止它——我们让轮盘转起来，但不完全确定它会在哪里停止。因此，这隐含着一种惊喜的元素，很像我们玩水果机的时候。观察孩子，我们可以看到这个动作也会在他们玩玩具车上的轮子时出现——开始时，他们可能会用整个手，然后就会只用食指；因此，“玩”和“惊喜”这两个概念被关联地激活了。

使用iPhone的另一种典型方式是用指尖轻敲。手指要么微微抬起，要么微微弯曲，以在触摸屏上触摸我们想要激活的特定区域。我们还会在什么时候这样做呢？我们的大脑是从哪里识别这种行为的？当我们指向某物、指示方向或打开某物时，我们就会这样做。我们在使用电脑鼠标时也会这样做。两者都与方向或激活联系在一起。当我们在互联网上点击一个链接时，我们要么想访问一个页面，要么想激活一些东西。因此，“方向”和“激活”也会被内隐地激活。在所有的技术功能之上，iPhone的操作代表着放松、娱乐、玩、惊喜、激活和指示方向。难怪苹果把这些潜在的手势申请了专利——它们是iPhone获得成功的关键驱动因素。如果我们观察iPhone用户，就可以准确地看到这些操作动作。它们代表着玩乐，而不是工作。

在这样的背景下，广告中对iPhone的使用演示不仅是一个创意，还让真正有差异化的产品代码成为焦点。广告中展示了手指的动作，从而立即激活与产品相关的心理概念。通过改变手机的使用方式，iPhone为智能手机市场引入了新的目标，因此它不仅代表了一种技术上的创新，还代表了象征上的创新。苹果拥有了这些目标，而这有助于将iPhone品牌与其竞争对手区分开来。

我们在这一章中学到了什么

- 我们可以通过以下方式缩小执行上的落差：首先，将我们的战略建立在相关的和差异化的消费者目标上。其次，将该战略作为创造产品体验和与消费者沟通的指导原则，同时也要判断实际执行是否可靠地符合战略本身。
- 情感的概念太过模糊，无法指导执行。情感也太过笼统，无法在市场中实现相关的差异化。
- 如果整个产品体验传递了实现既定目标的有形信号，那么价值主张就是可信的。

这对我们这些营销人员来说意味着什么

- 以目标为基础的战略为所有关于接触点的实施提供了明确的指导。内隐目标层次尤其提供了这样一个机会：以一种创造性的、相关的和差异化的方式来呈现价值主张。
- 一旦战略以消费者目标为基础，我们对执行的评估就会从“我们喜欢这种做法吗？”转变成“这种做法是否符合战略？”。通过借用记忆和环境统计数据，我们可以客观地回答后一个问题。
- 将产品体验解构为其可感知的实体，可以为开发相关的、独特的、可信的价值主张提供一个强大的跳板。

第 7 章

案例研究

费列罗Duplo：成功是可以被设计的；

在2019新冠肺炎疫情期间提高了品牌相关性

一个广告公司已经设计了6种展示方案，现在我们必须选择一个（见图7.1）。我们该如何选择呢？你会选择哪种视觉效果，为什么？牙刷那版可能任何人都不会选择，它完全是为了测试而设计的。

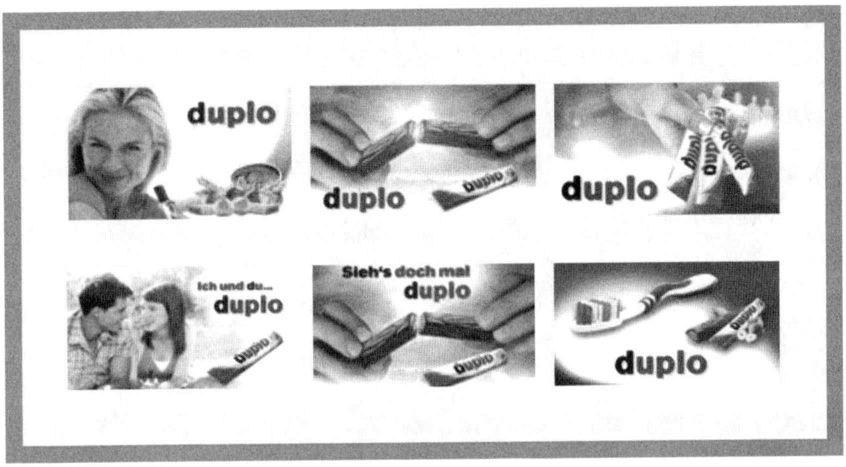

来源：费列罗

图7.1　费列罗旗下品牌Duplo的6个设计方案

许多人喜欢有一对情侣的那版，因为它最好地表达了多种情感；也有人喜欢女人的那版，因为它包含了一个清晰的焦点（脸），而且产品的成分可以被清楚地识别出来。到目前为止，我们已经分享了很多层面的观点，足以进行一场精彩的讨论。依据直觉、个人品位或公司中的等级制度做出决定的情况并不少见。而费列罗走了一条不同的道路。

该公司为每种设计方案收集了3方数据：来自脑部扫描仪的脑数据、来自目标启动范式研究的内隐行为数据以及系统的零售审计。在脑部扫描期间，消费者被展示了Duplo的图像以及其中一个设计方案，并根据他们的脑活动预测了每种设计方案的成功率。将大脑反应与实际销售数据进行比较，其结果显示出高度的、显著的一致性。然而，要理解为什么某些设计方案比其他方案更能有效地激活大脑的奖励系统，我们需要关注每个方案的内容——方案中的信息设定了关于品牌或产品（在这个例子中是Duplo）将帮助我们实现的目标的预期。

这些关于目标的预期是由设计方案中包含的所有内容（图像、文本等）激活的，这个过程类似于语言，因为人们可以从图像和文本中提取意义而无须思考。我们会把得到的预期与我们当前的目标进行比较，如果目标和预期之间的“契合度”很好，我们就会做出积极的决定。在这种情况下，如果我想在高压工作了一天后放松自己（目标），而Duplo的广告正好承诺了这一点（预期），那么我很可能会选择货架上的Duplo。

解码公司基于现有研究、相关科学文献及以往的品牌和品类传播选择了一组人们购买巧克力的特定目标，并将其用于Duplo的这个项目。总共有60个潜在目标（例如放松、犒劳自己或为他人做些好事）被确定，这些目标是人们购买巧克力时可能追求的。

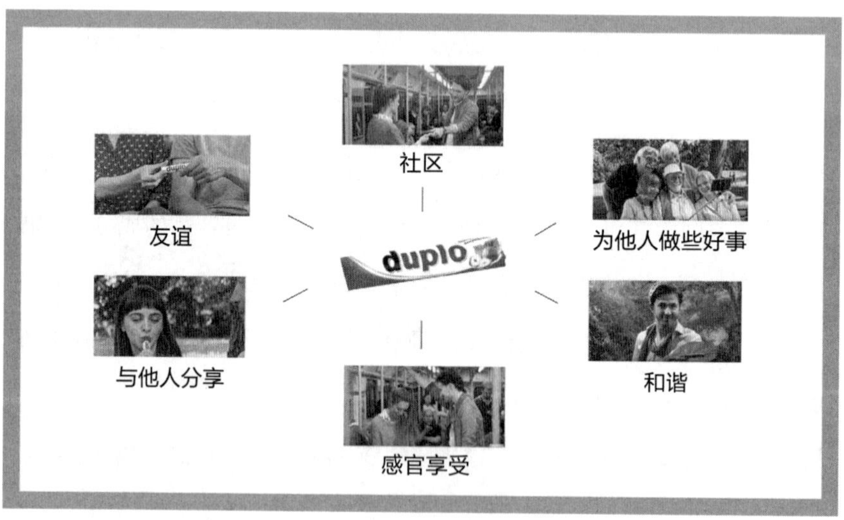

来源：费列罗

图7.2　Duplo品牌带来的内隐奖励

接下来的步骤是以品牌为单位量化这些奖励价值，以确定品牌的具体奖励特征。

多年来，人们不仅对Duplo品牌有了很多了解，而且似乎在很多人的印象中这个品牌是能够带来回报的，因为Duplo是德国巧克力棒市场的领导者。因此，仅品牌名称就已经激活了某些关于目标的预期。如果想要成功，与消费者的沟通必须与这些现有的联想相连接。每种奖励价值也总是与其他可选项相关，因此研究还包含了其他品牌，以确定Duplo的独特奖励特征。研究中，Duplo与费列罗旗下的Kinder Bueno和Hanuta一起销售。你可以在图7.2中看到在内隐层面上对320名女性消费者的测试结果。

Duplo品牌的关键奖励价值包括感官享受、友谊、社区、和谐、与他人分享和为他人做些好事。对于Duplo来说，为他人做些好事是至关重要的，即不是为自己或只为自己购买产品。考虑到过去20年的品牌传播，这并不令人惊讶。

女性	情侣	群体
宠溺自己	安全感	与他人分享
感觉在家里	友谊	为别人做好事
享受	诱惑	社区
平衡感	关心	宠爱他人
乐观主义	温暖的心意	认可

来源：费列罗

图7.3 “女性”“情侣”和“群体”视觉元素的内隐奖励价值

现在我们已经知道了品牌的具体奖励，那么就需要确定每个设计方案传达了哪些奖励。为了揭示这一点，我们又邀请了150名女性消费者参加了内隐层面的测试。如图7.3所示，其中3个设计方案被发现具有特别高的奖励激活度，并且每个方案都显示了不同的奖励概况。

了解了奖励价值，我们就能够重现我们的大脑所做的事情：计算该品牌所属产品类别的奖励、该品牌和每个设计方案所激活的奖励概况之间的匹配程度。理论上，匹配程度越高，销售额就越高。这正是我们在实践中发现的——在图7.4中可以看到，“群体”的视觉效果最佳，因此取得了最好的销售业绩。该视觉效果展示了一种提供或分享的姿态，并使用群体作为背景。即使乍一看可能情侣或女性的视觉效果更具有情感色彩，但“群体”的视觉效果最符合该品牌的奖励概况，该方案也获得了最高的销量。在神经扫描仪中，“群体”的视觉效果带来的大脑激活度也最高。

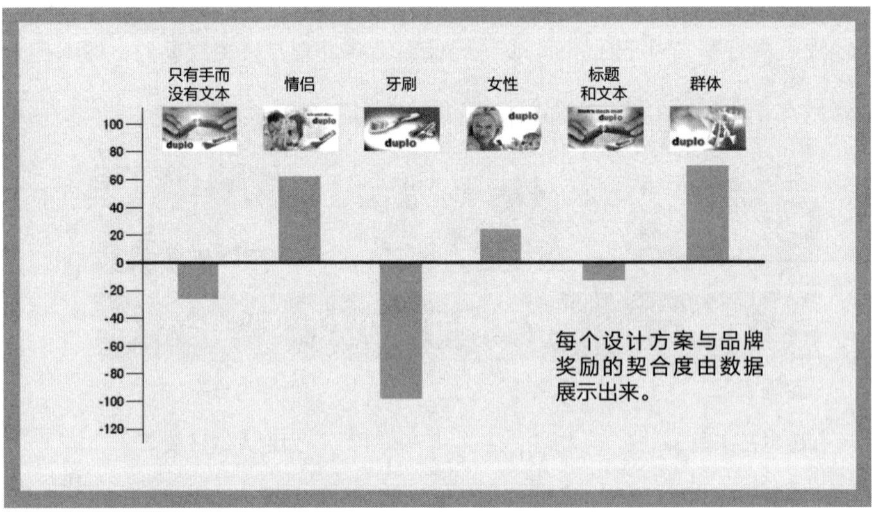

来源：费列罗

图7.4 6种视觉效果的品牌契合度：通过视觉效果传达的奖励与Duplo品牌的契合度如何?

此外，内隐层面的测试可以解释“为什么”。这为团队提供了清晰的指导方针，以便可以系统地重复这种成功。虽然这6种设计方案的神经和内隐测试排名与实际销售额存在统计学上的显著相关性，但对于传统问题，如设计方案是否受欢迎，以及消费者是否会基于设计方案购买产品等，情况并非如此。在这些设计方案中，“女性”和“情侣更受欢迎，而手部视觉效果得分也比其实际销售额数据高得多（见图7.5）。

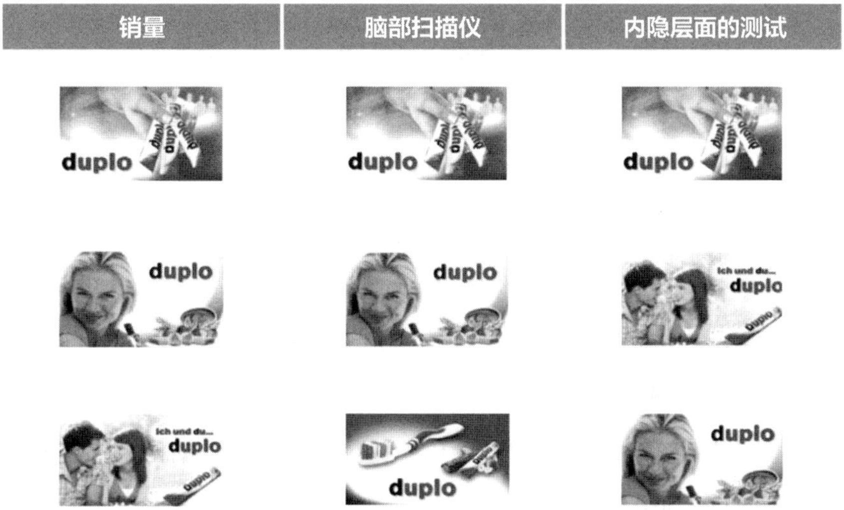

图7.5　基于内隐目标激活数据的销售预测

这对我们这些营销人员来说意味着什么

- 可以使用神经和/或内隐层面的测试来有效预测一则宣传沟通是否成功。然而，神经测试的缺点是它们通常非常耗时，更重要的是，它们不能回答“为什么”的问题。
- 确定并专注于消费者想要通过这一产品类别和品牌实现的目标——消费者想要通过购买完成的“工作”是什么?
- 定义品牌在各个层面上的外显/功能性和内隐/心理奖励价值，并使用这些信息来决定使用哪种营销宣传策略。

超越显而易见的层面：如何在新冠疫情期间使你的品牌更具相关性

基于长期以来建立的品牌联想，品牌和产品可以帮助我们缩小实际自我和理想自我之间的差距。这就是激励我们采取行动的原因。尽管功能性动机没有太大变化，但在新冠疫情期间，品牌可以利用多种心理动机来创造更有效的广告，其中有一些心理动机是出人意料的。

新冠疫情的动荡对一些企业的生存构成了威胁。不幸的是，一些品牌需要将所有注意力都集中在生存上。许多其他品牌继续运营，但必须找到方案来调整其措施、宣传沟通策略和执行方式，以适应这种独特的情况。正如我们在第5章中所了解到的，作为消费者，我们的目标指导着我们的决策过程。虽然我们明确地意识到了一些目标，但我们还有更多的内隐目标。此外，我们的大脑能够在内隐层面监控我们的目标实现情况，在这种情况下，我们不会意识到目标对我们的决策产生的影响。

大脑的动机系统（或奖励系统）由那个时刻最高优先级的目标决定。根据其能够在多大程度上缩小现实自我和理想自我之间的差距，我们为每个选择都赋予了相应的奖励值。事实证明，这一奖励系统可以决定消费者的支付意愿和实际选择哪个品牌。虽然我们的内在状态、面临的情况和所处的环境不断变化，从而影响着我们的选择，但大脑为各项选择赋值的方式始终保持不变：哪个选项有助于我们实现最高优先级的目标？预期也在这里发挥作用，因为我们的大脑会根据预期的目标成就分配奖励价值。对于品牌来说，这种预期是基于联想网络（基于直觉的“系统1”，正如我们在第1章中所了解到的）的，品牌在消费者的头脑中被激活（通过品牌资产）。

新冠疫情环境改变了我们的内在状态，因为它影响了我们的感受、思考内容以及我们能够做什么和不能做什么。但它也影响了外部环境和我们的处境。

因此，新冠疫情危机肯定影响了消费者的理想与他们经历的现实之间的差距。将品牌定位为缩小差距的有效手段，即使只是象征性的，也能受到消费者的重视。

它有助于区分两个层面的目标（或要完成的工作）：

1. 该产品所属产品类别特定的功能层面；

2. 通用的心理层面。

功能层面是直接的。任何拥有卫生或健康领域产品的产品类别或品牌都与当前消费者的目标有着明显的联系，并且可以专注于相关的功能优势和产品特性。消毒剂、消毒液和洗手液与消费者目标存在明显的联系，但是非直接相关的产品类别是什么呢？

我们在2020年4月初重新分析了零食类产品的功能性价值驱动因素。最初的研究是在2019年年底新冠疫情突袭之前完成的。结果显示，这类产品的价值驱动因素基本没有变化，43个属性的相关性为0.94。将重新进行的研究与原始研究进行比较，发现在测量的43个功能性价值驱动因素中，有超过90%的在价值分类上没有显示出变化。

新研究的结果显示，在新冠疫情之前作为价值驱动因素的功能性利益仍然很重要，而不太相关的方面仍然不重要。换句话说，薯片就是薯片，即使是在新冠疫情危机中也是如此。当然，环境会发生变化，因此某些使用场合可能会变得更加突出，但新冠疫情不会改变产品的具体特征和特性。功能层面无法提供任何新的东西——功能性利益已经融入具体的产品体验和特性中。例如，薯片无法成为提升健康的手段，即使健康当前是一个相关的需求。

当然，功能性益处可以与新冠疫情直接相关。健康、卫生或远程连接等主题比以前更加重要。例如，对于洗涤剂或抗菌肥皂来说，卫生和杀菌的属性比以前更重要了。但是去除污渍和清洁仍然是消费者希望通过洗涤剂实现的关键目标。尽管功能方面与新冠疫情相关的需求直接相关，但我们的研究表明，消费者对于产品类别的需求预计将保持相对稳定。

然而，危机强烈影响着动机的心理层面。如果我们感到沮丧，我们可能会吃巧克力，因为我们已经学会将巧克力与宠爱自己联系在一起。品牌和产品对我们来说是应对和改变情绪状态的工具。原则仍然是相同的：与当前切实的心理目标相关联的品牌和产品，消费者会赋予其很高的价值。

当我们感到无聊时，我们会通过选择彩虹糖而不是士力架来获得兴奋的感觉，因为彩虹糖与兴奋的联系比士力架更紧密。如果我们觉得需要一点能量来继续工作，那么我们更有可能选择士力架来代替彩虹糖。品牌和产品就像安慰剂，它们以长期以来建立的品牌联想为基础，缩小了消费者现实自我与理想自我之间的差距。

在新冠疫情期间，这种更高层次的动力仍然至关重要。社交需求上的差异显而易见，许多品牌开始将远程社交联系作为背景融入他们的营销活动中，以此来适应新环境。冷冻比萨品牌Ristorante通过网络会议举办了一场亲密的晚宴，德国零售商艾德卡展示了一个家庭在网络上共度复活节。看起来大多数品牌都调整了它们的产品所处的背景环境，但未能调整它们的价值主张。

将新的现实情况作为宣传沟通的背景是不错的，但这样就不能充分利用增加品牌相关性的机会。为了做到这一点，从而增加消费者感知到的产品价值，品牌必须展示自己是克服当前社交情感差异的有效手段。

为了提供一些基于数据的洞察，以了解当前的消费者价值驱动因素，我们于2020年4月的第一周在德国进行了一项研究，样本是300名有代表性的男性和女性。我们的研究重点不是他们当时的感受或所做的事情，而是他们当时希望得到的东西，以揭示他们正在经历的社交情感差异。我们使用了认知科学中的内隐方法来衡量动机与实际自我和理想自我之间的差异的关联强度，以避免得到受控制的回应，并挖掘大脑中对于奖励价值计算来说至关重要的联想网络。

我们使用解码目标地图™（见图7.6）来获得人类基本社会情感动机的整体

视角。这些动机性社会情感领域被翻译成57个属性（例如自由、安全、刺激）。结果显示，在2020年的封锁期间，人们在新冠疫情的氛围中存在广泛的社会情感差异。这意味着广泛的目标被激活了，品牌可以利用这些目标向消费者传递价值。

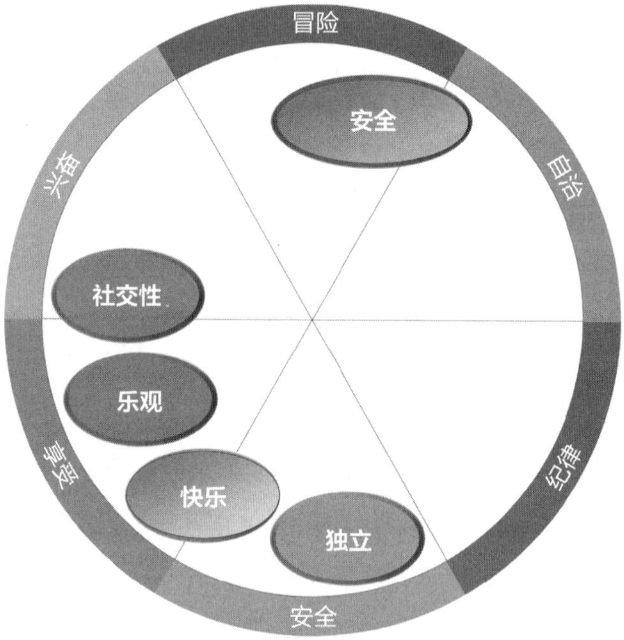

图7.6 解码目标地图™

不出所料，我们发现安全、友谊或关心等方面是社交情感的主要动机，但自由、对生活的热情或按自己的方式行事等不太明显的目标也是强烈的动机。例如，按自己的方式行事的目标在2020年的情况下听起来是违反直觉的，因为团结和拥有共同立场是整体的主要社交目标。然而，封锁带来的限制，扩大了人们与理想自我之间的差距，理想的自我是自由做自己想做的事。

在新冠疫情的环境下，品牌可以利用以下5个激励主题：

- 安全（例如安全、保障）；
- 社交性（例如团结、友谊）；

- 乐观（例如乐观、放心）；
- 快乐（例如对生活的热情、活力）；
- 独立（例如自由、按自己的方式行事）。

尽管存在这些共同的主题，但不同年龄组之间还是存在差异的。研究中包括的最年轻年龄组（Z世代：16—22岁）的目标轮廓与代表样本之间仅呈弱相关性，相关系数仅为r = 0.48。与此同时，其他年龄组（千禧一代、X世代和婴儿潮一代）的目标轮廓显示出类似的模式，并且与代表样本的相关系数均大于0.90（见图7.7）。

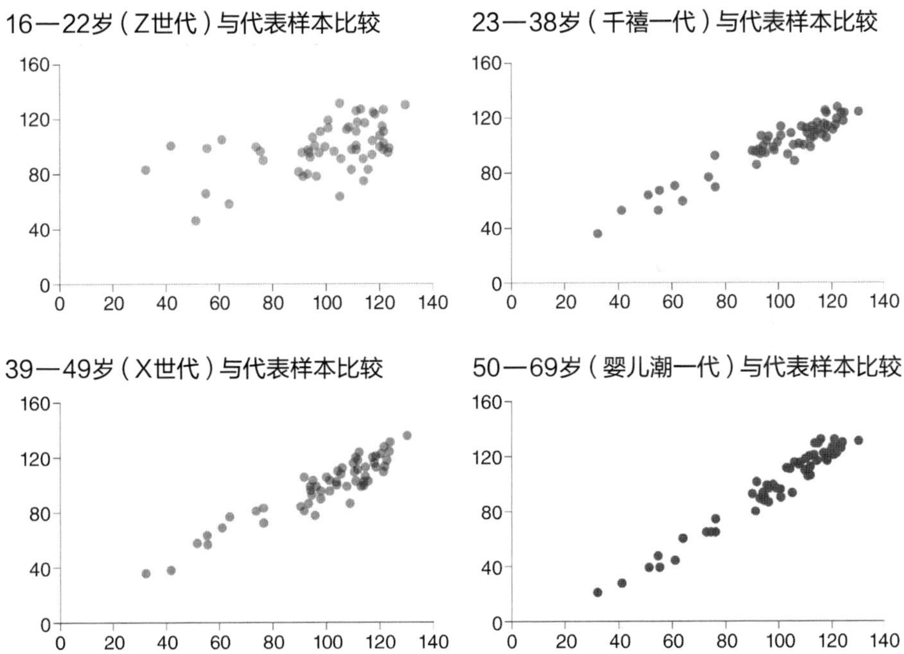

图7.7　年龄组别样本

年龄与人生阶段相关，因此也与不同的切实目标相关：内部和外部的生活背景不同，因此理想自我和（现实自我与之的）落差会发生变化。在新冠疫情的早期阶段，年轻年龄组（Z世代）对刺激、冒险和灵感的需求明显更高。因此，在这个时候将品牌与这些动机联系起来，会与这一目标群体产生共鸣。

与其他年龄组相比，安全和放松的动机领域总体上不太相关。对于年轻群体来说，关怀、无须担心和理性等社交情感目标在这个时期并不特别活跃。尽管千禧一代、X世代和婴儿潮一代这3个年龄组与代表样本之间存在非常高的相关性，但也存在一些差异。表7.1显示了相对于代表样本来说，哪些动机对于各个年龄组来说特别相关或不相关。

表7.1 动机相关性

	更高的相关性（与总样本相比）	更低的相关性（与总样本相比）
16—22岁（Z世代）	冒险，刺激	关怀，保护
23—38岁（千禧一代）	灵感，周密安排	保护，无忧无虑
39—49岁（X世代）	体验社区，发现	纪律，尽我所能
50—69岁（婴儿潮一代）	无须担心，放轻松	刺激，冒险

德国受访者的这些结果可能与其他国家相似。然而，基于病例的扩散程度、政府的应对措施和预先存在的政府支持系统，国家与国家之间可能存在差异。例如，德国在2019年新冠疫情期间失业率较低，这可能导致其在韧性方面的差异（如坚强、成功）较小。与此同时，美国的失业率极高，这可能导致对此类社交情感奖励的更大需求。

总的来说，研究结果表明，动机视角提供了不同的角度和更广阔的视野。它为品牌提供了许多机会，使其可以找到独特的沟通宣传策略，并创建对于品牌来说是可信的，且与品牌所属产品类别相关的重点活动。为了使这些洞察具有可操作性，品牌需要集中精力进行沟通宣传。要找到适合品牌的位置，你必须考虑3个要素：

相关性：我的产品所属的类别已经与哪些相关的社交情感动机联系在一起

了？这一步确保了相关性，因为消费者在决定品牌之前首先选择了一个产品类别。“特立独行”适用于时尚和服装品类，但不太适用于洗涤剂或糖果。即使是在同一个产品类别中，也有多种方式将产品与相关的动机联系起来。例如，维生素补充剂可以与强大或保护联系起来，这是两个非常不同的价值主张，但都与该品类相关，且目前仍是相关的。

可信度：我的品牌今天代表着什么？将品牌与一个和品牌没有任何联系的社会情感目标联系起来，无益于建立品牌资产。将品牌与一个和品牌已经具有足够强烈的关联的社交情感目标联系起来要更有效。关联是随着时间的推移慢慢建立起来的，因此试图建立与品牌的新关联需要太长时间，而且可能过于牵强且不可信。通过浏览这些研究结果，品牌可以反复检查是否需要调整沟通宣传的优先点，并决定品牌遗产的哪个方面应该是当前的重点。品牌应选择与现有品牌战略和品牌资产相一致的相关社交情感目标。

独特性：我的品牌与哪些社交情感目标有着独特的联系？我的品牌有哪些差异点（PODs）？如果我们专注于一个社交情感点，该社交情感点不仅在产品类别中具有相关性，对品牌来说是可信的，还聚焦于当前的或预期的差异点，就可以确保建立品牌资产和有效的品牌定位。一个具有个性差异点的品牌可以利用“特立独行”的目标，因为这是当前消费者所重视的，并有助于建立品牌资产。专注于品牌的差异点不仅可以建立品牌资产，还能确保沟通宣传针对的是你的品牌——传达其他品牌拥有的信息会导致误解，并浪费用于竞争的资金。

我们应该如何通过叙述、主张、符号或其他执行线索（如音乐或语言）来展示产品，使其成为达到产品定位的有效手段？

这对我们这些营销人员来说意味着什么

- 一旦品牌确定了要关注的重点，下一步就是将目标作为活动和信息开发的跳板。让我们以“按自己的方式行事”为例，首先，这个目标可以适用于许多品类，无论是染发、服装、香水还是与个性或自主决定有直观联系的任何其他品类。使产品个性化，如在鞋子或快速消费品的包装上下功夫，是缩小与目标之间差距这一“要做的工作”的手段。
- 沟通宣传可以基于心理目标。沟通宣传的短期效果是增加心智显著性。然而，为了建立长期的品牌资产，沟通宣传需要在品牌和消费者的心理目标之间建立关联。
- 大多数团队习惯于从功能层面出发确定他们的行动。在这种情况下，功能层面基本保持不变，因此团队也需要从心理动机的视角来思考其行动。

结 语

我们现在已经来到旅程的终点。在本书的开头，我提到基于决策科学领域的最新科学发现，有一种迷人的、全新的营销和消费者决策心理模型。到目前为止，我相信你同意我的观点，即我们现在可以理解许多以前无法解释的消费者行为。

有些营销人员可能已经在推测，甚至已经知道本书中所包含的一些发现，但关键是我们现在有了一个更具分析性的、基于证据的框架来了解消费者的决策。这背后的核心洞察是内隐层面的决策的重要性。将这一内隐层面整合到我们的日常营销实践中，会导致范式的转变，给我们一个全新的视角来管理我们的产品、服务和品牌。这种新的视角为我们提供了一个绝佳的机会，使我们能够为我们的顾客创造卓越的净价值，从而显著增加我们的销售额。它还帮助我们缩小了战略和实际执行之间的差距，大大降低了新产品开发和旧产品重新推出遭遇失败的风险，也使我们对于广告预算的利用更有效。

这本书还从营销人员面临的一个重大挑战开始：一项研究表明，首席执行官们并不看重营销，很大程度上是因为它的无形性——他们将其称为“幻境”。而本书揭示出还有另一种选择——一种切实的、客观的、以科学为基础的营销方法——它提供了一条走出“幻境”的道路，使营销人员在董事会中获得更大的理解和尊重。

现在你应该明白我为什么要做出这些改变了——不论是作为T-Mobile的品牌管理人，还是后来改变职业的时候。在我看来，采用这种方法进行品牌管理是显而易见的——如果你不这么做而你的竞争对手做了，会怎么样？我真诚地希望我已经给了你足够的理由、热情和决心，使你将这种方法运用在你的业务中。

如果你想了解更多关于如何发现使顾客购买你的品牌的动机驱动因素，以及是什么决定了你（的品牌所属）的产品类别的相关性和独特性；如何识别需求空间、“未满足的需求”和品牌扩展机会；如何优化价值主张，识别你的品牌的标志性资产，测试接触点和营销举措的战略“契合度”，分析品牌代码，培训你的团队行为科学；或者如果你想知道各种商业问题的答案，如“非价格促销的最佳形式是什么”或“我的品牌如何利用语音搜索”，请随时通过phil@decodemarkcting.com与我联系，或者在领英或推特上与我交谈（@philbarden）。

你也可以访问我们的网站（www.decodemarketing.com）。

关于作者

菲尔·巴登拥有超过25年的客户端品牌管理经验（联合利华公司、帝亚吉欧和T-Mobile）。在负责T- Mobile欧洲的品牌定位与业务发展之际，他成为解码营销咨询公司的一位客户，并且第一次接触到“决策科学”这个理念。解码营销咨询公司为T-Mobile策划了利物浦街快闪“舞动”广告，这使T- Mobile的销售额增加了49%，而且进一步的工作使客户流失率减半。这件事带来的顿悟让菲尔决定在英国开展同样的营销活动。

他现在是为数不多的将营销从业者的视角与决策科学的深刻知识结合起来的专家之一，在咨询和研究方面都深受客户欢迎。

菲尔为IPA和APG文凭课程及各类MBA和硕士课程讲授决策科学，并经常在客户和行业活动中发言。

在这本书中，他在市场营销和决策科学世界之间架起了桥梁，带领读者踏上迷人的旅程。